GOLDMANN **SCHOTT**

W0046053

Zum Autor:

Wolfram Schwinger, geboren 1928, Dresdner Kreuzschüler, studierte in Berlin an der Humboldt-Universität Musik- und Theaterwissenschaft; 1954 Promotion. Musikkritiker und Musikredakteur, seit 1960 in Hannover, von 1964 bis 1975 bei der *Stuttgarter Zeitung.* Seitdem Operndirektor der Württembergischen Staatstheater in Stuttgart. 1979 Monographie über Krzysztof Penderecki.

Fordern Sie bitte den Sonderprospekt der Goldmann-Schott-Taschenbücher an. Sie bieten die Reihen »Musik allgemein«, »Opern der Welt« (auch in Verbindung mit Tonträger als »Buch-Cassetten«), »Taschenpartituren« mit Einführung und Analyse, »Monographien« über bedeutende Komponisten sowie »Große Interpreten«.

Goldmann-Verlag, Neumarkter Straße 18
8000 München 80
Musikverlag B. Schott's Söhne, Weihergarten
6500 Mainz 1

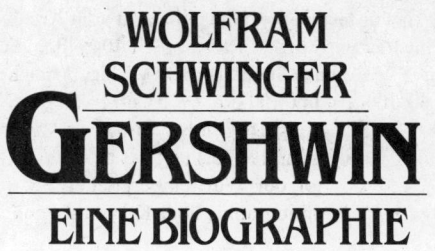

WOLFRAM
SCHWINGER
GERSHWIN
EINE BIOGRAPHIE

Wilhelm Goldmann Verlag

Musikverlag B. SCHOTT'S Söhne

Bildvorlagen wurden zur Verfügung gestellt vom Archiv für Kunst und Geschichte, Berlin (S. 14/15, 31, 73, 104, 132, 166, 200 und 213), vom Bilderdienst Süddeutscher Verlag, München (S. 23, 30/31, 63, 80, 106, 108 und 109), und von Culver Pictures, New York (S. 112 und 228).

Printed in Germany · 12/83 · 1. Auflage · 116

© 1983 B. Schott's Söhne, Mainz

© 1983 der genehmigten Taschenbuchausgabe
Wilhelm Goldmann Verlag
Umschlaggestaltung: Atelier Adolf & Angelika Bachmann, München
Satz: Filmsatz Schröter GmbH, München
Druck: Presse-Druck, Augsburg
Verlagsnummer: 33069
Lektorat: Lothar Friedrich/Norbert Henning (Schott-Verlag)/Gerda Weiss
Herstellung: Gisela Ernst
ISBN: 3-442-33069-6

Inhalt

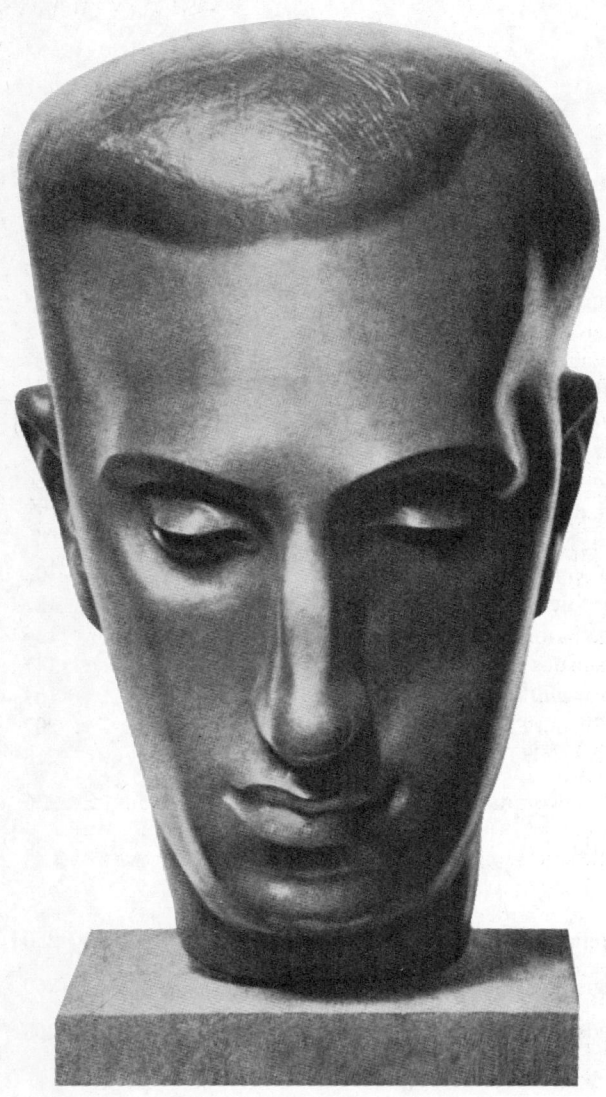

George Gershwin. Büste von Isamu Noguchi.

Vorspiel:
Die *Porgy*-Story

Man sieht es den halbverfallenen, vom Einsturz bedrohten Häusern in der Catfish Row an, daß sie einmal bessere Zeiten erlebt haben. Der verschnörkelte Stuck, der an einigen Stellen noch nicht abgefallen ist, erinnert an die alten englischen Kolonialzeiten und an die Prunksucht der reichen Plantagenbesitzer, die später hier in Charleston, der Küstenstadt Süd-Carolinas, residierten.

Die Catfish Row im Hafenviertel ist ein armseliges Negerquartier. Ihre Bewohner sind aus Westafrika stammende Gullahs, deren Eltern und Großeltern noch als Sklaven auf den landeinwärts gelegenen Baumwollfeldern schwer arbeiten mußten. Nach dem blutigen Bürgerkrieg der sechziger Jahre wurde die Sklaverei zwar abgeschafft – aber die Zukunft brachte ihnen wenig Besserung. Als Fischer verdienen sie sich nun in harter Arbeit ihr kärgliches Brot, und viele von ihnen fristen gar als Bettler und Hausierer ihr Dasein. Trotz seiner Armut liegt es dem schwarzen Völkchen in der Catfish Row jedoch fern, zu resignieren.

Alle in der Negergasse lieben und achten den verkrüppelten Bettler Porgy, der sich nur auf einem kleinen Seifenkistenwagen fortbewegen kann, den er meist von seiner Geiß ziehen läßt. Der Fischer Jake und der Hafenarbeiter Robbins, ihre Frauen Clara und Serena, Peter, der Honigmann, Lily, die Erdbeerverkäuferin – sie alle sind seine Freunde. Keiner möchte ihn missen, den gutmütigen Porgy.

An einem herrlichen, warmen Sommerabend finden sich alle wieder einmal zusammen. Fröhliche Stimmung herrscht nach der getanen Arbeit des Tages. Clara, die junge Fischersfrau, versucht mit einem Wiegenlied ihr Kind in den Schlaf zu singen. In einer anderen Ecke sitzen die Männer beim Würfelspiel. Selbstverständlich ist Porgy dabei, der in der Catfish Row als Meister im Würfeln gilt. Auch Robbins will sein Glück versuchen, obwohl ihn seine

Frau vorm Spiel warnt, weil sich noch zwei wenig gern gesehene Gäste eingefunden haben: der brutale, dem Alkohol verfallene Crown, der so breit ist, daß er den ganzen Gehsteig für sich braucht, und der unsympathische Nichtsnutz Sportin' Life, Rauschgifthändler »von Beruf«. Auch Bess ist mitgekommen, die Freundin Crowns, die sich eines recht zweifelhaften Rufs erfreut und deshalb von den Frauen der Catfish Row gemieden wird. Um so aufmerksamer betrachten die Männer die dunkle Schöne mit dem geschmeidigen Gang und dem herausfordernden, offenen Blick.

Crown ist an diesem Abend besonders stark angetrunken und sucht beim Würfelspiel absichtlich Streit, aufgeputscht von einer Prise Kokain, die er von Sportin' Life bekommen hat. Im Rausch greift er sich einen eisernen Haken, der im Hafen zum Laden der Baumwollballen benutzt wird, und schlägt auf den ahnungslosen, viel schwächeren Robbins ein, bis der tot zusammenbricht. Aus Furcht vor der Polizei fliehen alle in ihre Häuser, während der Mörder in der allgemeinen Aufregung entkommt. Bess läßt er schutzlos zurück. Darauf hat Sportin' Life nur gewartet; zum Troste bietet er ihr seinen »Glücksstaub« an und malt ihr in leuchtenden Farben die Vorzüge eines gemeinsamen Lebens in New York aus. Doch Bess weist ihn ab. Da ist ihr der notdürftige Unterschlupf schon lieber, den ihr Porgy uneigennützig anbietet.

Nach alter Negersitte gibt man am Abend des folgenden Tages dem aufgebahrten Robbins mit dem ergreifenden Gesang eines hymnischen Spirituals die letzte Ehre. Auf der Brust des Toten steht ein Teller, in den jeder soviel hineinwirft, wie er erübrigen kann – für die Beerdigungskosten.

Ein Detektiv stört die Trauerzeremonie. Wie immer, wenn ein Weißer auf den Plan tritt, herrscht sofort eisige, ablehnende Stille. Roh, ohne das leiseste menschliche Mitgefühl, macht er Serena darauf aufmerksam, daß die Leiche ihres Mannes Medizinstudenten zur Sektion übergeben wird, falls sie nicht spätestens am nächsten Tag unter die Erde gebracht ist. Zum Glück erklärt sich der Leichenbestatter bereit, für die gesammelten fünfzehn Dollar – obwohl sie seine Unkosten bei weitem nicht decken – die Beerdigung zu übernehmen.

Ein Monat ist ins Land gezogen. Bess ist bei Porgy geblieben und besorgt ihm nun den Haushalt. Ein Winkeladvokat erbietet sich, Bess wieder zu einer »ehrenvollen Dame« zu machen. Er verlangt einen Dollar für die Scheidung von Crown; als er aber von der

Erdbeerverkäuferin erfährt, daß Bess ja nie mit Crown verheiratet war, verlangt er – wegen der Komplizierung des Falles! – noch eine zusätzliche Gebühr von fünfzig Cents. Der Handel wird abgeschlossen, und Porgy erhält gar ein Schriftstück, auf dem ihm die Ehrenhaftigkeit seiner Bess bescheinigt wird.

Eines Sonntagmorgens, die Glocken der St.-Michaels-Kirche schlagen gerade neun, sitzen die Anwohner der Catfish Row wieder beisammen. Jake und die anderen Fischer flicken ihre Netze, die sie zum Fang am nächsten Tag benötigen. Warnungen, nicht zu weit aufs Meer hinauszufahren, schlägt Jake in den Wind. »Ich muß fleißig arbeiten und viel Geld verdienen, damit mein Sohn einmal die Hochschule besuchen kann.« Porgy ist da natürlich ganz anderer Meinung und gibt sofort in einem lustigen Lied seine rührend-naive Bettlerphilosophie zum besten.

Die Frauen treffen unterdessen die letzten Vorbereitungen für den Kirchweihausflug nach der nahegelegenen, doch einsamen Kittiwah-Insel. Der Sonntagsstaat wird auf Hochglanz gebracht und alles Nötige zum Picknick in Körben und Taschen verstaut. Bess ist ein wenig traurig, daß man sie noch immer nicht recht als vollwertiges Mitglied in die Gemeinschaft der Catfish Row aufgenommen hat. Deshalb will sie am Ausflug nicht teilnehmen, zumal Porgy sowieso zu Hause bleiben muß. Aber gerade Porgy gönnt ihr das Vergnügen und bittet die Speisehausbesitzerin Maria, sich seiner Bess doch anzunehmen. Denn Maria gilt als die gestrenge Hüterin der Moral; wen sie unter ihre Fittiche nimmt, der ist gut aufgehoben. So zieht Bess denn mit ihr und den anderen los. Porgy bleibt einsam, aber glücklich zurück.

Auf Kittiwah-Island herrscht ausgelassenes Treiben. Es wird gesungen, getanzt und gescherzt. Nur einem behagt diese ungezwungene, harmlose Fröhlichkeit nicht: Sportin' Life, der seine Schmuggelreise noch nicht fortgesetzt hat und das Fest am liebsten in ein anrüchiges Gelage verwandeln würde, um sich neue Opfer gefügig zu machen. Mit frechen, gotteslästerlichen Liedern versucht er die Aufmerksamkeit auf sich zu lenken. »Es ist nicht unbedingt wahr, was ihr in der Bibel lest«, spottet er. »Methusalem lebte neunhundert Jahre – aber was heißt leben, wenn kein Mädel mit einem neunhundert Jahre alten Mann was zu tun haben will?!« Empört schreitet Serena ein. Das Pfeifsignal des wartenden Dampfers kommt ihr gerade recht, um zum Aufbruch zu drängen.

Bess hat all ihren Kummer vergessen und kramt als Letzte gerade noch ihre Sachen ein. Als sie den anderen nachlaufen will, springt Crown plötzlich aus dem Dickicht hervor und packt sie. Er hatte sich hier auf Kittiwah versteckt gehalten. Bess wehrt sich verzweifelt. »Ich liebe Porgy!« schreit sie. »Ich habe auch aufgehört zu schnupfen!« Aber Crown lacht sie nur aus. Unerbittlich hält er sie umfangen. Halb bewußtlos hört Bess, wie sich der Dampfer schnaufend entfernt.

Eine Woche ist vergangen. Bess liegt im Bett, vom Fieber geschüttelt. Porgy pflegt die Kranke, seit sie von Kittiwah-Island zurückgefunden hatte. Serena tröstet ihn mit ihrem felsenfesten Glauben, daß Gott Bess wieder gesund machen wird. »Es ist alles in Ordnung, Porgy. Doktor Jesus hat sich des Falles angenommen. Um fünf Uhr wird deine Frau gesund sein.«

Porgy gibt sich große Mühe, Serenas Zuversicht zu teilen. Und als es fünfmal vom Turme schlägt, kommt es nur zitternd von seinen Lippen: »Jetzt ist's Zeit, oh Gott, jetzt ist's Zeit.« Bess tritt wirklich aus der Tür. Sie kann sich nicht entsinnen, wie lange sie krank gewesen war.

Ein Sturm ist inzwischen aufgekommen. Wild rüttelt er an den Fensterläden. Jetzt läuten gar die Hurrikan-Glocken! Vor allem Clara kann ihre Angst kaum noch bezwingen. Denn ihr Mann ist mit seinen Fischern zu den Bänken von Blackfish ausgefahren.

Eng zusammengepfercht hocken sie nun alle in Serenas kleiner Stube, um gemeinsam das Ende des Hurrikans herbeizuflehen. Furcht prägt dabei ihre Gesichter; ekstatisch-erregt klingt ihr Bittgesang, aus dem sie durch wildes Pochen aufgeschreckt werden. Die Tür bricht auf, und in ihrem Rahmen steht Crown, in zerschlissener, nasser Kleidung. Er hat dem Unwetter getrotzt und von der Kittiwah-Insel schwimmend das Festland erreicht. »Gott hätte reichlich Chancen gehabt, mich zwischen Kittiwah und hier umkommen zu lassen! Aber ihr seht: Gott und ich sind Freunde!« Welch Hohn und Spott aus dem Munde eines Mörders.

Der markerschütternde Aufschrei Claras, die am Fenster steht und auf das Meer starrt, machen Crowns Gotteslästerungen im Augenblick vergessen. Die Fischersfrau hat das gekenterte Boot ihres Mannes entdeckt. Ohne zu zögern, übergibt sie Bess ihr Baby und stürzt hinaus, ihren Jake zu suchen.

Die Nacht ist hereingebrochen, die Suche muß aufgegeben werden. Zu den Opfern des Sturms gehört nicht nur Jake, sondern auch seine tapfere Frau, die bei den Rettungsversuchen ums Leben gekommen ist. Das verwaiste Baby gehört nun Bess – so war es Claras letzter Wille. Wie stolz ist Porgy jetzt!

Es mag eine böse Ahnung gewesen sein, daß Porgy an diesem Abend, als längst alle schlafen gegangen sind, noch am Fenster sitzen geblieben ist. Er denkt auch an Crown und dessen unselige Beziehungen zu seiner Bess. Doch lange Zeit zum Nachdenken bleibt ihm nicht. Aus der halb unbewußten Vorstellung wird bittere Wirklichkeit: Crown schleicht in der Dunkelheit durch die Hofpforte herein. Lauschend bleibt er stehen. Porgy hat den Fensterladen seiner Tür herangezogen und beobachtet durch einen Spalt jede Bewegung Crowns. Als der sich geduckt nähert und nach der Klinke greift, stößt Porgy den Laden auf, entreißt ihm das Messer und sticht es dem Hünen in den Rücken. Nach kurzem, erbitterten Kampf bricht Crown tot zusammen. Noch im Schutz der Nacht wird seine Leiche fortgebracht.

Ein Aufatmen geht durch die Catfish Row. Die Frauen beseitigen im Morgengrauen noch die letzten Spuren der schrecklichen, für alle aber doch so befreienden Tat. Der Detektiv hat es schwer, auch nur ein Sterbenswörtchen aus den Negern herauszubekommen. Alle decken Porgy; keiner weiß etwas, keiner hat etwas gesehen. Doch soll wenigstens einer mit auf die Polizeiwache kommen, um die inzwischen aufgefundene Leiche zu identifizieren. Da sich keiner freiwillig meldet, wird der Angesehenste der Gemeinde auserwählt: Porgy. Aller Widerstand hilft nichts, auch die Tränen der verzweifelten Bess können den Detektiv nicht erweichen. Porgy muß mit.

Sportin' Life sieht nun wieder einmal sein Stündchen gekommen, sich der schutzlosen Bess »anzunehmen«. Mit seinem teuflischen Mundwerk redet er ihr ein, daß an eine Rückkehr Porgys vorläufig nicht zu denken sei. Mit verführerischen Worten malt er ihr nochmals die Freuden des »großen Lebens« in New York aus. Als Bess auf seine Pläne nicht eingeht, zwingt er ihr eine Prise Kokain auf. So tapfer sie auch standhalten will – sie erliegt schließlich seinen Versuchungen und folgt ihm nach New York.

Abermals vergeht eine Woche. Porgy ist noch nicht zurückgekehrt, alle machen sich Sorgen um ihn. Doch wenn er kommen würde, wer hätte den Mut, ihm zu sagen, daß Bess die Catfish Row verlassen hat? Man weiß nicht recht, ob man über Porgys Wegbleiben eigentlich traurig oder froh sein soll.

Da bringt ein Polizeiwagen Porgy zurück. Strahlend und glücklich kniet er nun wieder auf seinem Wägelchen. Weil er sich geweigert hatte, Crown zu identifizieren, hat er acht Tage Arrest absitzen müssen. Doch ihm ist die Zeit gar nicht so lang vorgekommen; mit Würfelspiel hat er sich die Langeweile in der Zelle vertrieben und natürlich dabei gewonnen. Später hat er Geschenke dafür gekauft, die er nun an seine Nachbarn verteilt. In der Aufregung und vor lauter Freude am Schenken, im Glücksgefühl, nun wieder daheim zu sein, entgeht ihm, daß alle verlegen um ihn herumstehen. Er schaut nicht auf. Er ruft nur immer die Namen der Freunde auf, denen er etwas zugedacht hat. Jetzt hält er ein leuchtend rotes Kleid in Händen. »Bess, dir soll es gehören! Wie gut wird es dir stehen!« Mit glücklichem Lächeln und stolzer Miene richtet er sich auf – und blickt in erstarrte Gesichter. Auch Serena steht da und hält das Baby im Arm, das Bess anvertraut war. Porgy beginnt zu begreifen. Er ahnt, was geschehen ist. Doch er will es genau wissen. Er bittet die Freunde, ihm die Wahrheit zu sagen. Und er erfährt sie.

»Wo ist New York?« fragt er streng.

»Tausend Meilen nach Norden«, ist die Antwort.

»So bringt mir meine Ziege.« Porgy läßt sich von seinem Vorhaben nicht abbringen. Er ist fest überzeugt, daß er seine Bess wiederfinden wird. Ohne Aufschub macht er sich auf den Weg, Richtung Norden, nach New York.

Schmelztiegel New York

New York war kurz vor der Jahrhundertwende immerhin schon eine gewaltige Stadt. Zwar reckten sich noch keine Wolkenkratzer majestätisch in den Himmel, doch für die erste Untergrundbahn wurden schon die Schächte ausgehoben. Die alten Straßenbahnen konnten den wachsenden Verkehr nicht mehr allein bewältigen. Die Pferdefuhrwerke wurden immer mehr von den Automobilen verdrängt. Menschen verschiedenster Hautfarben, aus aller Herren Länder bunt zusammengewürfelt, hasteten durch die Straßen. »Zeit ist Geld« hieß ihre Parole.

Amerikas Industrie hatte sich mächtig entwickelt. Der Handel blühte. Die New Yorker Börsenspekulationen waren eindeutiges Indiz dafür. Der Markt wurde immer mehr von Trusten beherrscht, die sich gierig die kleinen Geschäfte einverleibten. Täglich vergrößerten sich die Gegensätze zwischen Reichen und Armen immer krasser. Die egoistische Sucht nach Reichtum glänzte in den Augen vieler Abenteurer.

Noch immer war das Schlagwort vom »Goldenen Westen« weit verbreitet. Der Strom der Einwanderer riß nicht ab. Anfang der neunziger Jahre war unter den russischen Ankömmlingen auch die Familie eines Petersburger Kürschnermeisters, der Bruskin hieß. Seine Tochter Rose hatte in der alten Heimat einen jungen Mann unglücklich zurückgelassen. Sein Name war Morris Gerschowitz. Kurz entschlossen reiste dieser den Bruskins nach.

Der beharrliche Gerschowitz wurde belohnt. In einem Ratskeller der New Yorker East Side fand schon bald die Hochzeit statt: Rose war neunzehn, Morris vierundzwanzig Jahre alt. Aus dem Namen Gerschowitz war zwar unterdessen Gershwin geworden, doch zu einer Amerikanisierung des Vermählungsfestes konnte man sich nicht entschließen: Nach alter russischer Sitte wurde drei Tage lang gefeiert.

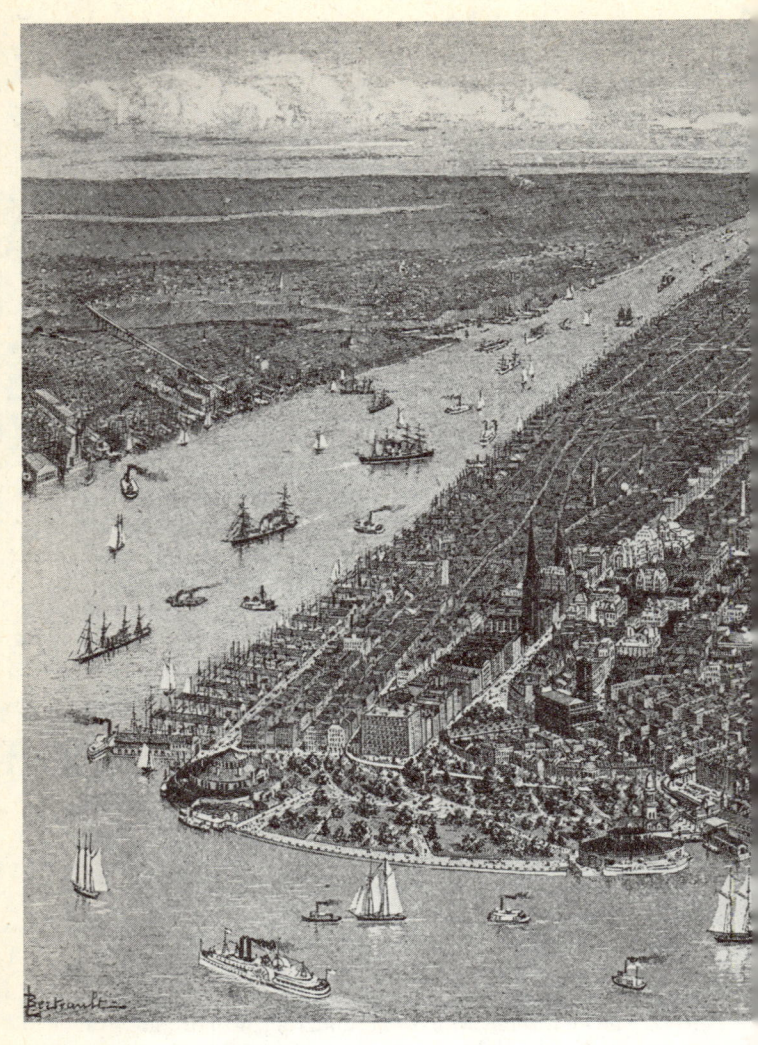

New York am Ende des 19. Jahrhunderts
Holzstich

Die Zeit nahm ihren Lauf. In der ersten kleinen Wohnung der jungen Eheleute wurde Ira, der Stammhalter, geboren. Da es Vater Gershwin liebte, da zu wohnen, wo er arbeitete, zog er mit seiner Familie um, als ihm eine Stelle in der Lederbranche im Brooklyner Stadtteil Williamsburg angeboten wurde. Hier, in einem zweistöckigen Ziegelsteinhaus in der Snedicker Avenue, wurde am 26. September 1898 George geboren. Obwohl sein eigentlicher Vorname Jacob war, nannten ihn die Eltern von Anfang an George.

Die Wohnung lag ganz in der Nähe der Williamsbrücke, die damals über den East River gebaut wurde, als Verbindung nach Manhattan hinüber. Wie oft mag sie später von Möbeltransporten der Gershwins überquert worden sein? Denn Umziehen war bei ihnen an der Tagesordnung. Drüben, in der unteren East Side, verbrachte George die ersten Jahre seiner Kindheit, unterbrochen allerdings von Aufenthalten in Harlem und in Brooklyn, wo er geboren war. Bis zu seinem achtzehnten Lebensjahr hat George in mehr als einem Viertelhundert verschiedener Wohnungen gelebt, diesseits und jenseits des East River. Und ebenso oft wechselte Vater Gershwin seinen Arbeitsplatz: er versuchte es mit allerlei Geschäften, ohne dabei reich zu werden. Einmal besaß er einen Zigarrenladen, dann eine Bäckerei, verschiedene Restaurants (einmal vier gleichzeitig!), wieder zu anderer Zeit ein Billardlokal, ein türkisches und ein russisches Bad. Er spekulierte auch mit einem Sommerhotel für 200 Gäste. Ganz gehörig verbrannte er sich als Buchmacher auf einer Rennbahn die Finger. Dabei war er nicht einmal wirklich ehrgeizig. Er wollte nur für seine Familie das Beste. Seine Kinder sollten es gut haben. Ira und George bekamen noch zwei Geschwister, Arthur und als Nachkömmling Frances. Die kleine Schwester nannten sie Frankie.

Die Mutter hatte es oft nicht leicht, obwohl niemals wirkliche Armut bei den Gershwins herrschte. Sie verstand es, notfalls auch mit wenig Geld auszukommen. Mit Klugheit und Energie, aber auch mit viel Sanftmut und Herzenswärme ging sie ihren Aufgaben nach: der Erziehung ihrer Kinder und der Führung des Haushalts.

Die schönste Zeit seiner Knabenjahre verlebte George jedenfalls in der unteren East Side, obwohl dieser New Yorker Stadtteil alles andere als »schön« war. Im Gegenteil, man nannte ihn das Elendsviertel. Wie in einem Tiegel verschmolzen hier alle Einwanderer. Die Straßen waren übervölkert, voll Staub und Lärm. Doch George liebte solchen Großstadttrubel. Am liebsten tobte er mit

Die Williamsburg Bridge auf Brooklyner Seite
Zur Zeit von Georges Geburt lebten die Eltern ganz in der Nähe.

Die South Street mit der Brooklyn Bridge an der New Yorker East Side
1898, im Jahr von Georges Geburt

anderen Jungen auf der Straße herum. Es gab kein Spiel, das George nicht mit Eifer betrieb. Im Rollschuhlauf war er ungeschlagener Champion.

Die Schule besuchte George sehr ungern. Er tat nur das Nötigste, damit die Zensuren nicht gar zu schlecht ausfielen. Die Note im Betragen war meist schlecht. Ja, es kam nicht selten vor, daß Ira bei den Lehrern vorsprechen mußte, um für George Besserung zu versprechen. Doch lange hielten solche Schlichtungsversuche des älteren Bruders nicht vor. George war überhaupt das völlige Gegenstück von Ira, der leidenschaftlich Bücher las, die er sich in Leihbibliotheken borgte. Einer Meinung waren sie nur auf Familienausflügen, wenn sie etwa an den schönen Badestrand von Coney Island fuhren. Öfter gingen sie auch gemeinsam ins Unique-Theater auf der Grand Street, einer »Nickelodeon« genannten vorsintflutlichen Abart des Kinos. In solcher Flimmerkiste untermalte ein abgedroschenes Klavier die vorüberzitternden Bilder. Ganz ausnahmsweise spendierte Vater Gershwin auch einmal Geld für den Besuch einer »Minstrel Show«, in der Negersänger auftraten.

Bei solchen Erlebnissen kam George zwangsläufig mit Musik in Berührung. Eigentlich hielt er es für unter seiner Würde, Musik anzuhören, und er gab nicht gern zu, wie sehr ihm so ein moderner Ragtime in die Glieder fuhr. Denn ihm und seinen Spielkameraden galt es als ausgemachte Sache, daß Musik eine Angelegenheit für Mädchen sei oder höchstens für jene »Sissys« und »Maggies« – wie sie die Stubenhocker und Muttersöhnchen zu nennen pflegten.

Später, als Gershwin längst ein berühmter Musiker war, schämte er sich seiner ersten musikalischen Erlebnisse natürlich nicht mehr. Im Gegenteil. Von seinem Biographen Isaac Goldberg befragt, erzählte er mit besonderem Vergnügen von dem ersten musikalischen Eindruck, den er als Sechsjähriger empfangen und – eben weil es der allererste war – für immer in der Erinnerung behalten hatte[1]: *Ich stand vor einer »Penny arcade« und hörte einem automatischen Klavier zu, das Rubinsteins »Melodie in F« herunterklimperte. Ich war wie angewurzelt von dem eigentümlichen Reiz dieser Musik. Ich kann diese Melodie nicht mehr hören, ohne mich in der*

---

[1] David Ewen: *The Story of George Gershwin*, New York 1943 (im folgenden »Ewen II«), S. 18. – Alle englischsprachigen Originalquellen sind wie diese vom Autor des vorliegenden Buches übersetzt worden.

125th Street stehen zu sehen, barfuß, in Baumwollhosen, und begierig diese Musik trinkend.

Gershwin erzählte später einem Freund auch von seiner ersten Begegnung mit dem Jazz in eben jener frühen Knabenzeit. Es war während einer Rollschuhpartie in Harlem, dem New Yorker Negerviertel, als er plötzlich aus einem Klubhaus die aufpeitschenden Rhythmen und vitalen Melodien einer Jazzband hörte. Natürlich wußte er damals nicht, was er hörte. Doch er war so tief beeindruckt, daß er in Zukunft noch öfter mit seinen Rollschuhen zu diesem Klub fuhr und sich in unmittelbarer Nähe auf den Bürgersteig setzte, um der Musik zu lauschen. Seine lebenslange Begeisterung für die Musik der Neger, für ihre Rags, Blues und Spirituals, wurde also schon damals begründet.

George mochte neun Jahre alt gewesen sein, als er sich das erstemal »verliebte«. Es war ein kleines Mädel aus der Nachbarschaft, das es ihm angetan hatte – nicht wegen ihrer langen Zöpfe oder sonst eines äußeren Vorzugs, sondern einzig und allein wegen ihrer lieblichen, sauberen Stimme, mit der sie reizende kleine Lieder sang. George besuchte nun auch immer regelmäßiger jene Penny-Arcaden, aus denen man für 5 Cent die neuesten Schlager hören konnte. Man mußte sich nur die an Schlauchenden sitzenden Gummimuscheln ans Ohr halten. Doch welch ein unmittelbares Erlebnis war dagegen ein richtiges Konzert! George erfuhr das damals schon, als er erstmalig in zwei Konzerte mitgehen durfte.

Als Zehnjähriger in der Grundschule war George noch immer ein verspielter Junge, dem das Lernen im Klassenzimmer nicht viel Spaß machte. Die gelegentlichen Begegnungen mit Musik hatten keineswegs tiefe Spuren hinterlassen. Eines Tages aber passierte etwas Seltsames: Er tobte gerade mit einem Ball auf dem Schulhof herum, als aus einem offenstehenden Fenster die Klänge einer Geige an sein Ohr drangen. Nichts hätte seiner Veranlagung nun mehr entsprochen, als die Musik so an sich abgleiten zu lassen, wie etwa ein Radiokonzert an einem intensiven Zeitungsleser vorbeirauscht. Aber es kam anders. Die Melodie – wie sich bald herausstellte, war es Dvořáks berühmte Ges-Dur-*Humoreske* – faszinierte ihn derart, daß es der Ball war, den er unbeachtet ließ.

Er hatte nur einen Wunsch: den jungen Geigenkünstler kennenzulernen. Er postierte sich vor dem Schulportal und wartete. Ein Regenguß durchnäßte ihn bis auf die Haut – doch er wich nicht von der Stelle. Ja, vor lauter Begeisterung war er nicht einmal auf den Gedanken gekommen, sich unterzustellen. Als ihm die Zeit aber

Die Sixth Avenue 1899

doch zu lang wurde, ging er in das Schulgebäude und fragte nach dem Geiger. Es war der achtjährige Maxie Rosenzweig, der aber längst die Schule durch eine Seitentür, den Eingang für Lehrer, verlassen hatte. So bat George um die Adresse und machte sich sofort auf den Weg. Es war aber nur Maxies Mutter zu Hause. Ein Treffen wurde vereinbart, damit George sich seine Begeisterung von der Seele reden konnte.

Beide Kinder verstanden sich vom ersten Augenblick an. Maxie Rosenzweig, der später unter dem Namen Max Rosen eine glanzvolle Karriere machte und in der ganzen Welt konzertierte, führte George in die Welt der ernsten Musik ein. Er begeisterte ihn für eine Sache, zu der er sich schon damals als Achtjähriger berufen fühlte. Er spielte ihm auf der Geige nicht nur alle seine Lieblingsstücke vor, sondern er erzählte ihm auch, was er von den großen Komponisten der Vergangenheit wußte. George hörte ihm dankbar zu. Maxies Musik und Maxies Geschichten waren ihm plötzlich mehr wert als Rollschuhlaufen und andere Straßenspiele.

Aus George war ein anderer geworden. Ständig wirkte die Musik in seinem Unterbewußtsein, und er begann, sich Gedanken darüber zu machen. Er hatte plötzlich das Verlangen, sich praktisch an dem zu erproben, was ihn beschäftigte. Und energisch, wie er war, ließ er nichts unversucht, seinen Wunschtraum zu verwirklichen.

Tatsächlich entdeckte er, daß im Zimmer eines seiner Freunde, der ganz in der Nachbarschaft, in der 7th Street, wohnte, ein Klavier stand. Er benutzte nun jede Gelegenheit, diesen Schulkameraden zu besuchen. George fingerte auf den Tasten des Instruments herum und suchte sich bekannte Melodien zusammen. Er jubilierte innerlich über jeden Fortschritt, den er machte. Es war ja so spannend! Bald schon war er des Spielens mit einem Finger überdrüssig. Er stellte eifrig Experimente an, wie er beide Hände gebrauchen konnte. Der rechts gespielten Melodie versuchte er nun gleichzeitig mit der linken Hand einen harmonischen Untergrund zu geben. Seine Entdeckerfreuden standen denen des alten Columbus sicherlich in nichts nach.

Er spielte meist, wenn der Freund anderweitig beschäftigt war, um mit sich und der Musik möglichst allein zu sein. Er verriet auch keinem anderen, nicht einmal daheim, wie sehr ihn dieses Musizieren begeisterte. Er hatte nun sogar schon mit Erfolg versucht, nicht nur bekannte Lieder nachzuspielen, sondern neue selbst zu erfinden. Auf solche eigenen Melodien war er dann besonders stolz. Es

Inspektionsfahrt bei der Einweihung einer neuen U-Bahn-Strecke

kostete ihn große Überwindung, keinem davon zu erzählen. Aber er wollte sich erst noch vervollkommnen.

Eines Tages glaubte er, daß er aus der Stümperzeit heraus sei. Das wollte er gern bestätigt haben. Wer hätte dies besser tun können als Maxie Rosenzweig? George vertraute sich ihm an. Maxies Urteil, war er auch zwei Jahre jünger, galt ihm viel. So spielte er dem gespannten kleinen Geiger ein paar selbsterfundene Stückchen auf dem Klavier vor. Es mag Maxie nicht leicht gefallen sein, aber er wußte, daß George die Wahrheit hören wollte, und deshalb sagte er ihm offen, was er dachte[2]: *Du hast's nicht in Dir, ein Musiker zu sein, George. Nimm mein Wort dafür. Ich weiß es.*

Die Situation hätte für Außenstehende einer gewissen Komik nicht entbehrt: wie da zwei Kinder miteinander rechteten, als ginge

---

[2] David Ewen: *George Gershwin: His Journey to Greatness*, neu bearbeitete Auflage von *A Journey to Greatness* (New York 1956), Englewood Cliffs, N.J., 1970; Reprint Westport, Conn., 1977 (im folgenden »Ewen I«), S. 14

es um Leben oder Tod. Aber sie nahmen es tatsächlich sehr ernst. George wurde von Maxies Urteil hart getroffen. Er glaubte zunächst wirklich fest an die ihm soeben bescheinigte Talentlosigkeit. Und da er keine halben Sachen liebte, versuchte er durch die Rückkehr zu seinen Spielkameraden die Musik zu vergessen.

George tollte nun wieder auf den Straßen New Yorks, auf denen der Verkehr von Monat zu Monat bedrohlich zunahm. Lebhaft interessierte er sich wieder für alles, was sich in der Stadt veränderte. Verschiedene U-Bahnlinien waren nun schon in Betrieb genommen. Ganz in der Nähe von der Wohnung der Gershwins – sie lebten damals in der Grand Street, einer wichtigen Verkehrsader der unteren East Side – fuhr die Hochbahn vorbei. Für die Jungen war es immer ein sehenswertes Schauspiel, wenn die Züge dröhnend über die gewaltigen Stahlgerüste rasten. Und im Zentrum, wo sich die 5th Avenue, der Broadway und die 23th Street kreuzen, war der erste Wolkenkratzer eine besondere Sehenswürdigkeit der rastlosen Stadt.

Ein Klavier
und die Folgen

Es gelang George nur sehr schlecht, die Musik aus seiner Gefühlswelt zu verbannen. Was er auch alles anstellte, um sich zu zerstreuen – Maxies Geigenspiel und seine eigenen pianistischen Versuche hatten in seinem Innern etwas hinterlassen, das nicht mehr auszulöschen war. Die Veränderung seines Wesens fiel allen auf, am meisten natürlich der Mutter. Sie blickte sorgenvoll auf ihren Zweiten. Jetzt machte ihm nicht einmal das Spielen mit den Freunden mehr rechten Spaß. Und in der Schule stand es auch nicht zum allerbesten. Dabei wünschten sich die Eltern, daß George einmal einen kaufmännischen Beruf ergreifen sollte. Um Ira, den Älteren, brauchten sie sich viel weniger Gedanken zu machen; denn er war ein blendender Schüler und würde gewiß einmal ein guter Lehrer werden.

George traute sich nicht, im Familienkreis über die innere Bewegung zu sprechen, die die Musik in ihm ausgelöst hatte. Wie sollte er da schon auf Verständnis stoßen! Er wußte, daß weder Vater noch Mutter eine künstlerische Ader hatten. Nie hatte es einen Musiker in der Familie gegeben, weder bei den Gerschowitz' noch bei den Bruskins. George spürte deutlich, daß sein Lieblingsthema, daß die Musik kein Gesprächsstoff für das Elternhaus war.

Er wußte selbst nicht, wie ihm geschah, als die Mutter eines Tages erklärte, es werde ein Klavier angeschafft. Ihre Schwester habe ja schließlich auch eins gekauft! Und wo es zu repräsentieren galt, war Mutter Gershwin zur Stelle. Vor allem müsse Ira endlich ein Instrument zum Üben haben, damit die Stunden, die er schon seit zwei Jahren bei Tante Kate nahm, nun auch Früchte tragen könnten. George hörte das alles wie im Traum. Ein Klavier! Zu Hause! Er geriet außer sich vor Freude. Und doch ließ er sich nichts anmerken.

Das war im Jahre 1910, George war zwölf Jahre alt. Am Ankunftstage des Klaviers konnte er sich kaum mehr beherrschen. Wie besessen stürzte er sich auf das neue Instrument. Und wie er es sich erhofft hatte, verfehlte sein Klavierspiel die Wirkung auf Eltern und Geschwister nicht. Alle waren von den Proben seines Könnens ehrlich begeistert; denn keiner wußte ja etwas von den heimlichen Versuchen bei seinem Freund.

An eine bevorzugte Benutzung des Klaviers durch Ira war nicht zu denken. George beschlagnahmte es vollkommen für sich. Er ereiferte sich in wahrhaften pianistischen Attacken! Geregelte Übungen waren vorläufig allerdings nicht möglich. Er spielte einfach drauflos, er improvisierte. Ideen hatte er schon damals genug.

Vater Gershwin blieb natürlich nichts anderes übrig, als schließlich einen Klavierlehrer zu engagieren. Zunächst versuchte man es mit Miß Green, die einen halben Dollar für die Stunde nahm, weil sie keinen weiten Weg hatte. Aber George konnte sich mit der trockenen Art nicht anfreunden, in der er Beyers »Übungen« Nummer für Nummer durchnehmen mußte. So wurde der Lehrer in kürzester Frist noch dreimal gewechselt.

Als vierten Lehrer gewann man schließlich einen in der East Side angesehenen Musiker, von dessen Prominenz Vater Gershwin sofort überzeugt war, als er einen Dollar fünfzig pro Stunde verlangte. Er hieß Mr. Goldfarb und war der Kapellmeister einer Zigeunerkapelle! Zunächst schien alles gut zu gehen, denn der ungarische Primas haßte Etüden und ließ seine Schüler nur »richtige Musik« spielen. Vor allem fand er an Potpourris italienischer Opern Geschmack. Und was ihm gefiel, hatte seinen Zöglingen auch zu gefallen. Sie mußten es genau in der Art spielen wie er: mit viel Sentiment, mit dauerndem Ritardando und Rubato. George merkte bald, daß solch »gefühlvolles« Spiel unecht war. Er leistete deshalb stillen Widerstand und machte Mr. Goldfarb oftmals wütend. So ging es auch mit diesem Lehrer schief.

Die Wende zum Guten kam 1912, als George vierzehn Jahre alt war. Er hatte unterdessen die Grundschule absolviert und war in eine Handelsschule aufgenommen worden. Einer seiner neuen Freunde war Jack Miller, ein junger Pianist, der in einem Amateur-Sinfonieorchester spielte. Georges Musikalität begeisterte ihn, und er versprach, bei der Suche nach einem wirklich guten, verantwortungsbewußten Lehrer behilflich zu sein. Er schlug schließlich Charles Hambitzer vor, der als Komponist und Konzertpianist einen geachteten Namen hatte; er war vier Jahre zuvor aus Milwaukee nach New York gekommen, gerade dreißigjährig, hatte vorher bei dem Deutschen Hugo Kaun studiert (der vierzehn Jahre lang in Milwaukee lehrte) und zog dann selbst einen riesigen Kreis von Schülern an, der in New York bald auf siebzig anwuchs! Hambitzer war übrigens einer der ersten, die in Amerika Arnold Schönbergs Klaviermusik aufführten.

George stimmte einem solchen Lehrervorschlag natürlich begeistert zu und wählte für das erste Vorspiel Rossinis *Wilhelm-Tell*-Ouvertüre. Er spielte sie gerade so, wie es ihm Goldfarb gezeigt hatte. Hambitzer hörte aufmerksam zu und war sofort von dem Todernst beeindruckt, mit dem der junge Gershwin bei der Sache war. Aber wer hatte dem armen Jungen nur solch scheußliches Klavierspiel beigebracht?

Hör zu, sagte er zu George, *wir beide werden jetzt auf der Stelle den Menschen aufstöbern, der dich lehrte, so zu spielen. Und dann schießen wir auf ihn – aber ohne einen Apfel auf dem Kopf!*[3]

Gershwin hätte damals keinen besseren, keinen richtigeren Lehrer als Hambitzer finden können. Wie sein neuer Lehrer ihn von Anfang an einschätzte, geht deutlich aus einem Brief hervor, den Hambitzer damals an seine Schwester schrieb. Er gibt uns ein sehr lebendiges Bild von der musikalischen Besessenheit des jungen Gershwin[4]:

Ich habe einen neuen Schüler, der mit unerbittlicher Willenskraft sein Ziel in der Musik erreichen will. Der Bursche ist ein Genie, ohne Zweifel; er ist ganz verrückt nach Musik und kann die Zeit kaum abwarten, bis die Stunde jedesmal beginnt. Niemals guckt der Junge auf die Uhr! Er möchte sich gern mit diesem modernen Zeug befassen, Jazz und allem möglichen anderen. Aber für eine Weile lasse ich ihn da noch nicht ran. Ich will zuerst sehen, daß er ein solides Fundament durch die klassische Musik bekommt.

George war auf die Stunden bei Hambitzer wirklich versessen, das hat er später immer wieder betont. Er lernte die Musik der Großen kennen, er spielte Bach und Beethoven, Chopin und Liszt, Debussy und Ravel. Die Franzosen galten damals – 1913 – als sehr

---

[3] Ewen I., S. 15
[4] zitiert nach Ewen II, S. 29

modern. Georges Klaviertechnik wurde immer vollkommener. Hambitzer lehrte ihn die Musik aber nicht nur spielen, sondern auch verstehen. Er erläuterte ihm den formalen Aufbau der Kompositionen und brachte ihm beiläufig auch schon etwas Harmonielehre und Kontrapunkt bei.

Von nun an besuchte George auch regelmäßig Konzerte, bei den New Yorker Philharmonikern und anderen Orchestern. Auch Solo-Abende berühmter Virtuosen hörte er gern, etwa den Meisterpianisten Leopold Godowsky, den jungen Leo Ornstein und natürlich auch seinen eigenen Lehrer Hambitzer, an dessen Interpretation von Rubinsteins d-Moll-Konzert sich Gershwin später noch gern erinnerte. *Ich hörte nicht nur mit meinen Ohren, sondern ebenso mit meinen Nerven, meinem Sinn und meinem Herzen*[5]. Der fünfzehnjährige Gershwin lauschte so intensiv, daß er erfüllt von Musik aus den Konzerten nach Hause kam und das Gehörte sofort am Klavier zu rekonstruieren versuchte.

George war aber auch selbst schon pianistisch aktiv. Er spielte im Musizierkreis seiner Handelsschule und während der Sommerferien des Jahres 1913 im Kurorchester eines Bades in den Catskill-Bergen, etwa 150 Kilometer nördlich von New York. Dort verdiente er sich stolz sein erstes Geld: 5 Dollar in der Woche.

In dieser Zeit begann George Gershwin auch zu komponieren. So sehr er die Lektionen bei Hambitzer schätzte – in Fragen des Tonsatzes ließ er sich von ihm nicht belehren. Er liebte die klassische und romantische Musik, die er mit seinem Lehrer durchnahm. Aber komponieren wollte er keinesfalls so – im Stil dieser alten Meister. Sein Idol war vielmehr Irving Berlin, der damals bedeutendste und bekannteste Komponist der amerikanischen Popular Music, der leichten, volkstümlichen Musik (also nicht etwa der echten Volksmusik, die in Nordamerika ja nur bei den Indianerstämmen und den eingewanderten Negern überliefert ist). *Alexanders Ragtime Band* war einer seiner Schlager, die damals jeder auf den Lippen hatte. Solche Musik hatte George zunächst im Sinn, genau so wollte er komponieren. Ihn begeisterte die rhythmische Vitalität dieser Musik. Solche Klänge verstand jeder – und Musik, die er einmal schreiben würde, sollte jeder verstehen!

Über dieses Thema gab es heiße Auseinandersetzungen mit seinem Lehrer. Hambitzer lehnte solche »primitive« Musik mit

[5] Ewen I, S. 18

28

Die Brooklyn Bridge, erbaut von 1867 bis 1883
Illustration von 1884

aller Vehemenz ab, er fand sie geschmack- und stillos. Nichts
anderes als Schund war sie in seinen Augen. Je mehr Hambitzer die
Popular Music aber ablehnte, desto leidenschaftlicher verteidigte
sie George. Er fühlte sich nicht nur stark zu ihr hingezogen,
sondern auch berufen, ihr sein Leben zu widmen. Er ließ sich durch
nichts von seinen Ideen abbringen.

Seine erste kleine Komposition war ein Lied, das *Since I Found
You* hieß: »Seit ich dich fand«. Es wurde nie veröffentlicht; doch
Gershwin behielt es im Gedächtnis und amüsierte sich später
immer über eine Stelle in der Mitte des Liedes, die so ungelenk
klang, weil er damals noch nicht geschickt von G-Dur nach F-Dur
zu modulieren vermochte. Seine zweite Komposition spielte er
selbst öffentlich. Das war in einer Veranstaltung des Finley-Clubs,
einer literarischen Gesellschaft, der Ira Gershwin angehörte. Und
Ira – als Mitglied des Vorbereitungskomitees – setzte seinen Bruder George auch ins Programm ein: einmal als Begleiter verschiedener Lieder und ein andermal als Interpreten einer Klaviersolo-

Die Brooklyn Bridge nach dem Feuer
am 10. November 1902

nummer. George verschwieg, was er spielte. Daß es ein Tango war, mochten die meisten gemerkt haben, aber keiner wußte, wer der Autor war. Er saß am Klavier.

Dieses Konzert hatte Anfang des Jahres 1914 stattgefunden, in einer Zeit, in der George für seine Ziele nicht mehr nur im geheimen schwärmte oder sie vor seinem Klavierlehrer verteidigte. Er hatte Ernst gemacht. Er empfand den Besuch der Handelsschule nur noch als Last, als Hindernis auf seinem Weg. Deshalb hatte er mit seiner Mutter gesprochen; wie er erwartet hatte, gab es zunächst hitzige Wortgefechte.

»Du mußt erst einmal etwas Ordentliches lernen, damit du einen richtigen Beruf ergreifen kannst«, so lautete zunächst der Grundsatz der Mutter – als ob Komponist kein Beruf wäre! Nach einiger Zeit hatte George sie aber wenigstens schon so weit, daß sie nicht mehr völlig dagegen war. Allmählich gewöhnte sie sich daran, sich ihren Sohn als Komponisten vorzustellen, nur – daß er sich die leichte Musik zum Vorbild nehmen wollte, das ging noch immer nicht in den Kopf der Mutter hinein. Ein Gershwin – wollte er sich schon der Musik verschreiben – sollte dann doch lieber den klassischen, den großen Komponisten nacheifern!

George wußte genau: Wenn er die Mutter auf seiner Seite hatte, würde er leichtes Spiel haben. Der Vater wäre dann auch umzustimmen; denn Morris Gershwin war ziemlich unentschlossen, was die Zukunft seiner Kinder betraf. Georges Argument, durch die Schule würde er nur Zeit verlieren und deshalb auch erst später Geld verdienen können, begann die Eltern zu überzeugen – vor allem, weil sie merkten, daß es für George selbst unumstößlich feststand, daß er einmal ein tüchtiger Komponist werden würde. Ein Komponist volkstümlicher Musik, wohlgemerkt.

Wo aber sollte George dieses Handwerk erlernen? Auf einem Konservatorium wurde man doch nur für die »ernste« Musik vorbereitet. Und mit der hatte George ja vorläufig nichts im Sinn. Der Betroffene selbst wußte natürlich am besten Rat. Er hatte längst herausgefunden, wo die von ihm so geliebten Schlager entstanden, wo sie »gemacht«, feilgeboten und verkauft wurden: in der Tin Pan Alley, jener Straße im Zentrum New Yorks, in der alle bedeutenden Musikverlage ihren Sitz hatten. Irving Berlin war dort der ungekrönte König, und wo Berlin ein und aus ging, da wollte George sein. Da wollte er lernen, von unten auf. Er scheute sich vor nichts. Irgendein Weg, in der Tin Pan Alley unterzukommen, würde sich schon finden. Und er fand sich auch.

Schlager
vom Fließband

Tin Pan Alley – keiner kann es mit Gewißheit sagen, wie jener Teil der 28th Street, der zwischen der 5th und 6th Avenue liegt, zu diesem poetischen Namen kam. Zu deutsch hieße es: Zinn-Pfannen-Gäßchen. Die meisten behaupten, der Journalist Monroe Rosenfeld habe den Straßennamen geprägt, als er 1903 einige Artikel über die leichte Musik veröffentlichte. Der damals beliebte Effekt, zwischen die Stahlsaiten des Klaviers Papier zu stopfen, soll ihn inspiriert haben: Der plärrende Klang konnte einen tatsächlich an Zinnpfannengeräusche erinnern.

Kurz vor der Jahrhundertwende hatten sich die ersten Musikverlage in der 28th Street angesiedelt. Einige kamen von auswärts, wie die bekannte Firma Broder & Schlamm aus San Francisco; andere zogen nur innerhalb der Stadt um, meist vom Union Square her, dem früheren musikalischen Zentrum New Yorks, wie Witmark & Sons als führendes Verlagshaus, auch Charles K. Harris und Harry von Tilzer. Etwas später, 1902, kam der Musikverlag Remick aus Detroit hinzu. Dieser war dazu bestimmt, in der Lebensgeschichte George Gershwins eine erste, letzten Endes aber traurige Rolle zu spielen. Denn bei Remick erlernte Gershwin nicht nur das Handwerk, das Wie, sondern vor allem auch das Warum. Er merkte sehr bald, daß hier in der Tin Pan Alley nicht Lieder um der Lieder willen, sondern Geschäfte um der Geschäfte willen gemacht wurden. Und diese kommerziellen Hintergründe stießen ihn – weil sie unkünstlerisch waren – sehr bald ab. Song Business war seine Sache nicht. In einer »Maschine, die rastlos Schlager ausspie« – wie der amerikanische Musikschriftsteller David Ewen die Tin Pan Alley charakterisiert – konnte ein Gershwin auf die Dauer nicht mitlaufen. Das Räderwerk dieser Maschine genauestens zu studieren, war aber eine wesentliche Voraussetzung seiner künstlerischen Laufbahn.

Als George 1914 in die Tin Pan Alley kam, noch nicht ganz sechzehn Jahre alt, war die Verlagsfirma Jerome K. Remick eines der größten Häuser am Platze. Durch einen Freund seiner Familie, er hieß Ben Bloom, wurde der junge Gershwin bei Remick eingeführt. Er mußte sich bei Mose Gumble vorstellen, dem Boß der Abteilung Song Plugging, dem Reklamechef, der dafür zu sorgen hatte, daß die verlagseigenen Lieder populär wurden. Ihm gefiel Georges Klavierspiel so gut, daß er ihn auf der Stelle für einen Wochenlohn von 15 Dollar als »Verlagspianisten« engagierte. Diese Berufsbezeichnung war aber nur eine elegante Umschreibung für den eigentümlichen Begriff des Song Pluggers.

George saß nun an der Quelle. Wenn auch nur als winziges Zahnrad im großen Getriebe der Schlagerindustrie, fühlte er doch ihren Pulsschlag. Als Song Plugger hatte er täglich acht bis zehn Stunden am Klavier zu sitzen, um die ihm anvertrauten Stücke, die »Ware«, spielend und singend an den Mann zu bringen. Er war also für den Verleger ein unentbehrliches Instrument, die tönende Reklame sozusagen. Von ihm hing es ab, ob ein Lied zu einem Schlager wurde. Song Plugging war in der Tin Pan Alley zu einer spezifischen Wissenschaft geworden. Es war das eigentliche Geheimnis des Geschäftserfolges.

Die Plugger saßen nicht nur in den Kabinen in den Büroräumen des Verlages, sondern sie hatten ebenso »Außendienst«. Sie mußten in den großen Gartenlokalen ihr Heil versuchen, in den Nickelodeons und anderen Vergnügungsstätten. War ein Song Plugger schon berühmt (denn auch Berühmtheit konnte man in diesem Beruf erlangen), dann bekam er wohl auch die Erlaubnis, während Kabarettvorstellungen seines Amtes zu walten; als harmloser Besucher getarnt, griff er dann plötzlich – von seinem Platze aus singend – den Refrain eines Songs auf, den er ins Programm gebracht hatte, und hämmerte ihn mit der Mimik spontaner Begeisterung dem Publikum ein.

Die geschäftliche Unrast in der Tin Pan Alley ließ den Komponisten kaum Zeit, ihre Einfälle individuell auszuformen. Meist waren es ja auch keine Komponisten, sondern Spezialarbeiter innerhalb einer Massenproduktionsstätte. Nach ganz bestimmten Formeln wurde hier Musik fabriziert. Es gab da verschiedene Rezepte für verschiedene Arten von Songs: für sentimentale Balladen, für zärtliche Liebeslieder, für freche Kabaretteinlagen oder rhythmisch pikante Ragtimemelodien. Einer »erfand« die Melodie, ein anderer nahm sie wie ein Stenograph auf, ein dritter

Die Tin Pan Alley

arrangierte sie. Das Ergebnis war nichts anderes als Musik vom Fließband. Und der Plugger hatte dann immer das Neueste vom Tage, das natürlich selten wirklich neu war, seiner Kundschaft anzupreisen.

Gershwin beschrieb seinen Alltag bei Remick einmal so[6]: *Die verschiedensten Leute kamen herein und veranlaßten mich, ihnen »Gott sende dich zurück zu mir« vorzuspielen, in sieben Tonarten! Chorsängerinnen benutzten die Gelegenheit, sich hinter meinem Rücken zu verschnaufen. Einige der Kunden behandelten mich wie Dreck. Andere waren ganz reizend.* Zur Kategorie der letzteren gehörten verschiedentlich Leute, die in Gershwins Leben später noch eine wichtige Rolle spielen sollten, etwa die als Sänger und Tänzer berühmten Geschwister Fred und Adele Astaire (die hervorragende Interpreten von Gershwins Musik wurden) oder der junge Schriftsteller Irving Caesar, der eigentlich nur zu Remick kam, um Gedichte zum Vertonen anzubieten, bei dieser Gelegenheit aber Gershwin kennenlernte, um ihn von Stund an in sein Herz zu schließen (*Nie zuvor hörte ich Popular Music so gespielt!*[7]).

Es gab auch Leute, die tatsächlich nur kamen, um Georges Klavierspiel zu hören, seine ungewöhnliche, reizvolle Art des Musizierens, die so gar nichts mit der Routine der meisten Song Plugger gemein hatte. Ein damaliger Berufskollege von ihm, Harry Ruby, der später zu Gershwins guten Freunden gehörte, berichtete einmal, wie eifersüchtig alle Plugger auf den jungen George waren oder aber ihn verachteten – nicht nur, weil er am besten Klavier spielen konnte, sondern vor allem, weil er seinen Beruf so ernst nahm und ihm deshalb wenig daran lag, ob ein Song viel Geld einbrachte. Ruby, der bei Tilzer angestellt war, lernte Gershwin in Atlantic City kennen, wo beide im Auftrag ihrer Firmen auf Außendienst waren. Georges leidenschaftliches Interesse für die volkstümliche Musik machte auf ihn starken Eindruck. *Manchmal allerdings, wenn er von der künstlerischen Sendung der Popular Music sprach, dachten wir, er würde überschnappen!*[8]

Die geisttötende Arbeit als Plugger mochte noch so erniedrigend und deprimierend sein – George ließ sich seine Ideale nicht nehmen. Er glaubte fest daran, daß es möglich sein müßte, wirklich gute, ausdrucksstarke Lieder von volkstümlichem Charakter zu schrei-

---

[6] Ewen I, S. 24
[7] ebda., S. 25
[8] ebda., S. 26

Protagonisten der Tin Pan Alley.
Von links: Irving Berlin, Jerome Kern, Victor Herbert, Gene Buck,
John Philip Sousa, Charles K. Harris, Harry von Tilzer

ben. Er wäre längst von der Menge der gehaltlosen Schabloneschlager, die er tagtäglich spielen mußte, erdrückt worden, wenn er nicht hin und wieder Halt gefunden hätte an einzelnen Liedern, die er sich mit feinem Fingerspitzengefühl herauspickte. Allmählich kam er auch dahinter, daß diese wenigen Lieder, die ihn unmittelbar packten, immer wieder dieselben Komponistennamen trugen: entweder stammten sie von Irving Berlin oder von Jerome Kern.

Mit sicherem Instinkt hatte sich George da wirklich für die beiden bedeutendsten Meister der volkstümlichen amerikanischen Musik begeistert. Bessere Vorbilder für das, was er wollte, konnte er damals nicht finden. Beide waren keine typischen Vertreter der Tin Pan Alley. Man mußte schon zwischen einer »alten« und einer »neuen« Tin Pan Alley unterscheiden. Zwar hatte sich am kommerziellen Charakter dieses Schlagerzentrums nichts geändert. Doch mit den alten Fließbandmethoden hatte man keine rechten Erfolge mehr. Lieder nach Schablone ließen sich nicht mehr ohne weiteres absetzen. Die musikalischen Geschmäcker waren etwas anspruchsvoller; die zunehmende Verbreitung des Jazz, der sich in kein Schema fügte, weil er von der lebendigen Improvisation lebte, hatte so manche Ohren verwöhnt. Der Schlagerindustrie nutzte es nicht viel, wenn sie jetzt einfach einige Elemente des Jazz übernahm. Wollte sie bestehen, mußte sie insgesamt ihren Liedstil verfeinern, nicht nur in bezug auf die Melodie, sondern vor allem auch auf den Rhythmus und die Harmonik. Keiner spürte das deutlicher als Gershwin. An dieser Aufgabe wollte er mithelfen. Berlin und Kern brauchten dringend Gefolgsleute.

Irving Berlin war zehn Jahre älter als Gershwin und stammte – wie Georges Eltern – aus Rußland, wo er als Sohn eines jüdischen Kantors geboren wurde. Er kam fünfjährig in die Neue Welt und wuchs ebenfalls im Osten New Yorks auf. Als Sänger in Caféhäusern verdiente er sich etwas Geld, ehe er in der Tin Pan Alley zu Ansehen und Ruhm kam. Mit Anleihen beim Jazz war er sehr vorsichtig, er vertraute mehr auf seine eigene melodische Erfindungsgabe. Der Rührseligkeit der alten Tin-Pan-Alley-Schlager setzte er dank seines unverdorbenen Empfindungsvermögens etwas Gesundes und Natürliches entgegen. Deshalb riß Gershwins Bewunderung für Berlin niemals ab, auch dann nicht, als er selbst ein weltberühmter Liederkomponist war. Anhaltend schwärmte er von der »edelsteinhaften Vollendung« der Lieder Berlins. *Sein farbiger melodischer Reichtum setzt uns alle, die wir auch Lieder komponieren, immer wieder in Erstaunen. [...] Irving Berlin ist Amerikas Franz Schubert,* sagte er[9], in seiner Begeisterung übertreibend.

Nicht weniger galt Georges Bewunderung Jerome Kern, der im Jahre 1914, als Gershwin in die Tin Pan Alley kam, gerade einen seiner größten Triumphe mit der Broadway-Show *The Girl from Utah* feierte. Gershwin begegnete Kerns Musik zum erstenmal während der Hochzeit seiner Tante Kate im Grand Central Hotel. Die Kapelle spielte eine Melodie, die George sofort fesselte. Er eilte zum Podium, um nach dem Titel und dem Autor des Liedes zu fragen. Es war Kerns *You're Here and I'm Here*, ein Hauptschlager aus dem *Utah Girl*. Von nun an interessierte er sich für alles, was er von Kern nur bekommen konnte. *Ich verehrte Kerns Schaffen. Ich studierte jedes seiner Lieder. Ich zollte ihm Tribut, indem ich ihn*

[9] Ewen II, S. 50

imitierte. Viele Dinge, die ich in dieser Zeit schrieb, klangen, als ob sie Kern selbst geschrieben hätte.[10]

Allerdings dürfte es dem jungen, lernbegierigen Gershwin schwer geworden sein, mit Kerns Musik auf dem laufenden zu bleiben; denn Kern reihte schnell Werk an Werk. Die Zeiten waren bald vergessen, in denen er für 7 Dollar pro Woche in großen Warenhäusern spielte. Übrigens zählte er zu den wenigen »studierten« Broadway-Komponisten, denn er hatte an einem College Musikunterricht genossen. Sein berühmtestes Musical, *Show Boat* von 1927, enthielt als volkstümlichstes Lied den *Ol' Man River*, der sich im Fluge die Welt eroberte – vor allem durch die unvergleichliche Baßstimme Paul Robesons.

Obwohl George mit seiner Arbeit als Plugger voll ausgelastet war, schrieb er nebenbei unermüdlich Lieder. Wenn er den Kunden von Remick vorspielte, mischte er unversehens auch einmal ein eigenes Lied mit ein, heimlich natürlich – ohne Wissen seines Chefs. Aber niemand stutzte, niemand erbat sich eines seiner kleinen Werke, die er mit so viel Herzblut geschrieben hatte. Waren sie nichts wert? Unterschieden sie sich nicht von den anderen? George war ziemlich niedergeschlagen, als ihm plötzlich ein kühner Gedanke kam: Wie wäre es, Irving Berlin einmal vorzuspielen? Vielleicht würde dieser verehrte Meister einen Funken Begabung in ihm entdecken! Mit der Empfehlung eines Bekannten gelang es, ein Treffen zu arrangieren. Er spielte Berlin einige seiner Lieder vor – und der Ältere hielt mit seiner Anerkennung nicht zurück, sondern sagte ihm sogar eine erfolgreiche Zukunft voraus.

George war stolz und schrieb weiter. Er legte nun selbst immer strengere Maßstäbe an. Nebenher nahm er auch weiter Unterricht bei Hambitzer, um sein pianistisches Können ständig zu vervollkommnen. Wißbegierig erarbeitete er sich Bachs *Wohltemperiertes Klavier*. Einer seiner Kollegen bei Remick ertappte ihn, als er während einer Pause in seiner Kundenkabine einige Präludien und Fugen Bachs spielte. Darauf soll sich folgender Dialog entsponnen haben[11]: *Du studierst wohl, um Konzertpianist zu werden, George? – Nein, ich studiere, um ein großer Komponist volkstümlicher Lieder zu werden!* Welcher Ernst, welche Ehrlichkeit steckte

[10] ebda., S. 29
[11] Ewen I, S. 31

hinter diesen Worten. Der junge Gershwin beschäftigte sich mit Bach, um gehaltvolle Lieder schreiben zu können!

Hambitzer fühlte, daß sein Schüler, der nun bald siebzehn Jahre alt wurde, unbedingt ein gründliches musiktheoretisches Fundament brauchte. Er empfahl ihn deshalb an den Ungarn Edward Kilenyi, mit dem er zusammen im Waldorf-Astoria-Orchester musizierte. Kilenyi hatte in Rom bei Mascagni studiert, dem Schöpfer der *Cavalleria rusticana*, später auch am Kölner Konservatorium; zweiundzwanzigjährig kam er nach Amerika. George blieb fünf Jahre bei ihm und bat ihn auch später noch oft um Rat. In der ersten Zeit nahm er wöchentlich sogar zwei Stunden, um zunächst einmal das Modulieren und Transponieren richtig zu lernen. Kilenyi analysierte mit ihm die wichtigsten Meisterwerke von Haydn bis Richard Strauss, vor allem auch in bezug auf ihre Instrumentation. Leider wurden diese Studien nicht einmal ein Jahr lang regelmäßig durchgeführt. George hatte nicht genug Zeit, zunächst wegen seines Dienstes bei Remick, dann wegen der zunehmenden Kompositionsaufträge. Das sollte er später noch oft bereuen. Deutlich spürbare Lücken seines theoretischen Wissens versuchte er dann noch einmal 1923 durch Harmoniestudien bei Rubin Goldmark auszufüllen, bei einem Manne, der 1892/93 am New Yorker Nationalkonservatorium Kompositionsschüler von Antonín Dvořák gewesen war. Doch bei den »Hausaufgaben« zehrte Gershwin noch immer von dem, was er bei Kilenyi gelernt und gearbeitet hatte. Eines Tages brachte er Goldmark eine alte, früher geschriebene Streichquartettskizze, die er *Lullaby* genannt hatte – ein Wiegenlied im Blues-Stil für vier Streichinstrumente. Goldmark hielt es für ein Produkt der neuesten Zeit: *Gut, sehr gut, ich sehe, daß Sie von Ihren Harmoniestunden hier bei mir zu profitieren beginnen!*[12]

Doch zurück zu Gershwins Studienzeit bei Kilenyi. Mit pädagogischem Feingefühl hatte dieser Lehrer damals herausgefunden – ganz im Gegensatz zu Hambitzer –, daß es nicht richtig war, George von der leichten Musik abzubringen. Vielmehr unterstützte er Georges Bemühungen, er ermunterte ihn zu immer neuen Taten auf diesem Gebiet. Solcher Ansporn tat dem jungen Komponisten gut. Er ließ sich nun auch durch so manchen Mißerfolg nicht so leicht entmutigen. Weil von allein niemand darauf

[12] Ewen I, S. 59

kam, sich für die Lieder des Pluggers zu interessieren, ging George jetzt direkter vor: Er bot seine Songs Verlagen an. Er konnte in diesem Falle nicht umhin, zunächst bei seinem eigenen Arbeitgeber, der Firma Remick, vorzusprechen. Mose Gumble hatte aber wenig Sinn für solche Extravaganzen seines Angestellten: *Du wirst bezahlt für Klavierspielen, nicht für Liederschreiben! Wir haben genug Songkomponisten unter Vertrag*[13].

Jetzt konnte er mit gutem Gewissen bei anderen Verlagen vorstellig werden. Und dann klappte es auch einmal! Es war im Jahre 1916, als Georges erstes Lied zum Druck angenommen wurde: Harry von Tilzer verlegte seinen Song *When You Want 'Em You Can't Get 'Em*. Wenn er auch nur 5 Dollar an seinem ersten gedruckten Opus verdiente (während der Texter 15 Dollar bekam), was machte es ihm aus! George Gershwin gehörte nun zu den Komponisten der Tin Pan Alley! Schwarz auf weiß war der Beginn seiner Karriere besiegelt. In dieser Zeit komponierte er auch sein erstes Instrumentalstück, einen Ragtime für Klavier, den er *Rialto Ripples* nannte. Die Verwendung der Synkope, die den rhythmischen Akzent so »aufregend« verlagerte, war noch allzu aufdringlich. Doch das kümmerte Remick wenig, der das Stück im nächsten Jahr veröffentlichte.

Von nun an ließ Gershwin keine Gelegenheit mehr aus, allen möglichen bedeutenden und unbedeutenden Leuten seine ständig neu komponierte Musik vorzutragen. Zu den bedeutenden gehörte Sigmund Romberg, einer der später erfolgreichsten amerikanischen Operettenkomponisten, der damals als »Chefkomponist« für die Winter-Garden-Show tätig war, einer wechselnden musikalischen Bühnenproduktion der Brüder Shubert. Jenen Romberg bestürmte George so lange mit immer neuen Songs, bis er schließlich doch an einem der Lieder Gefallen fand. Es hieß *The Making of a Girl*, und es wurde in *The Passing Show of 1916* eingefügt, mitten unter vierzehn Nummern, die Romberg selbst geschrieben hatte. Die Premiere fand am 22. Juni 1916 im Winter-Garden statt und erlebte 140 Wiederholungen. Zwar nahm die Öffentlichkeit noch keine Notiz von dem Unbekannten, der Gershwin hieß; der Erfolg wurde natürlicherweise auf Rombergs Konto gebucht. Aber George war wieder einen Schritt weitergekommen. Er hatte für den Broadway komponiert!

[13] ebda., S. 29

Titelblatt der Notenausgabe eines Songs aus der *Passing Show of 1916*,
verlegt bei Gershwins Arbeitgeber Remick (Original in Farbe)

Deutlicher als jemals zuvor spürte George, daß der Weg, den er eingeschlagen hatte, der richtige war. Die ersten kleinen Erfolge mit volkstümlichen Liedern empfand er nicht als Zufälle, sondern als folgerichtige erste Etappen seiner Laufbahn. Er glaubte ganz fest an seine Sendung als Komponist auf dem Gebiete der Popular Music. Er war sich auch ganz klar darüber, in welche Richtung er gehen wollte. Noch hatte er sich von seinen Vorbildern nicht losgelöst, noch hatte sich sein persönlicher Stil nicht ausgeprägt – deshalb schrieb er in dieser Zeit häufig unter Pseudonymen, damit nur ja der Name Gershwin nicht nach irgendeiner Seite hin belastet würde.

Doch wenn er weiterkommen wollte, brauchte er mehr Zeit zum Komponieren. Er war nun schon länger als zwei Jahre bei Remick als Song Plugger tätig. Was es da zu lernen gab – und das war in künstlerischer Beziehung recht wenig –, hatte er längst mitbekommen. Daß man gute Lieder nicht wie am Fließband herstellen konnte, hatte er tagtäglich erfahren. Was besser gemacht werden mußte, um das Prädikat »volkstümlich« zu erlangen, wußte er ganz genau. Wie es gemacht werden mußte, wollte er in Zukunft erproben. Deshalb verließ er seine im doppelten Sinne enge Kabine bei Remick. Er kündigte seine Stelle auf, zu Beginn des Jahres 1917, als er achtzehn Jahre alt war.

Auf eigenen Füßen

Ein freies Komponistenleben hatte zunächst natürlich auch seine Schattenseiten. Keiner bezahlte Gershwin vorerst diese »Freiheit«. Er war ja längst noch nicht renommiert und hatte deshalb keine Einnahmen. Für seine Nummer in Rombergs *Passing Show* hatte man ihn mit ganzen 7 Dollar abgefunden! Aber George ließ den Kopf nicht hängen. Er würde schon eine Nebenbeschäftigung finden, die ihm genug Zeit zur eigenen Arbeit ließ.

Zunächst nahm er für 25 Dollar Wochenlohn die Stelle eines »Pausen«-Pianisten in einem Kabarett an, in Fox City-Theater. Er hatte für die musikalische Unterhaltung zu sorgen, während die Orchestermusiker beim Abendessen waren. Hin und wieder mußte er auch vom Blatt begleiten. Wehe, wenn ihm da eine Note oder gar eine Passage danebengeriet! Als ihm das einmal passierte, griff der Clown diese Gelegenheit sofort auf, um einen seiner Stegreifwitze anzubringen: Er überschüttete den verlegenen Pianisten mit Hohn und Spott und provozierte auf der Bühne und im Publikum lautes Gelächter. Damit traf er den jungen Musiker an seiner empfindlichsten Stelle. George quittierte augenblicklich seinen Dienst, er floh aus dem Theater und ließ sich nicht einmal seine Tagesgage auszahlen.

Seine nächste Begegnung mit der Welt der Bühne, zu der er sich nun einmal stark hingezogen fühlte, lohnte sich bereits mehr – nicht nur, weil er besser verdiente, sondern weil er es jetzt mit der Musik von Jerome Kern zu tun bekam: Er wurde nämlich für dessen Show *Miss 1917* als Korrepetitor verpflichtet und hatte die Aufgabe, die Chor- und Ensemblenummern »einzupauken«. Auf diese Weise sah er zum erstenmal richtig »hinter die Kulissen«. Er fühlte sich ganz in seinem Element! George benutzte auch gelegentliche Probenpausen dazu, am Klavier zu improvisieren; er war dann überglücklich, wenn sich die beteiligten Künstler – statt zum Frühstück in die Kantine zu gehen – um ihn scharten und begeistert zuhörten.

Trotz einer hervorragenden Besetzung hatte diese Revue jedoch kein Glück, sie lief nur einen Monat, und später erinnerte man sich an *Miss 1917* nur noch wegen ihres Korrepetitors! Aber ein Vorteil sprang für George aus diesem Engagement doch heraus: Die Gesangssolisten dieser Aufführung veranstalteten abwechselnd Sonntagabendkonzerte, bei denen George als offizieller Begleiter fungierte. In einem dieser Konzerte sang der Star des Ensembles, Vivienne Segal, zwei Lieder Gershwins. Ein Vertreter von Remick war an diesem Abend anwesend und sicherte sich sofort von einem der Songs, *You–oo Just You*, die Veröffentlichungsrechte. Das Lied hatte so viel Erfolg, daß es in eine musikalische Komödie des nächsten Jahres aufgenommen wurde, in *Hitchy Koo of 1918*. Noch andere Lieder wurden nun gedruckt, und verschiedene fanden ebenfalls Eingang in dieses oder jenes Broadway-Musical. Die berühmte Sängerin Nora Bayes stieß eines Tages auf einen von Gershwins Songs und nahm ihn in ihr Repertoire auf. Sie trat damals gerade in *Ladies First* auf, wobei es ihr zustand, einige Einlagen nach ihrer Wahl zu singen; denn die Handlung dieses Stückes war – wie üblich am Broadway – derart unbedeutend, daß eine Unterbrechung nichts schadete. Man war vielmehr gespannt, die neuesten »Spezialitäten« der Bayes zu hören.

Ihre Begeisterung für Gershwin war so groß, daß sie ihn als ihren Begleiter während einer sechswöchigen Tournee verpflichtete. Bei dieser Gelegenheit wurden verschiedene seiner Lieder als Einlagen in *Ladies First* gesungen. In Pittsburgh war der Pianist Oscar Levant unter den Hörern, die gekommen waren, die große Bayes zu bewundern. Doch weit mehr als der Gesang faszinierte ihn das Klavierspiel des jungen Begleiters, dessen Name ihm bis dahin völlig unbekannt gewesen war. Später schrieb er über diese erste Begegnung mit Gershwin [14]: *Nie zuvor hatte ich solch ein feuriges, ungekünsteltes, ungezwungenes und erfindungsreiches Spiel gehört, das von innen her so konsequent aufgebaut war.* Levant selbst sollte einst einer der hervorragendsten Interpreten von Gershwins Musik werden.

Weniger begeistert von Georges Klavierspiel war auf die Dauer allerdings Nora Bayes. Sie fühlte sich durch seine unberechenbaren Einfälle irritiert; denn der Komponist am Flügel liebte es, da und dort eine rhythmische Veränderung der Begleitung vorzuneh-

---

[14] zitiert nach Ewen I, S. 51

men, ja – unerwartet führte er auch eine neue melodische Gegenstimme ein. Zum Bruch mit der Bayes kam es schließlich, als
George sich weigerte, ihr zuliebe den Schluß eines seiner Lieder
abzuändern. Sie wollte ihn effektvoller. Doch George gefiel seine
Melodie gerade so, wie er sie geschrieben hatte. Er änderte keine
Note, selbst dann nicht, als sie ihm herausfordernd erklärte, daß
ihr sogar der große Berlin diesbezüglich schon Wünsche erfüllt
habe.

Irving Berlin konnte den jungen Gershwin nicht vergessen. Er
hatte ihm ja eine große Karriere vorausgesagt und fühlte sich
deshalb wohl auch ein wenig mitverantwortlich an seinem Erge-
hen. Er hatte von seiner unsicheren finanziellen Lage gehört und
bot ihm deshalb die Stelle eines musikalischen Privatsekretärs an.
George sollte weiter nichts tun, als Berlins musikalische Einfälle
aufschreiben; diesen Posten hätte er dank seines außergewöhnli-
chen Gehörs und Gedächtnisses ohne weiteres übernehmen können. Doch Berlin war ehrlich genug, ihn auf die Gefahren dieser
»Musikstenographen«-Tätigkeit aufmerksam zu machen, weil er
um Georges persönlichen Stil bangte, weil er besorgt war, der
ständige Umgang mit fremder Musik würde die Originalität von
Gershwins eigenen Liedern beeinträchtigen. Deshalb gab er
gleichzeitig mit seinem – finanziell übrigens sehr großzügigen –
Angebot der Hoffnung Ausdruck, George werde klug genug sein,
die Sache abzulehnen. *Sie sind für größere Dinge bestimmt, als
Arrangeur und Sekretär zu sein, George!*[15]

Gershwin nahm sich den Rat des erfahrenen Kollegen zu Herzen, wenn es ihm auch nicht gerade leichtfiel. Aber er wollte ja
kein »zweiter Berlin«, sondern ein »erster Gershwin« werden. Sein
Verzicht machte sich reich belohnt: Er wurde mit Max Dreyfus
bekannt gemacht, dem Leiter des großen, sehr einflußreichen
Musikverlages Harms, der viel Menschenkenntnis und einen feinen Spürsinn für Talente besaß. Am jungen Gershwin beein-
druckte ihn zunächst nicht dessen Musik – er hatte noch keine Note
von ihm gehört oder gesehen –, sondern die Begeisterung, mit der
er seine Ideen entwickelte, die temperamentvolle Art, mit der er
vom Liederschreiben sprach. So viel Feuereifer würde gewiß reiche Früchte tragen! Dreyfus setzte ihm ein wöchentliches Stipen-
dium von 35 Dollar aus, an das er keine Bedingungen oder feste

---

[15] Ewen I, S. 46

Aufträge knüpfte. George sollte nur nach Herzenslust Lieder schreiben und sie ihm gelegentlich zeigen. Aus dieser ersten Begegnung erwuchs eine enge, über ein Jahrzehnt lang währende Verbindung Gershwins zum Hause Harms.

Dreyfus vermittelte ihm auch den Kompositionsauftrag für seine erste eigene Broadway-Revue, die allerdings nie an den Broadway gelangte, sondern gleich nach den ersten Probeaufführungen in der Provinz zurückgezogen wurde. Dieser Mißerfolg des Jahres 1918 hieß *Half-Past Eight*. Dennoch brachte er ihm die Aufforderung des jungen Regisseurs Alex Aarons ein, ein neues Musical zu schreiben. Das war wenigstens ein kleiner Trost für den pekuniären Reinfall und für die gehässigen Kritiken, die darin gipfelten, *Half-Past Eight* sei nicht einmal »die Kriegssteuer wert«.

Das neue Werk bekam den Titel *La, La, Lucille*. Es war eine »Farce mit Musik«, deren lächerliche Handlung – von Liebe und Erbschaft im Schlafzimmer eines Hotels spielend – durch die Tatsache »kompliziert« wurde, daß den Namen des »Helden«, John Smith, gleichzeitig noch 38 andere Gäste des Hauses trugen! Gershwin mußte zwölf Nummern komponieren, die Hälfte davon wurde später bei Harms veröffentlicht, einige hatte er schon früher geschrieben. Der Hauptschlager hieß *Nobody But You*, doch keines der Lieder erhob sich über das Niveau der Tin Pan Alley – noch war nichts von dem Gershwin zu spüren, der später gerade auf diesem Gebiet Routine und Schablone durchbrechen sollte. Trotzdem wurde *La, La, Lucille* ein Bombenerfolg. Aarons, der Produzent, hatte zunächst Probeaufführungen in Atlantic City und Boston angesetzt, ehe die offizielle Uraufführung am 26. Mai 1919 im New Yorker Henry-Miller-Theater stattfand. Das Stück lief dort fast ein halbes Jahr, bei stets gefülltem Hause und anhaltender Begeisterung des Publikums, das an der Musik viel Gefallen fand. Es war ja nichts Besseres gewöhnt! Und schlechter als die anderen hatte Gershwin keineswegs komponiert. Er stand damals im einundzwanzigsten Lebensjahr.

Einer der Liedtexte, die Gershwin schon früher komponiert hatte und jetzt in *La, La, Lucille* verwandte, stammte von Irving Caesar. Er hatte ihn einst bei Remick kennengelernt, wo der um drei Jahre Ältere, der damals hauptberuflich noch bei Auto-Ford arbeitete, seine »Lyrics« anbot. *You–oo Just You* war das erste gemeinsame Lied der beiden, das gedruckt wurde. In ihrer Begeisterung für Jerome Kern waren sie sich vollkommen einig und besuchten häufig dessen Vorstellungen. Sie waren ein Herz und eine Seele, gingen gemeinsam in Konzerte, spielten Billard, besuchten Parties und verachteten auch New Yorks Nachtleben und schöne Frauen nicht. Und dann verdienten sie zusammen auch ihr erstes »Vermögen« mit einem kleinen Lied, das sie *Swanee* nannten. Die Idee wurde bei einem gemeinsam eingenommenen Lunch geboren: Ein Lied mit amerikanischem Lokalkolorit sollte es sein. Ihnen schwebte etwa Stephen Fosters *Swanee River* vor, das längst zum Volkslied geworden war und wie die anderen Lieder Fosters zum Allgemeinbesitz des amerikanischen Volkes gehörte. Auf der Heimfahrt im Bus wurden Text und Musik im Geist schon skizziert, um in Georges Wohnung ihre endgültige Form anzunehmen. Der Komponist saß am Klavier, Caesar sang – es dauerte keine halbe Stunde, bis *Swanee* Vater Gershwin und seiner Pokerrunde präsentiert werden konnte.

Die Melodie war ein wenig sentimental geraten, aber weit gespannt; dafür war das Lied rhythmisch sehr lebendig und durch ein paar raffinierte Modulationen auch harmonisch interessant. Es wurde einer berühmten Band zum Arrangement übergeben, machte aber bei seiner ersten öffentlichen Aufführung im Capitol-Theater, das gerade neu eröffnet wurde, einen recht erbärmlichen Eindruck. Zu den wenigen, die es gut fanden, gehörte Dreyfus. Doch für *Swanee* sollte die Glücksstunde noch schlagen.

Al Jolson, einer der Publikumslieblinge unter den Stars des Broadway, hatte Gershwin in Atlantic City kennengelernt, bei einer der Voraufführungen von *La, La, Lucille*. Gershwin machte auf ihn einen so tiefen Eindruck, daß er ihn nicht wieder vergessen konnte und ihn eines Tages in New York zu einer seiner Parties einlud. Wie immer bei solchen Gelegenheiten, wurde George gebeten, Klavier zu spielen. Es gab nichts, was er lieber tat. Natürlich spielte er meist eigene Stücke. Bei einer Nummer unterbrach ihn Jolson, weil sie ihm gefiel. Er wollte sie gern erwerben und im Wintergarten singen, als Einlage in der Show *Sinbad*. Es war *Swanee*, was George da gerade gespielt hatte. Al Jolson sang das Lied in die Herzen der Amerikaner. Ewen berichtet[16], daß es sich durch das Land verbreitete *wie eine ansteckende Krankheit*. In einem Jahr wurden eine Million Notenblätter und über zwei Millionen Schallplatten von *Swanee* verkauft! Das Lied überquerte den Ozean, Gershwins Name drang nach Europa; in Konstantinopel verbreitete es der russische Musiker Wladimir Dukelsky, den die Bekanntschaft mit *Swanee* zu einem fanatischen Gershwin-Anhänger machte. Später, in Amerika, gehörte er – unter dem Namen Vernon Duke – zum intimen Freundeskreis des Komponisten.

George Gershwin stand nun fest auf eigenen Füßen. Allen Fehlschlägen hatte er tapfer standgehalten. Er war keinen Augenblick an seiner Berufung irre geworden. Nach den Erfolgen des Jahres 1919 zweifelte er nicht mehr, daß er sein Ziel erreichen würde: künstlerisch wertvolle volkstümliche Musik zu schreiben, die von den Amerikanern als »ihre« Musik verstanden würde, und zwar von den weißen Amerikanern ebenso wie von den schwarzen; denn Rassenvorurteile existierten für Gershwin nicht. Die kraftvollen Elemente, die der Jazz von der Volksmusik der Neger bezogen hatte, wollte er auch seiner eigenen Musik zunutze machen – nicht um äußerlicher Effekte willen, nicht, um mit dem Jazz als »Aushängeschild« Geschäfte zu machen, sondern weil er fühlte, daß hier etwas Volkstümliches entstanden war, das auf irgendeine Weise auch außerhalb der Lokale, in denen die Jazzbands musizierten, seinen musikalischen Niederschlag finden mußte.

Würde es Gershwin gelingen, die hart errungene Unabhängigkeit richtig zu nutzen, die Barrieren des ihn umgebenden musikali-

[16] Ewen I, S. 57

schen Betriebes zu durchbrechen? Er und seine Lieder waren jetzt begehrt. Würde er die Kraft haben, alle Wünsche so zu erfüllen, wie es seinen eigenen Vorstellungen entsprach? Würde er sich seine Natürlichkeit im gefährlichen Stadium des beginnenden Ruhmes bewahren können? An guten, ja besten Vorsätzen fehlte es Gershwin nicht.

Im Zwielicht des Broadway

Eine typisch amerikanische Form der Unterhaltung ist die Musical Comedy. Zum Teil hat sie sich aus der alten Minstrel Show entwickelt, die ihre schwermütigen, sentimentalen Lieder bis zu einem gewissen Grade den Idiomen der Musik der Neger entnahm. Oft wurden diese Lieder von Weißen komponiert, die den Negerdialekt lediglich als stimmunggebendes Element benutzten; weil sie aber meist von Negern gesungen wurden, gingen sie als Negrosongs in das Bewußtsein des amerikanischen Volkes ein. Die Minstrel Show war aber nur eine Quelle für die Musical Comedy. Später kamen Elemente des Varietés und der Revue hinzu. Als moderne Abart entwickelte sich die Show, die auf ein Handlungsgerüst mehr oder weniger verzichtete; ihr zur Seite standen auch die sogenannten Follies, die – übersetzt – soviel wie »Narreteien« bedeuten. Die Musicals selbst könnte man als kleine Operetten bezeichnen. Wie auch immer genannt: Hier wurde also Unterhaltungsware produziert. Was zuerst in der Tin Pan Alley erfunden und entstanden war, wurde am Broadway verbraucht, wurde geschickt arrangiert und mit leuchtendem Flitter über die Bühnen gejagt.

Als Gershwin in diese zwielichtige Welt mit *La, La, Lucille* hineingeriet, schrieb man das Jahr 1919. Das Ende des Weltkrieges hatte einen hysterischen Taumel ausgelöst, der von den verschiedensten Seiten geschürt und wachgehalten wurde. Gangstertum und Alkoholismus auf der einen, Sensationslust und Vergnügungssucht auf der anderen Seite – das waren einige Kennzeichen dieser Nachkriegssituation. Skandale gehörten zur Tagesordnung, ganz gleich, ob sie politischer oder gesellschaftlicher Natur waren – man genoß sie wie den Sex-Appeal einer Filmdiva der ersten Stummfilmzeit, wie den K.-o.-Sieg eines Boxers, wie die neuen Geschwindigkeitsrekorde der Autos. Wie die Literatur, so war besonders auch das Theater das getreue Abbild dieser immerzu überspannten, lauten, fieberhaften Zeit, die echter Gefühlsäußerungen kaum fähig war.

So kritisch der junge Gershwin dem Broadwaytreiben auch gegenüberstand: seine Antipathie galt weniger seiner hektischen Umwelt an sich, mit der er sich selbst viel zu eng verbunden fühlte, sondern sie galt dem musikalischen Tiefstand der »leichten« Musik. Selbstkritisch betrachtete er jedes seiner eigenen Lieder, untersuchte es, ob es nicht zu viel vom Klischee der Tin Pan Alley enthielt. Ewen wird mit seiner Bemerkung wohl recht haben[17]: *Für jedes Lied, das ans Licht kam, wanderte ein Dutzend in den Papierkorb.* Doch Gershwin war noch nicht stark genug, die Fesseln der Schablone ganz abzustreifen. Sein eigener Stil hatte sich noch nicht genügend gefestigt. Glückstreffer wie *Swanee* gelangen nicht alle Tage.

Gershwin arbeitete in den nächsten Jahren hauptsächlich für George White, der sich gerade anschickte, ein »prominenter« Regisseur und Produzent am Broadway zu werden. White hatte als Revuetänzer begonnen, war unter anderem in den *Ziegfeld Follies* aufgetreten und versuchte sich nun selbständig zu machen. Er erfand für seine Produktionen den Titel *Scandals*. 1919 hatte er wenig Erfolg. Er spürte, daß die beste und effektvollste Aufführung verpuffte, wenn die Musik nichts taugte. Er besann sich auf den Korrepetitor der *Miss 1917*, dessen Klavierspiel ihm nicht aus den Ohren gegangen war. Er engagierte George Gershwin zunächst mit dem Auftrag, die Musik für seine *Scandals of 1920* zu schreiben. Da der Publikumserfolg jedoch sensationell war – der Premiere am 7. Juni im Globe-Theater folgten noch 318 Wiederholungen! – blieb es bei der so glanzvoll begonnenen Zusammenarbeit. Gershwin komponierte auch die *Scandals* der nächsten vier Jahre.

Insgesamt schrieb Gershwin für die fünf *Scandals* 44 Lieder. Daß sie – bis auf zwei – nicht zu seinen besten oder gar typischsten gehörten, ist ein bezeichnender Umstand. Die Atmosphäre derartiger Bühnenproduktionen hat ihn nicht inspiriert. Wesentlich bessere Songs entstanden zur gleichen Zeit, die er einzeln, für verschiedene andere Anlässe schrieb. In einigen von ihnen spürte man eine ganz neue Wirkung, die besonders diffizilen rhythmi-

[17] Ewen II, S. 75

Die *Ziegfeld Follies*

schen Effekten oder originellen harmonischen Bereicherungen entsprang. Aber es lag wohl vor allem an dem Charme seiner melodischen Einfälle, an der eleganten Form, am stimmungsvollen Ausdruck, daß manches seiner Lieder schon in den beginnenden zwanziger Jahren Aufsehen erregte.

In dem mehrjährigen Repertoire der *Scandals* fanden sich – wie gesagt – nur zwei Lieder, an die man sich auch später noch gern erinnerte. Durchschlagenden Erfolg hatte besonders der lyrische Song *Somebody Loves Me* von 1924, der nicht nur das amerikanische Publikum verzauberte, sondern bald bis nach Paris drang und im Moulin Rouge beträchtliches Aufsehen erregte.

Das andere, zwei Jahre früher entstandene Lied hieß *I'll Build a Stairway to Paradise*. Es ist vor allem deshalb erwähnenswert, weil es der erste gemeinsame Erfolg der Gershwin-Brüder Ira und George war. Zwar hatte Ira schon vorher einige Songtexte für seinen jüngeren Bruder verfaßt – den ersten, den Nora Bayes schon 1918 sang, betitelten sie *The Real American Folk Song* –, aber erst das Lied von der »Treppe ins Paradies« brachte die ersehnte Anerkennung. George White hatte sich für die Interpretation eine Szenerie mit großen weißen Stufen ausgedacht, auf der sich schwarz gekleidete Tänzer auf und ab bewegten. Auch aus dem »Spiel mit Liedern« *A Dangerous Maid*, das allerdings nur fünf Wochen probeweise in Philadelphia lief, stammten sechs Lieder von den beiden Gershwins. Ira schrieb damals unter dem Pseudonym Arthur Frances – das waren die Vornamen seiner beiden jüngeren Geschwister.

Ira Gershwin hatte schon frühzeitig literarische Ambitionen. Als Schüler verfaßte er bereits kleine Artikel, als Student schrieb er Beiträge für College-Zeitschriften. Das begonnene Medizinstudium hielt er nicht länger als ein halbes Jahr durch, auch das Seminar in einer Lehrerbildungsanstalt gab er bald wieder auf. Ab und zu glückte es ihm, eins seiner humoristischen Gedichte zu verkaufen. Doch die Erträge waren gering. Deshalb nahm er

Ira Gershwin (hinten) mit seinem Bruder George (Mitte) und Fred Astaire

einmal sogar einen Posten bei einem Wanderzirkus an, um seine Geldbörse etwas aufzufüllen. Bald danach begann die Zusammenarbeit mit George, die bis zum Tode des komponierenden Bruders anhalten sollte. 1924 nahmen sie ihr erstes gemeinsames Musical in Angriff, während Ira gleichzeitig auch für andere Komponisten »Lyrics« schrieb. Am anregendsten aber war doch die Arbeit mit dem Bruder. Beide steigerten sich und ihre Ansprüche aneinander, sie inspirierten sich gegenseitig und wuchsen in edlem Wettstreit.

Im Zusammenhang mit den *Scandals of 1922* ist aber noch von einem anderen sehr interessanten und für George Gershwins

Musikerleben sehr wichtigen Ereignis zu berichten. Schon immer hatte ihn das Leben der Neger zum Nachdenken veranlaßt – nicht nur ihre Musik, sondern auch ihr bedrücktes Dasein in der amerikanischen Umwelt bewegte ihn. Deshalb versuchte er schon damals, das Schicksal der amerikanischen Neger künstlerisch zu gestalten – lange vor den Plänen zu der großen Volksoper *Porgy and Bess*, die sein Lebenswerk einmal krönen sollte. Ein solches Vorhaben war damals nicht nur unpopulär, sondern beinahe gewagt. Aber Gershwin fand in dem Librettisten von Whites *Scandals*, in Bud De Sylva, einen interessierten Gesinnungsgenossen. Sie erhitzten sich ihre jugendlichen Köpfe über dem Plan einer kleinen Negeroper, die geeignet wäre, ins Programm der *Scandals* aufgenommen zu werden. De Sylva erfand eine Handlung, die zwar alles andere als bedeutungsvoll war und auch keineswegs an soziale Probleme rührte, aber immerhin: sie führte ins Negermilieu New Yorks, sie zeigte – innerhalb einer Revue! – das Leben der Neger. Die Geschichte spielt in einem düsteren Caféhaus in einem Kellergeschoß der Lenox Avenue, in der Nähe der 135th Street. Joe und Tom sind Rivalen in der Liebe zu Vi. Es herrscht dort ein rauher Ton. Joe weiß ganz genau, daß man seinen Entschluß, seine Mutter wieder einmal zu besuchen, als eine sentimentale Anwandlung verspotten würde. Deshalb gibt er vor, außerhalb der Stadt geschäftlich zu tun zu haben. Tom nutzt die Abwesenheit Joes, in Vi den Verdacht zu wecken und zu schüren, Joe habe eine Verabredung mit einer anderen Frau. In einer Eifersuchtsszene erschießt sie ihn nach seiner Rückkehr, um gleich danach erschüttert die Wahrheit zu erfahren.

Dieser kleine Einakter hieß zunächst *Blue Monday*, er wurde aber später in *135th Street* umgetauft. Gershwin komponierte das Werk in wahrem Feuereifer innerhalb von fünf Tagen. Doch es fehlte ihm noch die musikdramatische Erfahrung. Die lockere Folge einzelner Liednummern war durch ziemlich trockene Rezitative verbunden, für die Gershwin jazzoide Elemente zu benutzen versuchte, ohne daß ihm dabei etwas Organisches gelungen wäre. Doch die melodischen Einfälle waren sehr ausdrucksvoll. Für die Arie der Vi *Hat jemand meinen Joe gesehen?* benutzte er das klagende Thema im Blues-Stil aus seiner alten Streichquartett-Skizze. Das Werk schließt mit einem Spiritual des sterbenden Joe *Ich ging ja nur, um meine Mutter wiederzusehen.*

Die Premiere fand während der Eröffnungsvorstellung der 1922er *Scandals* am 28. August im Globe-Theater statt. Schon während der Probenarbeit war der Regisseur George White ebenso begeistert wie der Dirigent Paul Whiteman, der mit seinem Orchester engagiert war. Die Einstudierung hatte einige Schwierigkeiten gemacht, weil in diesem Stück mit der üblichen Sängerroutine nichts auszurichten war. Aber die Probeaufführung in New Haven hatte alle hoffnungsvoll gestimmt, zumal ein begeisterter Kritiker dort geschrieben hatte[18]: *Diese Oper wird man noch in hundert Jahren imitieren.* Doch die New Yorker Rezensenten waren geteilter Meinung. In einigen Besprechungen wurde der Einakter gar nicht erwähnt, sondern es wurde nur zu den anderen Nummern der Revue Stellung genommen. White, der auch nach der Premiere vom musikalischen Wert des Werkes noch voll überzeugt war, nahm Gershwins kleine Oper dennoch gleich nach der ersten Aufführung aus dem Programm heraus, weil ihm der traurige Stoff zu viel Schatten auf die folgenden, fröhlich-unbeschwerten Nummern seiner Revue warf. Doch Paul Whiteman hielt zur *135th Street*, er führte sie noch zweimal in seinen großen Konzerten in der berühmten Carnegie Hall auf, 1925 und 1936, wobei er zuletzt die ursprüngliche Orchestration von Will Vodery durch eine neue Instrumentation von Ferde Grofé ersetzte. Teile der *135th Street* wurden später auch in Gershwins Filmbiographie verwandt, und 1953 versuchte man die kleine Oper im amerikanischen Fernsehen wiederzubeleben.

George Gershwin war nun 25 Jahre alt geworden. Sein Ruhm als Broadway-Komponist hatte sich bis nach Europa ausgebreitet. Aus London kam der Auftrag, die Musik für eine komplette Revue zu schreiben. Aber auch auf die Anerkennung in seiner Heimat konnte er stolz sein. Schon vor Jahresfrist hatte ein ernstzunehmender Musiker, der Pianist Beryl Rubinstein, der auch Fakultätsmitglied des Musikinstitutes von Cleveland war, in einem Interview von Gershwin als einem »großen Komponisten« gesprochen. Rubinsteins Ausführungen wurden am 6. September 1922 in der Presse zitiert und erregten wegen ihrer Bestimmtheit und ihres Mutes großes Aufsehen. Es war außergewöhnlich, einen Komponisten von Popular Music mit Lorbeeren zu schmücken, die doch nur einem »ernsten Tonsetzer« zustanden.

Dieser junge Mann hat den Funken des musikalischen Genies, er hat das Feuer der Originalität. Mit seinem Stil und seinem

---

[18] zitiert nach Ewen I, S. 63

*Ernst ist er wirklich einer der hervorragenden Charaktere in
der musikalischen Entwicklung dieses Landes. Ich glaube
wirklich, daß Amerika ihn in nicht allzu ferner Zeit wegen
seines Talents ehren wird. Und wenn wir über amerikanische
Komponisten sprechen, wird George Gershwins Name auf
unserer Liste an prominenter Stelle stehen.*[19]

In einem literarischen Magazin nannte Gilbert Seldes als den
besonderen Vorzug von Gershwins Musik ihre *Delikatesse, ja
Verträumtheit.* Gershwins *Sinn für rhythmische Variationen, für
»ungerade« gesetzte Akzente, für Betonung und Farbe* sei unfehl-
bar[20]. Daß solche Feststellungen in einer Zeit getroffen wurden,
als Gershwin noch keines seiner großen, wirklich bedeutenden
Werke geschrieben hatte, ist bemerkenswert.

Ein markanter Tag in Gershwins Leben war der 1. November
1923. Die »seriöse« Musikwelt wurde auf den jungen Komponisten
durch die Konzertsängerin Eva Gauthier aufmerksam gemacht,
die in der Aeolin Hall, einem repräsentativen Konzertsaal, einen
vielbeachteten Liederabend gab. Ihr Programm war unkonventionell und für die damalige Zeit sehr mutig. Neben Liedern der
altenglischen Meister Byrd und Purcell und des italienischen
Norma-Komponisten Bellini sang sie ausschließlich Lieder moderner Komponisten. Bartók, Schönberg, Milhaud und Hindemith
waren vertreten, inmitten aber stand eine Gruppe von »American
Popular Songs«: ein Lied von Berlin, eins von Kern und drei von
Gershwin! *Stairway to Paradise* und *Swanee* waren dabei. Die
Ovationen des Publikums waren so stark, daß sich Eva Gauthier
entschloß, als Zugabe noch ein viertes Gershwin-Lied folgen zu
lassen: *Do It Again.* Es mußte auf der Stelle wiederholt werden.

In der New Yorker Zeitung *World* berichtete Deems Taylor
besonders ausführlich über die neuen amerikanischen Lieder[21]:

> *Sie behaupteten sich erstaunlich gut, nicht bloß als Unterhal-
> tung, sondern als Musik. Sie haben melodische Anziehungs-
> kraft und natürlichen Zusammenhang, eine angemessene Har-
> monik, eine ausgewogene, beinahe klassisch strenge Form und
> bezaubernd subtilen Rhythmus – kurzum, die Qualitäten, die
> jede aufrechte und interessante Musik besitzt.*

[19] zitiert nach Ewen I, S. 66 f.
[20] zitiert nach ebda., S. 67
[21] zitiert nach ebda., S. 68

Gershwin bestand aber nicht nur als Komponist vor solch »hoher Kritik«, sondern auch als Pianist, denn er begleitete die amerikanische Gruppe. Taylor beschrieb, wie ein großer, dunkelhaariger junger Mann der Sängerin auf die Bühne folgte, *noch weit entfernt vom Besitz jener eisigen Sicherheit, mit der diejenigen aufzutreten pflegen, für die das Spiel auf dem Podium der Aeolin Hall eine altgewohnte Geschichte ist*. Das Publikum legte bereits eine entspannte, aufgelockerte Haltung an den Tag, in der Hoffnung, sich nun ein wenig zu amüsieren. Doch der junge Gershwin ließ alle aufhorchen; mit seinen *geheimnisvoll faszinierenden Rhythmen und kontrapunktischen Kunststücken*[22], die er am Klavier hervorzauberte, zog er das Auditorium derart in seinen Bann, daß es keinen gab, der nur mit einem Ohr hingehört hätte. Zum Erstaunen der Musikkenner fügte er plötzlich während der Begleitung von *Stairway to Paradise* eine Phrase aus Rimskij-Korsakows *Scheherazade* ein! Er liebte es, zu improvisieren.

Der Schriftsteller Carl van Vechten hielt dieses Konzert für eines der wichtigsten Ereignisse in der Geschichte der amerikanischen Musik, und er prophezeite, daß sich innerhalb von zwei Jahren nicht nur eine Sängerin wie Eva Gauthier für Gershwins Musik einsetzen würde, sondern auch das Philharmonische Orchester. Seine kühne Voraussage sollte sich erfüllen.

Gershwin war seit diesem Konzert »salonfähig« geworden und zählte fortan zu den beliebtesten Gästen auf allen möglichen Empfängen und Parties. Er war gern unter vielen Menschen, vor allem dort, wo man sich für seine Musik interessierte. Eine ganze Reihe seiner Songs nahm ihren Weg in die Welt von solch einer kleinen Party aus. Vor allem bei Jules Glaenzer, mit dem er sich bald anfreundete, lernte er viele bedeutende Leute kennen: Charles Chaplin, den großen Geiger Jascha Heifetz, den berühmten französischen Chansonnier Maurice Chevalier und viele andere. Einige von ihnen standen ihm später als Künstler besonders nahe: Bill Daly, der hochangesehene Broadway-Dirigent, dem sich Gershwin musikalisch besonders gern anvertraute, und schließlich auch Paul Whiteman, der nicht nur in New York, sondern auch in Los Angeles, an der Pazifik-Küste des großen Landes, mit seinem Unterhaltungsorchester viel Aufsehen erregte und den bald ganz Amerika in einem Atemzug mit Gershwin nennen sollte.

[22] zitiert nach ebda., S. 68

Jazz und Pseudojazz

Neben dem kompositorischen Flitterwerk der Broadway-Revuen, die ihrem ganzen Charakter nach kaum geeignet waren, echte oder gar tiefe musikalische Empfindungen zum Ausdruck zu bringen, schwelte in einigen benachbarten Nachtklubs das Feuer echter, ursprünglicher Leidenschaften: Man spielte dort Jazz – vielfach schon nicht mehr ganz »rein«, nicht mehr ganz unberührt vom Kommerziellen. Aber was man in einer Jazzbar des Broadway »geboten« bekam, konnte man einige Straßen weiter, in Harlem, noch natürlicher, ungezwungener und vitaler erleben. Hier, im Negerviertel, existierte der Jazz in seiner ganzen Ursprünglichkeit, hier waren auch die Quellen noch nicht versiegt, aus denen er gespeist wurde. Auf seinen unbeirrbaren Rhythmus wurde hier sogar der typische Harlem-Jump getanzt.

Gerade zu Beginn der zwanziger Jahre siedelte sich eine ganze Reihe von Jazzmusikern in Harlem an, die aus der Heimat des Jazz, aus New Orleans, gekommen war. Dort, im Süden, an den Ufern des Mississippi, wurde der Jazz um die Jahrhundertwende geboren. Er entstand aus der musikalischen Begegnung von Schwarz und Weiß, aus puritanischen Hymnen und Negrospirituals, die nun in die weltliche Sphäre übertragen wurden, und aus dem elementaren Rhythmusgefühl der Neger, das im Ragtime Triumphe feierte. Der früheste Jazz, der sogenannte New-Orleans-Stil, in dem sich also hauptsächlich Spiritual- und Ragtime-Elemente verschmolzen hatten, wurde nur von Negern gespielt – aber nicht etwa auf afrikanischen Urwaldinstrumenten, sondern auf den ausgedienten Instrumenten der Militärkapellen, wie sie während der Bürgerkriege in Mode waren, auf dem Cornett vor allem, auf der Posaune und Klarinette. Das Saxophon kam erst viel später hinzu.

Eine ganz entscheidende Kraftquelle des Jazz war weiterhin der Blues, jenes alte, schwermütige »Volkslied« der Neger, wie es schon seit Generationen gesungen wurde, mit dem Unterton der

Trauer um die verlorene Heimat, der Klage über jahrhunderte-
währende Sklaverei und schmähliche Unterdrückung. Jetzt, um
1920, galt der ausdrucksstarke Blues bereits als ein »klassisches«
Element des Jazz, nicht nur im Gesang, sondern auch im rein
instrumentalen Musizieren. Sein charakteristisches Merkmal sind
der erniedrigte dritte und siebente Ton der Tonleiter, die sogenannten Blue notes, die dem ursprünglichen Durklang die für den
Blues so typische Mollfärbung geben.

So wichtig die verschiedenen melodischen, rhythmischen und
wohl auch harmonischen Elemente für den Jazz waren (letztere
unterschieden sich damals keineswegs von traditionellen europäischen Vorbildern) – sein eigentliches Lebenselixier ist die Art der
Interpretation, die ungeschminkte Ausdruckskraft der Negerstim-
men ebenso wie die ungehemmte Vitalität der schwarzen Instrumentalisten, die den Jazz kollektiv improvisieren. Tonbildung und
Improvisation sind also die unverwechselbaren Kennzeichen des
Jazz. Der Interpret hat somit die Stelle des Komponisten einge-
nommen. Es kommt nicht auf ein im ästhetischen Sinne »schönes«,
sondern auf ausdrucksvolles Singen und Spielen an. Was manche
an Ebenmaß gewöhnten europäischen Ohren als »unschön« empfunden haben mögen, die rauhe heisere Tonbildung mit dem
kräftigen Vibrato, das Ziehen und Schleifen von einem Ton zum
anderen – all das entspricht dem Empfinden der Neger, das ist ihre
musikalische Ausdruckswelt. Man hat die Art ihres Spielens und
Singens deshalb »dirty«, also unrein, genannt. Daß dieses Dirty-
Spiel aber nicht etwa ein Unvermögen ist, »rein« zu intonieren,
sondern die noch wesentlich kompliziertere Kunst, trotz der vielen
Zwischentöne beim Zusammenspiel genau im richtigen Moment
jeweils die richtige Tonhöhe zu erreichen (damit die Akkorde
stimmen) – das hatte man bald erkannt. Jazz richtig zu spielen, ist
schwer.

Man improvisiert über eine selbst erfundene oder auch über eine
schon vorhandene Melodie. Denn jede beliebige Melodie kann als
Material für eine Jazz-Improvisation benutzt werden – es gibt
keine typischen, bestimmten Jazzmelodien, so, wie es bestimmte
rhythmische, harmonische und formale Gesetze gibt, die bei einer
Improvisation zu beachten sind. Man nimmt deshalb oft das Arrangement zu Hilfe, was im Jazz aber nicht soviel wie »aufgeschrie-
bene Komposition« bedeutet (viele der ersten Jazzmusiker konnten gar keine Noten lesen!), sondern als eine Art Hilfestellung zu
verstehen ist. Das Arrangement wird vorher besprochen oder auch

andeutungsweise schriftlich fixiert. Es legt gewisse Partien fest und die Reihenfolge, in der die einzelnen Instrumentalisten solistisch hervortreten.

Der Jazz hat von New Orleans aus schnell in die Weite gewirkt, hat immer neue Stile entwickelt und immer wieder große schwarze Musikerpersönlichkeiten hervorgebracht. In einem Harlemer Klub spielte seit 1923 Duke Ellington, in Chicago erregte gleichzeitig Louis Armstrong großes Aufsehen. Das waren zwei von vielen, die bald Weltruhm erlangten.

Doch bald schon war aus dem ursprünglichen, elementaren Gemeinschaftsmusizieren eine Art Geschäft geworden. Andere kamen und witterten Gewinnchancen. Könnte man nicht bereits mit ein paar Anleihen beim Jazz Geld verdienen? Würden nicht schon einige seiner Elemente genügen, musikalisch »in Mode« zu kommen? Vielleicht könnte man den Gegnern des Jazz beweisen, daß er in den Händen »ordentlicher Spieler« doch noch zu etwas nutze sei! Könnte einer sorgfältig einstudierten, nicht dem Zufall der Improvisation überlassenen Aufführung nicht eine »stilistische Läuterung« des Jazz erwachsen? Würde man nicht alle »ernsthaften« Musiker gewinnen, wenn die Musik wieder bis zum letzten Sechzehntel in einer Partitur genau aufgezeichnet wäre? Man mußte doch endlich einmal über die »ungehobelten Anfänge« des Jazz hinauskommen und beweisen, daß es mit der amerikanischen Unterhaltungsmusik eine Wendung zum Besseren genommen hatte! Schließlich brauchte man dem Jazz nur noch seine Aggressivität zu nehmen, indem man das neu gewonnene Konglomerat mit einem Zuckerguß überzog – und schon hätte man auch die breite Masse der Musikhörer auf seiner Seite.

Schon zu Beginn der zwanziger Jahre, im Golden Age, dem Goldenen Zeitalter des Jazz, kam man auf solche Gedanken. Man hatte schnell erkannt, daß es gar nicht so schwer war, aus dem vitalen Musizierstil des Jazz den dollarbringenden Schlagerstil des Pseudojazz zu machen. Eine solche neue Stilrichtung nannte sich Sweet, sie wollte als Gegensatz zum Lauten, Lärmenden des Jazz verstanden sein. Sweet heißt aber nicht nur »süß« und »lieblich«, sondern hat auch noch die Bedeutung von »bequem«! So wurde der Jazz vor allem seines empfindungsstarken Ausdrucks beraubt. Seine Elemente wurden verwässert und verwaschen, sein Urelement – die Improvisation – als »Unordnung« mißverstanden und beseitigt. Es ist klar: Mit Jazz hatte all das, obwohl es sich noch Jazz nannte oder sich zumindest aus kommerziellen Gründen so nennen

Paul Whiteman

mußte, nichts mehr zu tun. (Daß man Jahrzehnte später, in Zeiten des Modern Jazz, auch ohne zu improvisieren »echten« Jazz spielte, hat hiermit nichts zu tun.)

So nimmt es kaum wunder, daß der damals in aller Welt als »King of Jazz« gefeierte Held in Wirklichkeit zum Jazz nur sehr lose Beziehungen hatte. Paul Whiteman war vielmehr der Hauptvertreter der Sweet Music. Er war ein Gegner des frühen »dissonanten« Jazz, ein Befürworter neuer Melodiosität und Verfechter des geordneten Spiels nach Noten. Er wollte, daß leichte Musik so ernsthaft interpretiert würde wie die klassische. Das war natürlich eine gute Absicht – wenn man den Jazz aus dem Spiele ließ. Auch konnte man seinem Sweet nicht nachsagen, daß er schlechte Musik war, nur war er eben kein Jazz, als der er sich ausgab.

Whiteman stammte aus Denver. Er war der Sohn eines höheren Beamten des musikalischen Erziehungswesens innerhalb der öffentlichen Schulen. Er nahm die Laufbahn eines seriösen Musikers, war Geiger in mehreren Sinfonieorchestern und leitete während des Ersten Weltkrieges eine Militärkapelle der Marine. Er blieb bei der Popular Music und gründete nach dem Krieg ein eigenes Orchester. Zuerst spielte er in Santa Barbara am Pazifik, dann im nahe gelegenen Los Angeles, wo er im Alexandria-Hotel seine ersten großen Erfolge feierte. Seit 1920 musizierte er in New York, im Ambassador-Hotel und im Nachtklub des Palais Royal. Das Paul-Whiteman-Orchester wurde zu einem Begriff, seine beinahe sinfonische Besetzung erregte Aufsehen. Man sprach nun von »Sinfonischem Jazz« – ein gefährliches Etikett; denn gespielt wurde weder Sinfonik noch Jazz.

Immerhin – Whiteman hatte in Ferde Grofé nicht nur einen erstklassigen Pianisten für sein Orchester gefunden, sondern auch einen Arrangeur und Instrumentator von technischer Vollendung, einen Mann mit spezifischem Sinn und intuitivem Gefühl für Jazzfarben. Zudem hatte Whiteman immer dafür gesorgt, daß einige bedeutende Instrumentalisten des echten Jazz in seinem Orchester saßen, um seiner sinfonischen Schlagermusik hier und da ein paar kräftige, glänzende »Jazzlichter« aufzusetzen, etwa ein Trompeter von großem Format und später fast legendärem Ruhm wie Bix Beiderbecke, ein Posaunist wie Jack Teagarden oder ein Saxophonist und Klarinettist wie Jimmy Dorsey.

Im Frühjahr 1923 ging Whiteman auf Europa-Tournee. Tausende jubelten ihm zu, in dem Glauben, sie hätten echten amerikanischen Jazz gehört. Wer wußte in Paris schon, wie Jazz wirklich klang? Welcher Londoner besuchte schon den verräucherten Tanzsaal in Hammersmith, in dem bereits 1920 eine echte amerikanische Jazzband gastierte? Doch einer von denen, die Billy Arnolds Musizieren dort erlebt hatten, behielt es unauslöschlich im Gedächtnis: der französische Komponist Darius Milhaud, in dessen eigenem Schaffen der Jazz danach tiefe Spuren hinterließ. Er beschrieb später diese erste Begegnung mit dem Jazz, den Cocteau eine »Sintflut von Klang« genannt hatte[23]:

[...] *das Saxophon fiel ein und quetschte den Saft aus den Träumen, die Trompete, abwechselnd dramatisch oder schmachtend, die Klarinette, häufig in ihrem oberen Register gespielt, die lyrische Verwendung der Posaune, die in Volumen und Tonumfang crescendiert, blitzschnell über Vierteltöne gleitet und so das Gefühl intensiviert. Das vielfältige, jedoch*

---

[23] Sam Morgenstern (Hrsg.): *Komponisten über Musik*, München o.J., S. 408f.

64

nicht ungleichartige Ganze wurde vom Klavier zusammenge-
halten, raffiniert von dem komplizierten Rhythmus des Schlag-
zeugs mit dem inneren Schlag, dem vitalen Pulsieren des
rhythmischen Lebens der Musik akzentuiert. Die dauernde
Verwendung der Synkope in der Melodie war von einer solchen
kontrapunktischen Freiheit, daß sie den Eindruck regelloser
Improvisation vermittelte [. . .].

Soweit Milhaud, soviel vom Jazz.

Genau das Gegenteil wollte und tat Whiteman. Er eroberte sich
die Herzen mit Schönklang und Wohllaut. Dennoch ließ er es sich
gern gefallen, als »führender Jazzinterpret der Welt« gerühmt zu
werden. Seinen Managern war ja daran gelegen, daß Jazz und
Schlager miteinander verwechselt wurden. Seine Schallplatten
hatten reißenden Absatz. Er spielte ebenso in den *Ziegfeld Follies*
wie in White's *Scandals*. Aber er hatte noch »Größeres« vor, sein
Ehrgeiz trieb ihn zu noch »Höherem«. Zu diesem Zwecke wollte er
George Gershwin vor seinen Wagen spannen.

Rhapsody in Blue

Whiteman war seit der einaktigen kleinen Negeroper, die er in den *Scandals of 1922* dirigiert hatte, von Gershwins großer Zukunft fest überzeugt. Er war auch einer der ersten, die ihm nach dem Gauthier-Konzert herzlich die Hand schüttelten und begeistert gratulierten. Whiteman glaubte, daß Gershwin der richtige Mann sei, ihm bei seinem großen Vorhaben zu helfen: die volkstümliche Musik unter Anlehnung an den Jazz in die Bereiche der ernsten, womöglich sinfonischen Musik hinüberzutragen. Er kannte Gershwins Begabung, er wußte von seiner Begeisterung für die Musik der amerikanischen Neger und somit auch für den Jazz, und er war sich ziemlich sicher, daß dieser junge Komponist auch »große Formen« bewältigen würde.

Aber Gershwin war zunächst keineswegs von dem Anliegen begeistert, für Whiteman ein großes Werk *in a jazz idiom*[24] zu schreiben. Nicht nur, weil er keine Zeit hatte (er arbeitete wieder für den Broadway und für London an neuen Musicals), sondern auch aus künstlerischen Gründen gab er vorläufig keine feste Zusage. Gershwin war sich durchaus seiner theoretisch-handwerklichen Mängel bewußt. Noch nie hatte er eine größere Komposition geschrieben. Seine Bühnenwerke waren ja schließlich nichts weiter als lockere Folgen verschiedener Songs. Deshalb faßte er seine Meinung zunächst instinktiv in dem Satz zusammen: *Ich bleibe lieber bei meinen Liedern!*[25] Er war selbstkritisch genug und kannte sich viel zu gut, als daß er jemals seine Fähigkeiten überschätzt hätte. Auch in bezug auf den Jazz hatte er eine andere Ansicht als Whiteman. Nur als äußere Zutat wollte und konnte er Elemente des Jazz nicht verwenden – dafür hatte er eine viel zu hohe Meinung von diesem Musizierstil, dem er schon als Knabe in

---

[24] Ewen I, S. 74
[25] Ewen II, S. 87

66

Harlem bewundernd gelauscht hatte. Er wußte genau, daß der Jazz mit den Eigentümlichkeiten seiner vitalen, improvisierenden Interpreten stand und fiel. Im Idiom, also in der Sprache und »Mundart« des Jazz, konnte man kein festgefügtes großes Werk komponieren. Dennoch ließ ihn der Gedanke an Whitemans Auftrag nicht zur Ruhe kommen. Er dachte den Plan nach allen Seiten hin durch und kam dabei auf einen Gedanken, der die Angelegenheit im Kern traf: Wie wäre es, sich nicht mit den technischen Funktionen des Jazz zu beschäftigen, sondern mit seinem Ausdruck? Konnte man nicht auf andere Weise ausdrücken, was der Jazz auf die seine zum Inhalt hat?

Zehn Jahre nach diesen Überlegungen, 1933, hat sich Gershwin innerhalb eines großen Aufsatzes einmal sehr genau darüber ausgesprochen, was er vom Wert, von der Bedeutung und der Ausdruckskraft des Jazz hielt. Gegen Schluß der Bemerkungen steuerte er genau auf das zu, was ihn Ende 1923 bewog, doch auf Whitemans Vorschlag einzugehen[26]:

Es ist schwer, zu bestimmen, welche bleibenden Werte der Jazz in ästhetischer Hinsicht hervorgebracht hat, weil das Wort Jazz für mindestens fünf, sechs verschiedene Formen von Musik benutzt wird. Tatsächlich ist er ein Konglomerat vieler Dinge. Er besitzt ein wenig vom Ragtime, vom Blues, vom Klassizismus und von den Spirituals. Im Grunde ist er eine Rhythmusfrage. [. . .] Jazz ist Musik, er benutzt die gleichen Töne wie Bach. Wenn der Jazz von einer anderen Nation gespielt wird, nennt man ihn »amerikanisch«. [. . .] Jazz ist das Ergebnis der in Amerika aufgespeicherten Energie. Er ist eine sehr energische Musik, ungestüm, lärmend, ja sogar vulgär. Eins ist gewiß: Der Jazz hat dem Land Amerika einen bleibenden Wert beigesteuert, in dem Sinn nämlich, daß er uns selbst Ausdruck verliehen hat. Er ist eine original-amerikanische Leistung, die von Dauer sein wird, vielleicht nicht als Jazz, doch in dieser oder jener Form wird sie der künftigen Musik ihr Gepräge geben.

Als Ausdruck des amerikanischen Volkes – in dieser oder jener Form! Das war es, was ihn reizte. Er wollte Musik schreiben, die man sofort als amerikanisch erkennen sollte, so wie man die Musik

---

[26] Morgenstern, a. a. O., S. 430

von Johann Strauß sofort als wienerisch empfand oder die von Debussy als französisch. Vor allem sollten sich seine amerikanischen Landsleute in seiner Musik selbst wiedererkennen, sich und ihr Land. Und wenn nun der Jazz schon typisch amerikanisch war, warum sollte man nicht einige seiner Ausdruckselemente für die Realisierung bestimmter Empfindungen benutzen?

Noch hatten seine Pläne keine bestimmte Gestalt angenommen, als er eines Morgens in einer der größten, seriösesten Zeitungen New Yorks, in der *Herald Tribune*, las, er, Gershwin, arbeite zur Zeit an einem sinfonischen Werk, das am 12. Februar 1924 in der Aeolin Hall in einem großen Konzert Whitemans uraufgeführt werde! Ihm stockte der Atem! Er hatte ja noch gar nicht fest zugesagt. Und es waren nur noch wenige Wochen bis zu dem angekündigten Termin. Verärgert rief er Whiteman an: die Zeit passe ihm nicht, er müsse nach Boston fahren, zu den Probeaufführungen seines neuen Musicals *Sweet Little Devil*, usw. usw. . . . Aber schließlich gab er doch nach. Er sagte zu.

Zuerst nahm er sich vor, einen sinfonischen Blues zu schreiben. Doch diese Idee verwarf er wieder. Es sollte eine »geräumigere« Komposition werden. Er wählte schließlich die freie Form der Rhapsodie, die ihn bei der Ausarbeitung seiner thematischen Gedanken nicht einschränken würde. Auf der Eisenbahnfahrt nach Boston überkamen ihn sehr klar geformte Gedanken, nach denen er das ganze Werk fügen wollte (*ich höre oft Musik mitten im Lärm*[27]). Im Geiste arbeitete er die Rhapsodie aus, ja, er sah sie schon zu Papier gebracht. *Ich hörte sie gleichsam als musikalisches Kaleidoskop Amerikas – unseres ungeheuren Schmelztiegels, unseres unvergleichlichen nationalen »Pep«, unserer Blues, unserer großstädtischen Unrast*[28].

Sein Bruder Ira regte ihn dazu an, einen breiten, melodisch betonten Mittelteil in die Komposition einzufügen. Er suchte aus Georges Skizzenbuch ein Thema heraus, das er für geeignet hielt und das der Komponist dann auch wirklich benutzte. Diese später so berühmt gewordene Melodie war Gershwin beim Improvisieren eingefallen, als er bei einem Freund vor einer kleinen Gesellschaft wieder einmal Klavier spielte. *Ich muß wohl oft das tun, was man »unterbewußtes Komponieren« nennen könnte. Als ich so spielte,*

---

[27] Ewen II, S. 92
[28] ebda., S. 92

ohne einen Gedanken an die Rhapsodie, hörte ich mich plötzlich ein Thema intonieren, das mich innerlich beschäftigt haben mußte und das nun nach Ausdruck suchte.[29]

Wenig später spielte er einigen Freunden Teile seines neuen Werkes vor und äußerte dabei seine Absicht, die Komposition *American Rhapsody* zu nennen. Aber es war Ira, der sich mit seinen Vorschlägen – wie fast immer – durchsetzte. Er hatte gerade eine Ausstellung mit Gemälden des nordamerikanischen Impressionisten James Whistler gesehen. Besonderen Eindruck hatten auf ihn Bilder gemacht, die Titel wie *Nocturne in Blau und Grün* oder *Harmonie in Grau und Grün* hatten. Manche dieser Stimmungen glaubte er auch in Georges Komposition zu finden. Und schon waren alle plötzlich Iras Meinung, daß *Rhapsody in Blue* ein höchst passender und suggestiv wirkender Titel sei.

Gershwin dachte sich sein Werk für Soloklavier und sinfonisch besetzte Jazzband. Das Orchestrieren gehörte jedoch nicht zu seiner Aufgabe, das hatte vielmehr – wie bei allen Werken, die das Whiteman-Orchester damals spielte – Ferde Grofé zu besorgen. Gershwin schrieb seine *Rhapsody in Blue* also in einer Fassung für zwei Klaviere. Sehr sorgfältig und gewissenhaft feilte er an jeder Einzelheit. Er setzte seinen ganzen Ehrgeiz drein. Doch die Zeit drängte. Whiteman wurde ungeduldig. Grofé sollte mit der Instrumentation beginnen. Blatt um Blatt wurde Gershwin aus der Hand gerissen. Grofé wich nicht von seiner Seite, zumal der Komponist ganz bestimmte Wünsche für die orchestrale Realisierung seiner Musik hatte. Das Manuskript des Klavierauszuges ist noch heute Zeuge von der Art der damaligen Arbeit; es enthält Einzeichnungen Grofés, wie er sich die Instrumentation vorstellte: da stehen aber nicht die Namen der Instrumente, sondern die Namen der Solisten des Whiteman-Orchesters! Grofé schrieb also für die sehr persönlichen und spezifischen Techniken und Stile der einzelnen hervorragenden Mitglieder, die – wie schon gesagt – zum Teil wirkliche Jazzmusiker waren. Grofé hatte alle ihre Eigenarten genau im Ohr, ihre raffinierten Bläserläufe, ihre seltsam verwischten Tonlagenwechsel. Den Jazzausdruck, den Gershwin seinem Werk durch verschiedentliche Verwendung der »blue notes« bereits einzuhauchen versuchte (der Titel »in Blue« ist also viel natürlicher und vor allem musikalischer zu erklären!), den ver-

---

[29] ebda., S. 92f.

Ferde Grofé,
Instrumentator der *Rhapsody in Blue*

stärkte Grofé nun noch durch seine raffiniert gefärbte Instrumentation.

Besonderen Wert legte Gershwin auf den Beginn seines Werkes. Es sollte eine faszinierende Eröffnung werden, ein Anfang, der die Hörer sofort fesselte und unmittelbar packte. Man einigte sich schließlich auf einen Triller der Soloklarinette in tiefer Lage, der in ein aufheulendes, über zweieinhalb Oktaven nach oben steigendes Glissando überging – schrill und nervös.

Aber wer konnte das so spielen, wie es sich Gershwin vorstellte? Ross Gorman, der erste Klarinettist Whitemans, tüftelte fünf Tage lang an diesem Problem herum, er versuchte es am Klarinettenmundstück mit verschiedenen Rohrblättern, bis er diese wichtige Passage so spielen konnte, daß der Komponist zufrieden war. Gershwin wußte ganz genau, wie sehr es auf den Anfang einer Komposition ankam!

Am 4. Februar, acht Tage vor dem Konzert, war die *Rhapsody in Blue* fertiggestellt. Whiteman konnte mit den Proben beginnen. Die Generalprobe fand eines Vormittags im Nachtklub des Palais Royal statt. Im Raum war noch Unordnung, die Stühle standen auf den Tischen. Whiteman hatte etwa dreißig prominente New Yorker Musiker zu dieser ersten vollständigen Aufführung eingeladen, unter anderen Walter Damrosch, den Dirigenten der Symphony Society, den prominenten Operettenkomponisten Victor Herbert und einige führende Kritiker. Whiteman, in Hemdsärmeln, stellte Gershwin seinen Gästen vor – manche kannten noch nicht einmal seinen Namen. Der Komponist hatte selbst den Soloklavierpart übernommen. Nach der Probe beurteilten die meisten Anwesenden die Musik positiv, manche waren unentschieden. Der Pianist Edwin Hughes war am begeistertsten, er glaubte, daß die *Rhapsody in Blue* eine neue Ära der amerikanischen Musik einleiten würde! Whiteman selbst war am stärksten von der lyrischen Melodie des Mittelteils ergriffen, die er sich fortan als Kennmelodie für alle Rundfunksendungen wählte. Der erfahrene Victor Herbert schlug für eben diese Melodie noch vor, sie jeweils am Ende mit einer Fermate zu versehen, um durch eine solche Verzögerung die Wirkung noch zu erhöhen.

Whitemans Orchester hatte damals dreiundzwanzig Mitglieder, es wurde jedoch um neun Musiker verstärkt. Zu den Streichern und einem doppelten Holz- und dreifachen Blechbläsersatz kamen noch Baßklarinette und Tuba, Schlagzeug mit Glockenspiel, Banjo und drei Saxophone hinzu. Natürlich war nicht für jedes Instrument ein Spieler da; viele bedienten mehrere Instrumente abwechselnd. Whiteman hatte für das Konzert, mit dem er einen Überblick über die beste amerikanische Popular Music geben wollte, ein zwölf Seiten starkes Programmheft drucken lassen, in dem Hugh C. Ernst Whitemans Absichten als ein *erzieherisches Experiment* darlegte. Bei den Hörern sollte mit dieser Musik das Fundament gelegt werden, das sie in die Lage versetzte, später auch Sinfonien und Opern zu verstehen. Und vor allem sollte mit dieser *wirklich melodischen Musik* der Unterschied *zum dissonanten Jazz, wie er vor zehn Jahren hervortrat*[30], deutlich gemacht werden. Das Publikum wurde aufgefordert zu trampeln, wenn es die gebotene Musik als schlecht oder schädlich (!) empfände.

Das Programm umfaßte elf Nummern. Es begann mit »echtem Jazz«, brachte »legitimierte« Neubearbeitungen alter Schlager, ein Potpourri über die *Wolgaschiffer,* halbsinfonische Arrangements populärer Songs von Berlin, eine Serenaden-Suite von Victor Herbert und als »klassische Krönung« Edward Elgars *Pomp and Circumstance.* Zuvor, an zehnter Stelle, stand Gershwins *Rhapsody in Blue.* Um die Bedeutung und Ernsthaftigkeit seines Unternehmens zu betonen, wählte Whiteman als Aufführungsort die Aeolin Hall, neben der Carnegie Hall den bedeutendsten, eigentlich nur klassischer Musik vorbehaltenen Konzertsaal New Yorks.

Der Uraufführungstag der *Rhapsody in Blue*, der 12. Februar 1924, ging in die Geschichte der amerikanischen Musik ein. War es nur zufällig der Geburtstag von Abraham Lincoln, dem größten amerikanischen Präsidenten, der mit seiner epochemachenden Verfügung vier Millionen Negersklaven von ihrem Joch befreite und das Verbot der Sklaverei 1863 in der Verfassung festlegte? Man hat jedenfalls oft auf das Zusammenfallen dieser beiden Ereignisse hingewiesen und in Anbetracht der Beziehungen zwischen der Volksmusik der amerikanischen Neger und dem Jazz den Uraufführungstag der *Rhapsody in Blue* »the emancipation proclamation of jazz«, die Freiheitsproklamation des Jazz, genannt. Nie zuvor ist jedenfalls ein Stück amerikanischer Musik derart als Wesensausdruck Amerikas empfunden worden wie die *Rhapsody in Blue.* Mit diesem Werk hatte Gershwin wirklich »Amerika komponiert« – so, wie es auf ihn einstürmte, wie er es erlebte! Erstmalig hatte er sein hohes Ziel erreicht.

Das Auditorium in der Aeolin Hall war eine erlesene Gesellschaft. So weltberühmte Komponisten wie Sergej Rachmaninow und Igor Strawinsky waren erschienen, Dirigenten wie Leopold Stokowski und Walter Damrosch, Virtuosen wie Jascha Heifetz,

---

[30] die auszugsweise zitierte Textstelle im Zusammenhang: *The experiment is to be purely educational. Mr. Whiteman intends to point out, with the assistance of his orchestra and associates, the tremendous strides which have been made in popular music from the day of discordant Jazz, which sprang into existence about ten years ago from nowhere in particular, to the really melodious music of today.* Ewen II, S. 78

Wolkenkratzer bestimmen zunehmend das Stadtbild.
Manhattan 1924, im Jahr der *Rhapsody in Blue*

Mischa Elman und Fritz Kreisler, dazu die Stars der Broadway-Musicals, Song Plugger und Jazz-Enthusiasten.

Whiteman gab zwei Jahre später in seiner Autobiographie, die er bezeichnenderweise *Jazz* nannte, ein sehr anschauliches Bild von der Atmosphäre vor dem Konzert[31]:

Fünfzehn Minuten vor dem angesetzten Beginn ergab ich mich dem nervösen Verlangen, selbst zu sehen, was draußen geschah. Ich zog mir den Mantel über meine Konzertkleidung und huschte hinaus zum Eingang der Aeolin Hall. Dort starrte ich auf ein Bild, das mein Selbstvertrauen eigentlich hätte kräftigen müssen. Es schneite, aber Männer und Frauen kämpften, um durch das Tor zu kommen, stoßend und drän-

---

[31] hier zitiert nach Ewen I, S. 77 f.

gend, wie sie es manchmal beim Baseballspiel, beim Preis-boxen oder in der Untergrundbahn tun. Mein geistiger Zustand war in diesem Moment so, daß ich mich verwundert fragte, ob ich überhaupt zum richtigen Eingang gekommen war. Aber da sah ich Victor Herbert hereinkommen. Es war also der richtige Eingang! Und am nächsten Tag sagten die Leute von der Kasse, daß sie das Haus hätten mehr als zehnmal ausverkaufen können. Ich ging wieder hinter die Bühne, erregter als zuvor. Die nackte Angst ergriff mich. Ich lief hin und her, nagte an meinem Daumen und gelobte, ich würde 5000 Dollar geben, wenn wir noch alles aufhalten könnten. Nun, da die Zuhörer gekommen waren, hatte ich ihnen allen vielleicht gar nichts zu bieten. Ich erfand sogar Entschuldigungen, daß der Vorhang nicht – wie geplant – hochgezogen würde! Aber schließlich war es nicht mehr länger möglich, diesen schlimmen Moment aufzuschieben. Der Vorhang ging hoch, und ehe ich nach vorn eilen konnte – wie ich versucht war –, um anzusagen, daß kein Konzert stattfinden würde, waren wir bereits mittendrin.

Aber bald spürte Whiteman deutlich, daß das Publikum hinter seinem Rücken kaum mitging. Der laue Beifall nach den einzelnen Stücken bewies es. Zuerst war man gleichgültig, dann gelangweilt und schließlich ungeduldig. Dann kam Programmnummer zehn an die Reihe. Mit dem Dirigenten betrat George Gershwin das Podium. In die Eisesstille hinein gab Whiteman Ross Gorman, dem Klarinettisten, den Einsatz. Als dessen kühnes, fast heulendes Glissando aufstieg, spitzten die Leute im Saal plötzlich die Ohren. So etwas hatten sie noch nicht gehört! Die Spannung riß aber auch im weiteren Verlauf nicht ab. Die Klarinette sprang von ihrem Auftakt hurtig in das rhythmisch fesselnde, vorantreibende Haupt-thema hinein. Ein neuer, schwungvoll hämmernder Gedanke kam noch hinzu. Und wie virtuos griff der Pianist dann ein! Manchmal löste er sich ganz vom Orchester und spielte auf langen Strecken allein. Er schien zu phantasieren, nachdenklich zuweilen, dann aber auch in übermütiger Laune. Und dann ging es wieder zusam-men mit dem Orchester stürmisch voran. Der Dirigent und der Solist schienen sich gegenseitig anzufeuern. Auch die Klarinette griff noch mehrmals solistisch ein, ebenso die erste Trompete und Posaune, gedämpft und von einem zum anderen Ton hinüber-schleifend – wie man es von den Jazzbands im Negerviertel Harlem her kannte.

Nach der zweiten ausgedehnten Solokadenz des Klaviers schien es mit der sprühenden Energie und Brillanz plötzlich vorbei zu sein. Aber was nun kam, war nicht weniger fesselnd, im Gegenteil: Mit schwärmerischer Schönheit stimmte das Orchester jetzt einen rhapsodisch dahinströmenden Gesang an, eine Melodie, die sich vor allen anderen im Gedächtnis festsetzte.

Sie entfaltete sich mit immer größerem Pathos bis ins Grandiose hinein. Dann musizierte der Klaviersolist noch einmal allein, übermütiger noch als zuvor, mit witzig pointierten Repetitionen, die wie gemeißelt schienen. Und dann ging es mit dem Orchester zusammen wie im Rausch zu Ende. Das Hauptthema spielte das volle Orchester, während das Klavier gleichzeitig das hämmernde zweite Thema dazwischenwarf. Die letzten Takte glichen einer Explosion! Wie von einem Alpdruck befreit, machten sich die faszinierten Hörer in unvorstellbaren Ovationen Luft. Sie rasten vor Begeisterung. Was sie da gehört hatten, war doch endlich einmal aktuell! In dieser Musik erkannten sie sich alle wieder – wie es Gershwin gehofft hatte –, sich und ihr rastlos pulsierendes New York! Ein Mann, der solche hinreißende, solche explosive Musik schrieb, war eine Demonstration wert!

Whiteman schämte sich nicht, als er später bekannte[32]: *Irgendwo in der Mitte der Partitur begann ich zu heulen. Als ich dann wieder zu mir kam, war ich elf Seiten weiter, und bis zum heutigen Tag kann ich nicht sagen, wie ich so weit dirigiert habe.*

[32] zitiert nach Ewen II, S. 99

Die Kritiken in der Presse überboten sich an Superlativen. Ein Rezensent schrieb[33], mit seiner *Rhapsody in Blue* sei Gershwin *Schönberg, Milhaud und all den anderen Futuristen weit überlegen*. Das Werk sei *für die Musik ein weitaus wichtigerer Beitrag als Strawinskys »Sacre du printemps«*, stand in einer anderen Zeitung. Mochten solche Vergleiche auch stark hinken – aus der Begeisterung der Amerikaner für ein amerikanisches Werk waren sie doch zu verstehen. Die *Herald Tribune* gratulierte Gershwin zu seinem eingeschlagenen Weg, mit dem er eine Möglichkeit aufgezeigt habe, wie der modernen amerikanischen Musik in ihrer Entwicklung zu einer höheren Kunstform zu verhelfen sei. Man bescheinigte Gershwin seine außergewöhnliche Begabung, seine Kunst, eine stimmungsvolle Atmosphäre zu schaffen, seinen melodischen Erfindungsreichtum und sein ausgeprägtes, pikantes rhythmisches Gefühl. Natürlich war auch zu lesen, die *Rhapsody in Blue* sei *genuine* (»echte«) *jazz music*[34]. Leute, die Whiteman zum »King of Jazz« gemacht hatten, fühlten sich natürlich verpflichtet, so etwas zu schreiben. Man war nun auch schnell dabei, aus Gershwin den »Kronprinzen des Jazz« zu machen – das paßte in die Linie dieser aus Unverständnis geschürten Verwechslungskomödie.

Nur wenige Kritiker tadelten die *Rhapsody in Blue*, ihren »unzulänglichen Aufbau«, ihre *schalen Harmonien*[35]. Aber auch solche negativen Beurteilungen mündeten zum Schluß in die Begeisterung über den unbekümmerten Elan dieser Musik, über ihren unwiderstehlichen Rhythmus, der selbst dem »heiligen Antonius in die Beine gefahren« wäre!

Mit seiner *Rhapsody in Blue* ist dem jungen Gershwin ein genialer Wurf gelungen, dessen Erfolg für ihn eine ähnliche Bedeutung hatte wie etwa der *Don Juan* für den jungen Richard Strauss oder die *Symphonie classique* für den jungen Prokofiew. Technische Mängel, eine gewisse Naivität in der Wahl der harmonischen Mittel und der allzu lose formale Aufbau werden spielend durch den lebendigen Pulsschlag des Ganzen, durch das leuchtende Kolorit und die wirklich inspirierte Melodik ausgeglichen.

Die Größe der *Rhapsody in Blue* bestätigt sich immer aufs neue an ihrer ungebrochenen Wirkung, an ihrer Widerstandskraft, mit der sie allen Bearbeitungen standhält – von Arrangements für

---

[33] zitiert nach Ewen II, S. 99
[34] Ewen I, S. 81
[35] ebda., S. 81

Soloharmonika bis zu Einrichtungen für Mandolinenorchester und für *a-cappella*-Chor! Sie läßt sich aber auch in ihrer originalen Gestalt für Klavier und Orchester durch die unterschiedlichsten Interpretationsweisen nicht entstellen. Es ist sogar hochinteressant, die verschiedensten, im Laufe der Zeit sich ändernden Geschmacksrichtungen zu beobachten: die brilliant-improvisatorische Art Gershwins und die rasant »auf Jazz hin« angelegte Begleitung Whitemans mit ihrem ganzen unverwüstlichen Charme bei der Uraufführung, dann die Aufnahmen aus Whitemans späterer Zeit, die sich wesentlich beruhigt haben, oder die nur auf pianistische Brillianz abgestellten Wiedergaben großer Virtuosen und schließlich die von nüchterner Korrektheit angehauchten Interpretationen einiger Konzertdirigenten. Die *Rhapsody in Blue* hat bisher allen Deutungen standgehalten.

Einzug in die Carnegie Hall

Was andere bedeutende Komponisten seiner Zeit verstandesmäßig auszuklügeln versuchten, war Gershwin mit der *Rhapsody in Blue* auf sehr natürliche Weise, ja beinahe instinktiv geglückt: nämlich das Verschmelzen eines volkstümlichen, vom Jazz beeinflußten Stils mit konventionellen Formen der Kunstmusik, die er vor allem von Liszt und – in bezug auf den melodisch betonten Mittelteil – von Tschaikowsky übernahm. Mochte es auch damals »moderner« gewesen sein, an noch ältere Epochen der Musikgeschichte anzuknüpfen – etwa im Sinne der neoklassizistischen Bestrebungen Strawinskys –, kann man doch nicht umhin, Gershwins Arbeit als echt und gelungen zu bezeichnen. Echt vor allem deshalb, weil hier ein Amerikaner die Ausdruckswerte des Jazz als Elixier des amerikanischen Lebens verstanden hatte. Wie grundsätzlich andersartig nahmen sich daneben die »berechneten« Effekte aus, wie sie etwa Strawinsky seit dem Ragtime in seiner *Geschichte vom Soldaten* liebte, Hindemith im Ragtime seiner *Suite 1922*, Ravel im Blues seiner Violinsonate oder Křenek in seiner »Jazzoper« *Jonny spielt auf*. Wie geistreich alle diese Dinge auch wirken mochten – sie waren in die Musik von außen hineingetragen und meist auch nur ironisch gemeint. Bei Gershwin dagegen sind sie ein ursprüngliches Ausdruckselement, ein völlig integrierter Bestandteil seiner Komposition.

Deshalb blieb seiner *Rhapsody in Blue* der dauernde Erfolg nicht versagt. Man riß sich förmlich um die Aufführungsrechte und bot ihm die unglaublichsten Summen für das Recht, das Werk in einen Musikfilm einzufügen, in einer Bühnenschau zu benutzen oder als Ballett aufzuführen. Bereits 1925 kam es nach Europa, zuerst nach Brüssel, dann, 1926, in der Fassung für zwei Klaviere, nach Paris. Im gleichen Jahr wurde es in London getanzt, zwei Jahre später von den berühmten »Ballets russes« in Monte Carlo.

Gershwin war nun auch finanziell wirklich unabhängig. Er hätte sich getrost einige Ruhe gönnen können; doch sein Arbeitseifer ließ nicht eine Stunde lang nach.

1924, im Jahr der *Rhapsody in Blue*, entstand außerdem eine Reihe wichtiger Bühnenkompositionen. Im Januar kam im Astor-Theater *Sweet Little Devil* heraus, nachdem die Probeaufführungen in Boston glücklich verlaufen waren. Im Juni folgte die Premiere der *Scandals of 1924*, der letzten Show, die Gershwin für George White schrieb. Es war vor allem der Schlager *Somebody Loves Me* (siehe Notenbeispiel S. 54), der den 24er *Scandals* zu 191 Wiederholungen verhalf. Aber nicht nur der Broadway forderte von Gershwin sein Recht, auch Londons Piccadilly rief den erfolggekrönten Komponisten aus New York. Schon 1923 hatte er für die englische Metropole eine Revue komponiert, die ihm aber wenig Ansehen brachte. Um so mehr Glück hatte er jetzt mit *Primrose*. Es war das erste Werk, für das Gershwin einige Nummern selbst instrumentierte, und gleichzeitig überhaupt seine erste Partitur, die ganz veröffentlicht wurde. Dieser durchschlagende Londoner Erfolg machte Gershwin nun endgültig auch in der Alten Welt zum Lieblingskomponisten auf dem Gebiet der Musical Comedies.

Die Sensation des Jahres 1924 – nach der *Rhapsody in Blue* – stand aber noch bevor: das Musical *Lady, Be Good!*, dessen erste von insgesamt 184 Aufführungen am 1. Dezember im Liberty-Theater stattfand, begeistert begrüßt von Publikum und Presse. Mit diesem Werk schuf Gershwin seine bislang typischste musikalische Komödie, die einige seiner besten Songs enthielt. In dreifacher Beziehung bildete sie einen gewichtigen Auftakt zu der noch folgenden Serie von Gershwin-Musicals: zunächst war es das erste Bühnenwerk, für das Ira sämtliche Liedertexte schrieb – eine Arbeitsweise, die man des außerordentlichen Erfolges wegen in Zukunft beibehielt; zweitens begann jetzt die Zusammenarbeit mit den Produzenten Alex Aarons und Vinton Freedley, für die er auch später seine bedeutendsten Musicals schrieb (Aarons hatte vor fünf Jahren bereits *La, La, Lucille* inszeniert); und drittens fand Gershwin in *Lady, Be Good!* zwei ideale Interpreten seiner Kunst, die ihm auch fernerhin die Treue hielten: die Geschwister Fred und Adele Astaire, die einstmals zu seinen »Kunden« bei Remick gezählt hatten und deren Ruhm sich gleichermaßen auf ihre tänzerischen und gesanglichen Qualitäten gründete. Der Zusammenklang all dieser Kräfte – des nach der *Rhapsody in Blue* nun viel selbstbewußteren Komponisten, seines dichtenden Bru-

Fred und Adele Astaire
als Kinder bei einem Wohltätigkeitsfest

ders, der wagemutigen Produzenten und der tüchtigen Interpreten
– vollbrachte diesen ersten volltönenden Akkord eines Gershwin-
Musicals, das in die Geschichte dieser musikalischen Bühnengat-
tung eingehen sollte: *Lady, Be Good!*.

Die Handlung war ganz auf die Astaires abgestellt. Auch im
Stück hatten sie Geschwister zu sein, die von Beruf Tänzer waren.
Dick und Susie hießen sie hier. Sie waren in finanzielle Not geraten
und konnten die Miete nicht mehr bezahlen. Man setzte sie deshalb
kurzerhand auf die Straße. Dies nun ist die erste Szene: wie die
beiden inmitten ihres bescheidenen Mobiliars auf dem Bürgersteig
hocken, wobei Susie – in ihrer peinlichen Genauigkeit – selbst in
dieser trostlosen Situation auf penible Ordnung sieht. Das
Schmuckstück der Einrichtung, den gerahmten Spruch »Gott
segne unser Heim«, hat sie am Laternenpfahl aufgehängt...Es

kommt dann zu allerlei Komplikationen, weil Dick von einem reichen Mädchen geliebt wird, das er selbst nicht liebt. Susie »rettet« ihren Bruder schließlich als verkleidete Witwe aus Mexiko!

Diese Geschichte ist vom Text her locker geknüpft und charmant, ihre muntere Wirkung verdankt sie aber letztlich den originellen Schlagern Gershwins. Der Komponist hat mit ihnen eine neue, höhere Stufe seines Schaffensweges erreicht. Selten zuvor ist ihm ein so zierlich-verschmitztes Stück wie der Titelsong *Oh, Lady Be Good* gelungen,

ein so unwiderstehlich schwungvolles Lied wie *Fascinating Rhythm*

nat-ing rhy-thm I'm all a - quiv- er.

oder gar eine solche Perle wie die lyrisch-gefühlvolle, blühende Melodie von *The Man I Love*.

Andantino semplice

Someday he'll come along, The man I love; And he'll be big and strong

p molto semplice e dolce

The man I love; And when he comes my way, I'll do my best to

make him stay.

Dieses letztere Lied gehört zu Gershwins »Klassikern«; es wurde von Adele Astaire gesungen, seltsamerweise aber nach den Probe-aufführungen in Philadelphia wieder aus dem Werk herausgenom-

Walter Damrosch, Chefdirigent
des New York Symphony Orchestra

men. Freedley fand es zu wenig dynamisch – und verkannte dabei
gerade den Reiz, der in der beschaulichen, vom Stil des Blues
beeinflußten Stimmung dieses Liedes lag. Später wurde es in ein
neues Musical hineingenommen – in die erste Fassung von *Strike
Up the Band* –, aber auch dort fiel es wieder dem Rotstift zum
Opfer. Es kam eigenartigerweise zuerst in Europa zu vollem
Ansehen, in London und Paris, wo es verschiedene Sänger und
Kapellen in ihr Repertoire aufnahmen. Der europäische Erfolg des
Liedes strahlte dann über den Ozean zurück.

In der Begeisterung über den neuesten Broadway-Erfolg Gershwins hatte man aber den Instrumentalkomponisten, wie er sich vor
einigen Monaten mit der *Rhapsody in Blue* präsentierte, nicht
vergessen. Ein Mann vor allem, der zweiundsechzigjährige Walter
Damrosch, damals einer der berühmtesten amerikanischen Dirigenten, hatte sich spontan für Gershwin und sein Werk begeistert.
Er brachte es zuwege, daß Gershwin einen offiziellen Auftrag der

New York Symphony Society erhielt, ein Werk für das Orchester dieser Gesellschaft zu schreiben. Gershwin entschied sich für ein Klavierkonzert. Es wurde ein regelrechter Kontrakt abgeschlossen, in dem sich Gershwin nicht nur verpflichtete, das Werk zu komponieren, sondern auch den pianistischen Solopart zu übernehmen. Ihm wurden dafür vertraglich nach der Uraufführung in New York noch Aufführungen in Washington, Philadelphia und Baltimore garantiert.

Walter Damrosch, der ihm diesen ehrenvollen Auftrag vermittelte, war seit Jahrzehnten Chefdirigent des Orchesters der Symphony Society, das seit je als der ernsthafteste Rivale der New Yorker Philharmoniker galt. Damrosch war von Geburt Deutscher. Sein Vater, Leopold Damrosch, promovierte 1854 in Berlin zum Doktor der Medizin, verschrieb sich aber bald der Musik, war unter Liszt Geiger in der Weimarischen Hofkapelle und entfaltete dann in Breslau als Dirigent eine segensreiche Tätigkeit, vor allem durch seinen tatkräftigen Einsatz für Berlioz, Wagner und Liszt. Seit den siebziger Jahren reorganisierte er dann das amerikanische Musikleben in New York, gründete einen Oratorienchor und eben jene Symphony Society und richtete an der Metropolitan Opera eine »deutsche Saison« ein. Sein Sohn Walter, der noch bei Draeseke in Dresden studiert hatte und Dirigierschüler von Bülow war, führte das New Yorker Werk seines Vaters auf allen musikalischen Gebieten fort, selbst auf dem der eigenen Komposition. Berühmt waren seine Wagner-Aufführungen an der Metropolitan Opera; aber auch für ein Werk wie Tschaikowskys *Eugen Onegin* setzte er sich mit großem Erfolg ein. Und jetzt, in den letzten Jahren seiner Dirigententätigkeit bei der vom Vater gegründeten Symphony Society, begeisterte er sich mit der gleichen Unvoreingenommenheit für Gershwin. Nach der *Rhapsody in Blue* war er fest davon überzeugt, daß der junge Komponist auch ein »richtiges« sinfonisches Werk zustandebringen würde. Er beschleunigte Gershwins eigenes Tasten in dieser Richtung durch den festen Auftrag.

Es ist wohl nicht mehr als eine hübsche Anekdote, daß sich Gershwin nach der Unterzeichnung des Vertrags schleunigst erst einmal ein musiktheoretisches Buch besorgt habe, um zu lernen, wie ein Klavierkonzert formal aufzubauen sei. Er hatte ja schon bei Kilenyi etwas Formenlehre studiert, vor allem anhand praktischer Analysen musikalischer Meisterwerke, und außerdem hatte er bereits eine Menge Konzerte gehört, sehr intensiv gehört. Selbstverständlich nahm er sich jetzt die Partituren einiger berühmter Klavierkonzerte vor, um aus ihnen zu lernen.

Zwischen der Arbeit an neuen Musicals begann er im Juli 1925 mit der Komposition seines Klavierkonzerts. Ende September waren die drei Sätze des Werkes »im Rohbau« fertig. Doch im Gegensatz zur *Rhapsody in Blue* lieferte er diesmal seine Komposition keinem Arrangeur ab. Er orchestrierte sein Konzert selbst, eine Arbeit, die noch einen Monat in Anspruch nahm. Auf der letzten Seite der handgeschriebenen Partitur hat Gershwin als endgültiges Datum der Vollendung den 10. November eingetragen. Den ursprünglich geplanten Titel *New York Concerto* ließ er wieder fallen. So sehr die Atmosphäre der Stadt sich auch in der Musik dieses Werkes niedergeschlagen hatte – diesmal wollte er als Komponist »absoluter Musik« auftreten und nannte es deshalb schlicht *Concerto in F for Piano and Orchestra*.

Gershwin stellte dem Klavier ein normal großes Sinfonieorchester gegenüber. Den doppelt besetzten Holzbläsern fügte er noch eine Piccoloflöte, ein Englischhorn und eine Baßklarinette hinzu, in der Blechgruppe stellte er neben vier Hörner, drei Trompeten und drei Posaunen eine Tuba und setzte neben einem vollen Streichorchester noch eine Reihe Schlaginstrumente ein: Pauken, große und kleine Trommel (zum Teil mit Drahtbesen zu schlagen), Becken, Gong, Xylophon, Glocken und als Kuriosum ein »Charleston stick« (ein Holzblock, der mit einem Stock geschlagen wird). Interessanterweise verzichtete Gershwin auf ein klassisches Instrument des Jazz, das Saxophon.

Da er noch keine Erfahrung in der klanglichen Behandlung eines sinfonischen Orchesters hatte, wollte er sich das, was er aufgeschrieben hatte, zunächst einmal anhören, ehe er seine Partitur bei Damrosch abgab. Er mietete sich deshalb für einen Nachmittag das Globe-Theater, engagierte sich ein Sechzig-Mann-Orchester und ließ seinen Freund, den Dirigenten Bill Daly, das *Konzert in F* probieren. Kritisch saß Gershwin im Zuschauerraum, die Partitur auf dem Schoß, und überprüfte, ob das Gehörte seiner Vorstellung entsprach. Er machte sich dabei einige Notizen, bat, diese und jene Stelle noch einmal zu spielen, um sicher zu sein, daß seine Änderungen gut waren. Zu Haus gab er seinem Konzert dann die endgültige Gestalt, indem er hier und da noch feilte und verbesserte, auch Überflüssiges herausstrich. Erleichterten Herzens überließ er Damrosch jetzt sein Werk. Kopisten schrieben die Orchesterstimmen heraus. Die Proben konnten beginnen.

Die Carnegie Hall

Mit seinem Klavierkonzert zog Gershwin zum ersten Male in die Carnegie Hall ein. Sie ist der bedeutendste Konzertsaal New Yorks, zu vergleichen dem früheren Gewandhaus in Leipzig oder dem Concertgebouw in Amsterdam. Das Konzert fand am 3. Dezember 1925 statt. Walter Damrosch dirigierte die New Yorker Symphoniker. Er hatte Glasunows 5. Sinfonie und die *Suite anglaise* von Henri Rabaud aufs Programm gesetzt. Erst nach der Pause folgte die Uraufführung von Gershwins Klavierkonzert. Im Auditorium saßen wieder viele prominente Leute, Neugierige und Musiker aus beiden »Lagern«, dem der leichten und dem der ernsten Musik. George Gershwin, der ja auch der Solist des Abends war, gab sich alle Mühe, ruhig und beherrscht zu sein, aber als Damrosch draußen Glasunow dirigierte und dann die Suite seines französischen Kollegen (der damals Direktor des Pariser Konservatoriums war) an die Reihe kam, wurde er doch nervös. Unruhig lief er im Künstlerzimmer auf und ab, überprüfte noch einmal die Geläufigkeit seiner Finger – denn er hatte allerhand virtuose Dinge in sein Konzert hineingeschrieben. Ernest Hutcheson, der bekannte amerikanische Pianist, war bei ihm und versuchte ihn zu beruhigen und zu ermuntern. *Hab keine Angst, du wirst's ihnen heute schon zeigen*, lauteten seine tröstenden Worte immer wieder. Und auch Damrosch redete in der Pause besänftigend auf ihn ein: *Spiel nur das Konzert gerade so, wie sich's gehört, George, und du wirst mit fliegenden Fahnen siegen!*[36]

Und George verhielt sich so, wie es der ihm väterlich zugetane Dirigent geraten hatte. Er spielte, als musiziere er nur zu seinem Vergnügen. Seine eigene Musik trug ihn über alles hinweg, sie packte ihn, wie sie ihn bei der Niederschrift gepackt hatte, sein ganzes Temperament geriet wieder in Wallung, und mit einer Brillanz ohnegleichen, von dem gebannt lauschenden Publikum in zunehmendem Maße noch angetrieben, beendete er seine Aufgabe. Der Schlußakkord, F-Dur in dreifachem Forte, war noch nicht ganz verhallt, als eine Ovation losbrach, wie sie sich der nun schon beifallsgewohnte Komponist nicht im Traume erhofft hatte.

Wie klang nun eigentlich Gershwins Musik, die da an jenem 3. Dezember auf dem geweihten Podium der Carnegie Hall gespielt wurde? Jedenfalls anders, als Walter Damrosch in seinem kurzen Einführungstext auf dem Programmzettel beschrieb.

Er führte da nämlich jene Verwirrung weiter fort, die sich seit der *Rhapsody in Blue* auszubreiten begann: Gershwin schreibe Jazz! Und nun, mit seinem neuesten Werk, habe Gershwin jene *Lady Jazz, die ihren Weg um die Welt tanzte, bis zu den Eskimos im Norden und den Polynesiern auf den Südsee-Inseln* – so lautet Damroschs poetische Beschreibung –, diese *ungewöhnlich selbständige, moderne junge Dame* habe Gershwin kühn *in das klassische Gewand eines Konzerts gekleidet*[37]. Selbst der mit der *Rhapsody in Blue* vertraute Hörer mußte hier – nach diesen Worten – etwas ganz anderes erwarten, als er dann wirklich zu hören bekam. Denn das *Konzert in F* ist genausoviel und genausowenig von Jazzelementen durchdrungen wie die *Rhapsody in Blue*, die immerhin durch Whitemans Interpretation, durch das Spiel einiger seiner Instrumentalisten, etwas vom echten Charakter des Jazz eingehaucht bekommen hatte.

Natürlich ist Gershwins Klavierkonzert auch kein Konzert im strengen klassischen Sinne. Der Komponist hat sich vielmehr die ihm zustehende künstlerische Freiheit genommen, die traditionellen Formen zu lockern, um seine Einfälle so unkonventionell wie

[36] Ewen II, S. 107
[37] ebda., S. 112

nur irgend möglich ausbreiten zu können; denn er hatte stets sehr viele Einfälle und mochte sich deshalb nicht auf den klassischen Themendualismus beschränken, wie er seit der Zeit der Wiener Klassik, also vor allem seit Wolfgang Amadeus Mozart und Ludwig van Beethoven, üblich war. Er wollte mehr »unterbringen«. Der erste Satz hat gewöhnlich in der Sonatenform zu stehen. Man diskutierte dieses Problem auch einmal mit Gershwin in bezug auf den Eröffnungssatz seines Konzertes, worauf er erklärte[38]: *Er steht in der Sonatenform, allerdings . . .* – und nun wird er all die Gründe angeführt haben, die ihn, den immer gern ein wenig improvisierenden Musikanten, dazu veranlaßten, das festgelegte Schema zu durchbrechen.

Dieser erste Satz ist ein *Allegro*, das tatsächlich sehr ungewöhnlich anhebt: die Pauken allein eröffnen das Spiel – aber nicht so zurückhaltend wie in Beethovens Violinkonzert, nicht so elegant wie in Richard Strauss' Burleske, sondern wie mit einem Donnerschlag einen Sturm entfesselnd, den Becken und Trommeln und dann das ganze Orchester durch rhythmische Akzente unterstützen.

[38] Ewen I, S. 110

Schüchtern und leise versucht ein einzelnes Fagott, danach auch die Baßklarinette, jenen entfachten Aufruhr zu besänftigen. Es gelingt nicht. Die Pauken setzen mit Ingrimm den Schlußpunkt unter diesen furiosen Auftakt, der alles andere als eine klassische Exposition ist, der vielmehr die Zuhörer zunächst gespannt machen will. Er schafft Atmosphäre und Stimmung. Dann erst setzt das Klavier ein. Gleichsam improvisierend intoniert es ein getragenes, synkopiertes Thema, das sich bald als der Hauptgedanke des ganzen Konzerts entpuppt.

So sehr die freie Anlage und der häufige Stimmungs- und Tempo-
wechsel in diesem ersten Satz auch an die *Rhapsody in Blue*
erinnern – Gershwin hat seine Gedanken hier kunstvoller verarbeitet. Zum Beispiel stellt er einem Thema gern gleichzeitig ein
zweites kontrapunktisch gegenüber, indem er das eine meist dem
Klavier, das andere dem Orchester zuteilt und dann bei gegebener
Gelegenheit die Rollen vertauscht. Erstaunlich auch, wie er keim-
haft irgendwo angedeutete Motive plötzlich aufgreift und unter
ganz neuen Gesichtspunkten wieder entwickelt, immer darauf
bedacht, Kontraste zu schaffen. Der Klaviersatz ist sehr virtuos
entworfen, aus purer Lust am Spiel geboren.

Bald breitet er sich in übermütigen Arabesken, bald in geballten Akkordketten aus. Kein Zweifel, daß Gershwin sich wieder Liszt und auch Tschaikowskys Klavierkonzert in b-Moll zum Vorbild nahm. Seine unbekümmerte Vitalität, sein unwiderstehlicher rhythmischer Elan haben etwas unverwechselbar Eigenes geboren.

Das eigentliche Wunder des Konzerts ist der langsame Satz, zumindest sein erster Teil bis zur Solokadenz. Hier ist es Gershwin auf eine wirklich unkonventionelle Weise gelungen, etwas vom instrumentalen Improvisationsprinzip des Jazz lebendig werden zu lassen, nicht als Jazz, sondern übertragen ins Konzertant-Sinfonische. Es ist aber nicht so, wie Damrosch es beschrieb, daß Jazz in die klassische Konzertform gegossen wurde, sondern gerade durch die Auflösung der klassischen Form konnte etwas vom Geiste des Jazz in das Konzert hineingetragen werden. Wie von ferne fordert ein einsames Waldhorn zum Beginn auf. Drei Klarinetten geben den seltsamen klanglichen Hintergrund, vor dem sich die sehnsüchtige, verträumte Melodie abhebt. Geblasen wird sie von einer gedämpften Trompete und für kurze Zeit auch von der Oboe. Welch ausdrucksvolle Stimmung hat diese Musik! Wenn dann das Klavier mit einem neuen, von gewitzten kurzen Vorschlägen belebten Thema einsetzt, zieht das Tempo etwas an.

Gershwin hat den Satz teilweise ganz erlesen instrumentiert, etwa wenn er dem Klavier nur die ersten Geigen thematisch entgegenstellt oder später die Flöte von einem Solostreichquartett begleiten läßt. In der Kadenz gebiert das Klavier andeutungsweise abermals eine neue Melodie, die sich dann im Streichorchester üppig ausbreitet, als schwelgerischer, pathetischer (etwas allzu pathetischer) Hymnus. Am Ende kehrt jedoch die schöne Stimmung des Anfangs wieder; die Flöte führt an Stelle der Trompete. Zart klingt das poetische Tonbild aus.

Ließ sich an diesem *Andante*-Satz unschwer die überkommene Dreiteiligkeit in der formalen Anlage erkennen, so kann man den letzten Satz, ein Finale mit der Tempovorschrift *Allegro agitato*, zu Recht ein Rondo nennen. Sein immer wiederkehrendes Thema

Allegro agitato

besteht aus motorisch-hämmernden Repetitionen des Klaviers, die
in einer turbulenten Orchestereinleitung vorbereitet werden. Die
brillanten Rondo-Abschnitte werden von Zwischenteilen abge-
löst, in denen Gershwin Gedanken aus den ersten beiden Sätzen
des Konzerts aufgreift – sehr reizvoll ist dabei jene Stelle, wo die
ersten Geigen das mit Vorschlägen verzierte Thema des Mittelsat-
zes intonieren, scherzhaft umspielt vom Klavier; und dann der
dynamische Höhepunkt, wenn sich das Hauptthema aus dem
ersten Satz und sein von ihm nicht zu trennender Kontrapunkt
grandios ausbreiten. In die kaum noch zu bändigende Coda, den
Schlußteil, wirft sich sogar das donnernde Paukenmotiv noch
einmal hinein, das das Konzert eröffnet hatte.

Seit jenem denkwürdigen Dezembertag des Jahres 1925 gehörte
George Gershwin in die erste Reihe der amerikanischen Komponisten, ja, er übertraf alle seine Kollegen an Popularität. Das musikalische Amerika verehrte ihn, so wie es Beryl Rubinstein vorausgesagt hatte, als Gershwin noch ein kleiner Mann der Popular
Music war. Auch mit seinem *Konzert in F* blieb er auf dem Boden
der volkstümlichen Musik. *Er allein von all denen, die heute Musik
schreiben, drückt uns aus*, verkündete der Kritiker Samuel Chotzinoff nach dem Konzert[39]. *Er ist die Gegenwart mit all ihrer dreisten
Kühnheit, ihrer frechen Unbekümmertheit, ihrer fieberhaften Aus-
gelassenheit, in ihrer Bewegtheit und ihrer Hingabe an rhythmisch-
exotische Melancholie. Er schreibt ohne den geringsten Anflug von
Selbstbewußtsein . . . Und hier bricht seine Genialität durch: George
Gershwin ist ein instinktiver Künstler, der das Talent für die richtige
Verarbeitung des von ihm einmal gewählten Rohmaterials hat – ein
Talent, das man sich selbst durch ein lebenslanges Studium von*

---

[39] Ewen I, S. 110

Kontrapunkt und Fuge nicht erwerben kann, wenn es nicht angeboren ist.

Negative Kritiken, die Gershwins neuem Werk – zweifellos mit einiger Berechtigung – technische Unzulänglichkeiten, formale Unsicherheit und konventionelle Harmonik vorwarfen, konnten nicht verhindern, daß das *Konzert in F* bald zu den meistgespielten sinfonischen Werken der neuen amerikanischen Musik gehörte. Es eroberte sich auch sehr schnell die europäischen Konzertpodien. Bedeutende Klaviervirtuosen nahmen sich seiner an und feierten Triumphe. Als der englische Dirigent Albert Coates um 1930 eine Liste der fünfzig bedeutendsten zeitgenössischen Kompositionen zusammenstellte, war auf ihr als einziger Amerikaner Gershwin mit seinem Klavierkonzert vertreten.

Neue Musical-Erfolge

Drei Wochen nach der Premiere des Klavierkonzerts erklang zum zweiten Male Gershwin-Musik in der Carnegie Hall. Paul Whiteman hatte in eines seiner Konzerte den Operneinakter *Blue Monday* aufgenommen, der jetzt den neuen Titel *135th Street* erhielt. Trotz der ausgezeichneten musikalischen Interpretation durch Whiteman, der das Werk reichlich drei Jahre vorher innerhalb der 22er *Scandals* uraufgeführt hatte und deshalb mit der Musik eng vertraut war, und trotz der auserwählten Besetzung der Solopartien konnte die kleine Negeroper auch diesmal keinen durchschlagenden Erfolg erringen, zumal die szenische Aufführung – in stilisiertem Rahmen unmittelbar vor dem Orchester – keinen rechten Eindruck vermittelte. So stand Gershwins zweite Eroberung der Carnegie Hall ganz im Schatten der ersten.

Gershwin wurde von allen möglichen Seiten bedrängt, die Richtung des Klavierkonzertes weiterzuverfolgen und endgültig in den Bereich der »ernsten« Musik hinüberzuwechseln. Über dieses Thema gab es heftige Auseinandersetzungen unter Gershwins Freunden und Bekannten, die sich mit ihm auf Parties trafen, bei Dr. Damrosch oder bei Jules Glaenzer, wo sie ihm nach dem Erfolg des Klavierkonzerts ein goldenes Zigarettenetui überreichten, in das die Namen von achtundzwanzig seiner Freunde eingraviert waren. So sehr sie sich die Köpfe auch über die verschiedenen Möglichkeiten von Georges Zukunft erhitzten – der Betroffene hüllte sich in Schweigen. Für ihn war es völlig klar, daß er niemals darauf verzichten würde, »leichte«, volkstümliche Musik zu schreiben. Zwar gab er den Gedanken niemals auf, noch einmal ordentlich zu studieren, um noch tiefer in die hohe Kunst des Tonsatzes einzudringen – wofür allerdings Mitte der zwanziger Jahre der Unterricht bei dem amerikanischen Modernisten Henry Cowell ziemlich nutzlos war, bei einem Mann, der durch »Tontrauben«, sogenannte Clusters, Aufsehen erregte, die er mit dem ganzen Unterarm auf dem Klavier entfesselte! –, doch in Wirklichkeit brachte er nie die Zeit dafür auf. Zudem haßte Gershwin alle strengen Regeln und schlug viel lieber eigene Wege ein. Es war keine Seltenheit, daß Gershwin Übungen im Motettenstil des alten Palestrina aus heiterem Himmel mit Nonen und alterierten Akkorden durchsetzte! Nein – aus ernsthaften Studien wurde nichts. Er lernte am meisten bei sich selbst, wenn er über neuen Werken saß.

Am liebsten arbeitete er gleichzeitig an mehreren Vorhaben, weil er dabei seine vielen Einfälle schneller verwerten konnte (als ihn der Dirigent André Kostelanetz einmal fragte, wie viele neue Melodien ihm pro Tag in den Sinn kämen, antwortete er: »Fünfzehn!« – als sei das eine Selbstverständlichkeit). Das letzte Viertel des Jahres 1925 war solch eine produktive Zeit. Neben dem *Konzert in F* entstanden zwei neue große Musicals, die Ende Dezember – im Abstand von nur zwei Tagen! – in zwei verschiedenen New Yorker Theatern Premiere hatten. Allein aus dieser Tatsache kann man ersehen, welch außergewöhnlicher Beliebtheit sich Gershwin am Broadway erfreute. Keiner der beiden Produzenten hatte eine schlechte Kasse zu erwarten.

Das neue Werk, das den stärksten Publikumserfolg hatte, hieß *Tip-Toes*. Diese »Zehenspitzen« gehören einer kecken Tänzerin, die von ihren Brüdern dazu »benutzt« wird, Millionären einträgliche Hochzeitsfallen zu stellen. Doch einmal geht die Sache schief. Das Schwesterchen verliebt sich nämlich ernsthaft in ihr Opfer, einen dollarschweren Leimfabrikanten. Als dieser merkt, daß tatsächlich er selbst und nicht sein Geld das Ziel der Liebessehnsucht ist, willigt er in das Bündnis ein. So läppisch diese Geschichte auch war – man konnte gerade sie (dank der Brüder Gershwin) schwerlich als Beweis für die Niveaulosigkeit der damaligen Broadway-Musicals benutzen. Denn die Handlung als solche war ja nur das Gerüst, an dem eine ganze Serie komischer Situationen und ironischer Anspielungen aufgehängt war. Aarons und Freedley hatten wieder dasselbe Autorenkollektiv zusammengerufen wie bei *Lady, Be Good!* Bolton und Thompson hatten den Stoff geliefert, und die Gershwins waren für Text und Musik der Lieder verantwortlich. Ira selbst war erstmalig auf seine »Lyrics« stolz. Sie waren aber auch mit so viel kabarettistischer Schärfe formuliert, derart elektrisierend in ihrem Witz und ihrer neuartigen Komik, daß sie keinem mehr entgegenkamen als George, dessen Phantasie sich an solch geistreich geschliffenen Worten geradezu explosiv entzündete. Kein Wunder, daß *Tip-Toes* als die beste Musicalpartitur der Saison gepriesen wurde.

Tip-Toes hatte am 28. Dezember im Liberty-Theater Premiere. Zwei Tage später folgte der *Song of the Flame* im Theater in der 44th Street. Beide Werke hatten fast zweihundert Reprisen, obwohl ihr musikalischer Wert sehr unterschiedlich war. Ganz im Gegensatz zu *Tip-Toes* pflegte Gershwin im *Song of the Flame* den Stil der sentimentalen Operette, wie er allerdings der hier entwik-kelten romantischen Liebesgeschichte, die in Moskau beginnt und in Paris endet, einigermaßen angemessen war. Doch Gershwin fehlte die Mitarbeit seines Bruders. Die schwülstigen Texte der Harbach und Hammerstein – so hießen die Autoren – inspirierten ihn nicht. Die slawischen Farben seiner Musik waren unecht. Das Publikum hielt sich diesmal mehr an die große szenische Aufma-chung, an die bunten Kostüme, an die pseudorussischen Chöre und Balletteinlagen. Echten Gershwin erlebte es nicht.

Seit 1924 war London sozusagen zu einer Gershwin-Filiale geworden. Die Erfolge an der Themse brachten den tüchtigen Aarons auf den Gedanken, seine New Yorker Inszenierungen, nachdem sie abgelaufen waren, auch in London zu zeigen. Er versuchte es zunächst mit *Lady, Be Good!* in der Premierenbeset-zung mit den beiden Astaires. Wie in Amerika, hielt er auch hier an der Sitte fest, zunächst Probeaufführungen in der Provinz zu starten. Vierzehn Erfolgstage in Liverpool schienen ihm zu genü-gen, und er ging nicht fehl: London war begeistert! So schickte er später auch *Tip-Toes* über den Atlantik. Gershwin konnte zufrie-den sein, denn auch in den nächsten Jahren hielt der Austausch seiner Musicals zwischen den beiden größten Städten der englisch sprechenden Welt an.

Auch die Sängerin Eva Gauthier hatte ihr berühmtes New Yorker Konzert 1925 in London wiederholt und Gershwin neue Freunde in England erworben. Der junge amerikanische Kompo-nist gehörte nun selbstverständlich auch zu den beliebtesten Gästen auf Empfängen und Gesellschaften. Zusammen mit den Astaires wurde er zum Beispiel auch in den Buckingham-Palast geladen.

Es war jetzt bereits so weit gekommen, daß große Stars ihre Zusage, an einem Musical mitzuwirken, davon abhängig machten, ob Gershwin die Musik schrieb. So war es 1926 mit der prominen-ten Londoner Sängerin Gertrude Lawrence, die aus New York gleichzeitig zwei günstige Angebote erhielt. Entscheidend für ihren Entschluß, bei Aarons und Freedley mitzuwirken, war die Gewißheit, daß der Komponist des neuen Werkes Gershwin hieß.

So gab sie ihr erstes New Yorker Musical-Gastspiel in *Oh, Kay!* –
einem der erfolgreichsten Stücke Gershwins, das im November im
Imperial-Theater anlief und nicht weniger als 255mal wiederholt
werden mußte. Gertrude Lawrence und Victor Moore, ein Cha-
rakterkomiker von fast chaplineskem Format, hatten nicht wenig
Anteil an diesem Sensationserfolg, an dem nun wieder die Brüder
Gershwin gemeinsam gearbeitet hatten. Die als Vorwand für
hübsche musikalische Situationen konstruierte »Handlung« war
diesmal eine Schmugglergeschichte. Ein englischer Adliger und
seine Schwester Kay segeln auf ihrer Privatjacht nach Amerika. Da
sie seit dem Ersten Weltkrieg in finanziellen Schwierigkeiten
leben, stellen sie ihr Schiff für Schmuggelware zur Verfügung. Der
»schwarze« Transport besteht aus alkoholischen Getränken. Auf
dem anderen Kontinent von der Polizei verfolgt, finden sie in der
Villa von Jimmy Winter Zuflucht. Der Keller ist schnell in ein
Spirituosenlager verwandelt. Wie es nicht anders kommen kann:
Kay und der »Gastgeber« Jimmy verlieben sich. Natürlich sind
noch eine Menge Verwicklungen und Mißverständnisse zu beseitigen, ehe die beiden sich schließlich finden.

Auch *Oh, Kay!* lebt wieder von einigen höchst gelungenen Songs
der Brüder Gershwin. Wenn auch der Titelschlager diesmal nicht
so einschlug, so war George und Ira bei anderen Nummern um so
mehr eingefallen, so daß die Partitur als *ein Wunder ihrer Art*[40]
von der Kritik gelobt wurde. Ewen hatte recht, wenn er in seiner Gershwin-Biographie schrieb, die Musik dieser Comedy sei
jedenfalls reicher als der geschmuggelte Schatz in Jimmys Keller.
Wenigstens vier Songs behaupteten sich auf die Dauer: Kays
schwungvoll-verschmitztes Lied *Someone to Watch Over Me*,

---

[40] Ewen I, S. 119

Turns out to be Some-one who'll watch o-ver me.

das rhythmisch-charmante *Clap Yo' Hands*,

Moderato

Clap-a yo' hand! Slap-a yo' thigh! Hal- le- lu - yah! Hal- le-

lu - yah! Ev-'ry-bod - y come a - long and join the ju- bi-

lee!

das federnd-kapriziöse *Do, Do, Do* mit seinen von Ira Gershwin
raffiniert gebastelten Wortwiederholungen

Do, do, do what you've done, done, done be - fore, ba-by.

und schließlich *Maybe* mit dem weiten lyrischen Strom seiner Melodie.

Aarons, Freedley und ihr Hauskomponist Gershwin warfen ihre beträchtlichen Einnahmen aus den Musicals der Jahre 1924/26 zusammen und bauten sich im Westen New Yorks, in der 52nd Street, ein neues Theater, das sie Alvin nannten. Es war selbstverständlich, daß bei der Eröffnungsvorstellung ein neues Gershwin-Musical mit einer erstrangigen Besetzung uraufgeführt wurde. Das Stück erhielt den Namen *Funny Face*. Fred und Adele Astaire und Victor Moore brillierten in den Hauptrollen. Der Premiere am 22. November 1927 folgten noch 243 Wiederholungen. Allerdings mußte die allzu alberne Geschichte vom Mädchen Frankie und ihrem Leibwächter Jimmy nach den ersten Aufführungen textlich nochmals überarbeitet werden, um den dreizehn Gershwin-Songs wenigstens einen einigermaßen schicklichen Rahmen zu geben. In der weit gelungeneren Neufassung begeisterte *Funny Face* keinen Geringeren als Maurice Ravel, der Anfang 1928 erstmalig Amerika besuchte.

Die Arbeit an dieser Musical Comedy hätte sich allein wegen eines einzigen Songs gelohnt, der die Zeiten überdauerte und fortan zu den berühmtesten Liedern Gershwins zählte: *'S Wonderful.*

Moderato

's won - der - ful! _____ 's mar - vel - ous!

legato

You should care _____ for me!

Den lächelnden Optimismus dieser kleinen, lässig dahinfließenden Komposition kann man schon nach dem ersten Hören nicht mehr vergessen, zumal sich die melodische Wendung des Titels sofort einprägt. Ein anderer Song, der von einem Spießer und einem Hohlkopf handelt, *The Babbit and the Bromide*, ist vor allem durch Iras prägnante, lustige Textphrasen effektvoll, aber auch wegen eines musikalischen Unikums erwähnenswert: George Gershwin hängt dem Refrain jeweils eine köstliche kleine Instrumentalpolka an!

Eine bereits etwas zurückliegende Begebenheit ist noch nachzutragen: die Komposition und erste Aufführung der Klavier-Préludes. Seit dem *Konzert in F* hatte Gershwin keine »absolute« Musik mehr geschrieben. Nun griff er in fünf Préludes auf den virtuosen Klaviersatz wieder zurück. Drei von ihnen, die später veröffentlicht wurden, nahmen viele große Pianisten als effektvolle Bereicherung in ihre Programme auf. Der berühmteste amerikanische Geiger seiner Zeit, Jascha Heifetz, bearbeitete sie für sein Instrument, ja, die Préludes wurden sogar mehrfach orchestriert.

Die erste Aufführung fand am 4. Dezember 1926 in New York statt, innerhalb eines Liederabends der peruanischen Altistin Marguerite d'Alvarez. Gershwin selbst spielte zunächst eine Soloklavierfassung der *Rhapsody in Blue*, begleitete die Sängerin dann bei einer Gruppe seiner Songs, die sie neben spanischen und französischen Kunstliedern sang, und ließ zum Schluß seine neuen Klavierstücke folgen. Mit diesem Klavier- und Gesangsprogramm gingen sie anschließend auf eine Konzerttournee. In Marguerite d'Alvarez hatte Gershwin nicht nur eine vorzügliche Interpretin seiner Lieder gefunden, sondern überhaupt eine fanatische Anhängerin seiner Kunst. Einem Gegner aller jazzbeeinflußten Musik sagte sie einmal, sie wünschte sich nichts sehnlicher, als daß man nach ihrem Tode an ihrem Grabe Gershwins Klavierkonzert spiele.

Die drei berühmt gewordenen Préludes bilden in der Folge schnell – langsam – schnell ein wirksames Ganzes. Die beiden kurzen *Allegro*-Stücke wünscht sich Gershwin *sehr rhythmisch und entschlossen* vorgetragen. Besticht das erste in B-Dur durch seine kecke Melodie, die einem fröhlichen Charleston durchaus verwandt ist,

so fesselt das letzte in Es-Dur durch seine zugespitzte Rhythmik und heiter-ausgelassene Virtuosität.

Die Seele der kleinen Präludienfolge ist aber das Mittelstück, ein etwas ausgedehnteres *Andante* in cis-Moll, in dem sich eine eindrucksvolle, leicht melancholische Bluesmelodie mit dezentem Rubato entfaltet.

Der interessante harmonische Hintergrund ist durch gleichbleibende Akkordfolgen bewußt monoton gehalten, wodurch der verträumte Charakter der Melodie noch unterstrichen wird.

Ein Amerikaner
in Paris

In seinem dreißigsten Lebensjahr entschloß sich Gershwin, Europa etwas gründlicher kennenzulernen. Denn seine früheren Aufenthalte in London, die meist der Einstudierung seiner Musicals galten, hatten ihm kaum Zeit gelassen, sich richtig umzusehen. Ein kurzer Abstecher von London mit dem Flugzeug über den Kanal (1923!) bis nach Paris war der einzige private Luxus, den er sich auf dem europäischen Kontinent bisher geleistet hatte. Diese flüchtige Begegnung mit Paris, der ebenso traditionsreichen wie weltaufgeschlossenen Metropole aller Künste, gab jedoch den entscheidenden Impuls bei seinen neuen Reiseplänen. Als Musikstadt war Paris in den zwanziger Jahren das Zentrum der »Moderne«. Hier wirkte damals die französische Komponistengruppe »Les Six«, die unter dem Einfluß des Dichters Jean Cocteau stand und sich zu einem neoklassizistischen Musizierideal bekannte: sechs junge Musiker, zu denen unter anderen Darius Milhaud, Arthur Honegger und Francis Poulenc gehörten. Strawinsky lebte hier und für einige Jahre auch Prokofiew. Und vor allem war Paris auch die Stadt Maurice Ravels.

Wie sollte es einen jungen Komponisten vom Schlage Gershwins nicht verlocken, in dieser Atmosphäre einige Zeit zu leben! Um den aufpeitschenden Rhythmus New Yorks einmal mit dem geruhsameren Tempo der Alten Welt zu vertauschen, verließ er Amerika für sechs Monate – wahrlich genug Zeit, um neue Eindrücke zu sammeln. Vielleicht würde sich gar einer seiner berühmten europäischen Kollegen bereitfinden, ihn zu unterrichten; denn nach wie vor gehörte es zu Gershwins brennendsten Wünschen, sein theoretisches Fundament noch zu festigen. Insgeheim trug er sich natürlich auch mit neuen Kompositionsplänen, die er in Europa zu verwirklichen gedachte. Sein Schaffensdrang ließ sich schließlich nicht einfach ein halbes Jahr lang unterdrücken.

Paris um 1930

Die große Europareise erstreckte sich über den ganzen Frühling und Sommer des Jahres 1928. George wurde von seinem Bruder Ira, dessen Frau Leonore und von seiner Schwester Frances begleitet. Das erste Ziel nach der Überquerung des Atlantiks war London. Glücklich, daß ihn hier diesmal nicht die anstrengende Arbeit einer Premierenvorbereitung erwartete, brannte er begierig darauf, eine der bereits laufenden Vorstellungen von *Oh, Kay!* zu sehen, zumal auch hier – wie vorher in New York – die herrliche Gertrude Lawrence die Titelrolle verkörperte. Dann war er Ehrengast bei einem extra arrangierten Gershwin-Abend im Kit-Kat-Nachtklub. Aber trotz der vielen Ehren, die man ihm erwies, und trotz der guten Freunde, die er in England hatte – diesmal hielt es ihn nicht allzu lange in London. Am 25. März 1928 ließ Gershwin mit seinen Reisegefährten die britische Insel hinter sich und betrat in Calais französischen Boden. Nun konnte er es kaum noch erwarten, Paris wiederzusehen.

Der Aufenthalt an der Seine begann sogleich mit einer freudigen Überraschung. Auf einem seiner ersten Spaziergänge durch die Stadt entdeckte Gershwin nämlich seinen Namen an den Plakatsäulen: für den 31. März wurde ein Sinfoniekonzert im Théâtre Mogador angekündigt, mit seiner *Rhapsody in Blue* im Programm! Von der Aufführung selbst war der Komponist dann allerdings weniger befriedigt. So sehr es ihn auch mit Stolz erfüllte, daß sein Werk nach Bachs c-Moll-Konzert für zwei Klaviere gespielt wurde, so sehr ärgerte ihn die Eigenmächtigkeit der beiden Bach-Interpreten, den Solopart seiner *Rhapsody in Blue* auf zwei Klaviere zu verteilen. Und außerdem wurde seine Rhapsodie von einem viel zu kleinen Orchester klanglich nur ganz unvollkommen wiedergegeben. Ja, eine Partitur schien überhaupt nicht vorhanden zu sein, denn der Dirigent Rhené-Baton hatte nur den Klavierauszug auf dem Pult liegen! Gershwin war mit Recht entsetzt. Doch die Substanz seiner Musik siegte über alle Tücken der Aufführung. Der Beifall der Pariser war enthusiastisch. Die beiden Pianisten, Wiener und Doucet, versöhnten den schockierten Komponisten, indem sie als Zugabe seinen Song *Do, Do, Do* spielten.

Eine nette Anekdote über dieses Konzert hat Ewen in seiner Gershwin-Biographie überliefert: der verstörte Komponist wollte dem seiner Meinung nach unausbleiblichen Fiasko nicht mit beiwohnen und floh deshalb ins Theaterrestaurant. Doch nach dem letzten Takt rief das Publikum wie besessen seinen Namen (Iras Kommentar[41]: *Es war mir ein Rätsel, woher sie wußten, daß George im Saal war*). Natürlich ließ sich Gershwin nicht lange bitten und zeigte sich auf der Bühne. Der amerikanische Kritiker Deems Taylor, der diesem Pariser Konzert beiwohnte, ohne von Georges Europareise eine Ahnung zu haben, bemerkte trocken zu einem Freunde[42]: *Du kannst dich immer auf George verlassen – wenn es sich zu verbeugen gilt, ist er da!*

Wenige Tage später, am 16. April, konnte er im Théâtre des Champs Élisées der Ballettpremiere seiner *Rhapsody in Blue* beiwohnen. Der junge, aber damals bereits berühmte englische Tänzer Anton Dolin hatte zu Gershwins Musik eine Art Handlung erfunden, die allegorisch den »Kampf« zwischen Jazz und klassischer Musik darstellen sollte, wobei der Jazz – ehe er endgültig

---

[41] Ewen I, S. 130
[42] ebda., S. 130

Paris um 1930

siegte! – erst einmal unterlag. Dolin war nicht nur der Choreograph, sondern gleichzeitig auch der Solotänzer als Darsteller des
Jazz, während die klassische Musik von der großartigen Vera
Nemtschinowa verkörpert wurde, einer Tänzerin, die wie Dolin
den »Ballets Russes« des großen Diaghilew entstammte (bei der
Pariser Uraufführung von Strawinskys *Pulcinella* im Jahre 1920
tanzte sie die Rosetta).

Aber nicht genug damit. Im folgenden Monat hatte Gershwin
nochmals die Möglichkeit, Zeuge seiner wachsenden Popularität
in der europäischen Öffentlichkeit zu werden. Am 29. Mai wurde
nämlich – erstmalig in Europa – sein *Klavierkonzert in F* gespielt.
In der Pariser Oper dirigierte Wladimir Golschmann zunächst
Webers *Euryanthe*-Ouvertüre, dann folgten Liszts Klavierkonzert
in A-Dur, eine Komposition von Gershwins amerikanischem Kollegen Aaron Copland und als krönende Schlußnummer das *Konzert in F*. Der Klaviersolist von Liszts und Gershwins Werk war
Dmitri Tiomkin. Es war das erste Mal, daß Gershwin seinen
Solopart von einem anderen gespielt hörte. Der Erfolg war trium-
phal. Selbst die Presse überschlug sich vor Begeisterung.

Auch Gershwin-Songs erklangen damals in Paris – allerdings
hießen die Interpreten diesmal Gershwin. Georges Schwester
Frances hatte ein kleines Engagement im Nachtklub Les Ambassa-
deurs angenommen, wo sie Lieder ihres Bruders sang, von ihm
selbst am Flügel begleitet. Sie war damals erst 21 Jahre alt.
Gershwin liebte ihre kleine, etwas heisere Stimme ganz besonders,
er fand, daß sie für den Stil seiner Songs geradezu ideal sei, vor
allem, weil es »seine kleine Frankie« verstand, den Rhythmus
exakt durchzuhalten. Sie trat übrigens auch am Broadway einige
Male öffentlich auf.

Die Zeit in Paris verging wie im Fluge. Der geschäftige Gershwin
konnte nicht so vom New Yorker Tempo lassen, wie er es vielleicht
wollte, er machte Besuche über Besuche, eilte zu Empfängen und
ließ sich vor allem keine Gelegenheit entgehen, mit prominenten
europäischen Komponisten zusammenzutreffen, ganz gleich, ob es
nun Darius Milhaud, Georges Auric oder Francis Poulenc war.
Und er nutzte dabei jede Möglichkeit, ihnen seine Musik vorzuspielen. Er traf auch mit Sergej Prokofiew zusammen, der in seinen
Pariser Jahren Ballette für Diaghilew komponierte und gerade an
einer zweiten Fassung seiner Dostojewski-Oper *Der Spieler* arbeitete. Stärker als von Gershwins Klavierkonzert, das sich Prokofiew
nicht hatte entgehen lassen, war er nun von den kleinen Komposi-

Der Boulevard Haussmann, Paris, Ende der Zwanziger Jahre

tionen, von den Liedern beeindruckt, die ihm Gershwin vorspielte. Besonders faszinierten ihn einige schöne melodische Wendungen, die Gershwin seiner Meinung nach auch in »ernsten« Kompositionen viel Erfolg einbringen würden. Gerade weil Prokofiew von Gershwins außergewöhnlichem Talent fest überzeugt war, riet er seinem um sieben Jahre jüngeren Besucher, doch von »dollars and dinners« abzulassen. Welch weiser Rat eines ernsthaft ringenden Künstlers, der die Licht- und Schattenseiten eines erfolgreichen Musikerdaseins bereits in aller Welt erfahren hatte, in seiner russischen Heimat, in Japan, in Amerika und nun hier in Paris.

Gershwin erhielt schließlich auch eine Einladung von Maurice Ravel, den er erst vor wenigen Monaten in Amerika kennengelernt hatte. Ravel war damals mit Gershwins Musical *Funny Face* bekannt geworden, und voller Bewunderung hatte er seine New

Die Place de l'Opéra 1928

Yorker Gastgeberin Eva Gauthier darum gebeten, zu dem kleinen
Festempfang an seinem 53. Geburtstag auch Gershwin einzuladen.
So wie er damals mit der ganzen ihm eigenen Begeisterungsfähig-
keit für Ravel seine Musik spielte, daß dieser aus dem Staunen
nicht herauskam, so tat er es auch diesmal hier in Montfort bei
Paris, wo Ravel wohnte. Die Begeisterung des großen französischen Komponisten war so ehrlich und spontan, daß es Gershwin
jetzt wagte, seinen geheimen Wunsch auszusprechen: Er bat Ravel
um Unterrichtsstunden. Doch da erhielt er prompt die berühmt
gewordene Gegenfrage zur Antwort[43]: *Warum wollen Sie ein
zweitrangiger Ravel werden, wo Sie doch ein erstrangiger Gershwin*

[43] Ewen II, S. 125

sind? Wie Ravel, der damals gerade an seinem *Bolero* für das Ballett von Ida Rubinstein arbeitete, komponierte auch Igor Strawinsky im Auftrage dieser berühmten Tänzerin an einem neuen Werk, dem Tschaikowsky huldigenden Ballett *Der Kuß der Fee.* Gershwin versuchte auch bei diesem Meister sein Glück, als Schüler unterzukommen. Dabei soll sich – es ist wohl nicht ganz verbürgt, aber doch gut denkbar – folgendes Kurzgespräch entwickelt haben: *Wieviel verdienen Sie denn mit Ihrer Musik, George?* fragte Strawinsky. *Oh – vielleicht ein bis zweihunderttausend Dollar im Jahr!* Strawinsky, seine ironisch-spitze Zunge nicht bezwingend: *Nun, da möchte ich lieber bei Ihnen lernen!*[44]

So schlugen alle Versuche, bei anderen noch etwas hinzuzulernen, fehl. Sicherlich war es gut so und für die damals doch schon ganz eigene Handschrift Gershwins nur von Nutzen. Große Persönlichkeiten hätten seinen Stil, sein unbekümmertes Draufloskomponieren, nur verderben können. Die Atmosphäre der Seinestadt gab Eigenes genug, um Gershwin anzuregen und zu höchsten Leistungen anzuspornen. Paris beflügelte seine Phantasie zu einem seiner schönsten Werke, das trotz der vielen Ablenkungen in seinem Hotelzimmer zu allmählicher Reife gedieh: eine Tondichtung für großes Orchester, die er *An American in Paris* nannte.

Dieser Amerikaner in Paris war natürlich kein anderer als Gershwin selbst. Alles, was hier auf ihn einstürmte, versuchte er in Töne zu bannen. Er brachte sein neues Orchesterwerk bis zum Mittelabschnitt fertig, einem sehnsuchtsvollen Blues-Teil. Natürlich konnte er seinen Verwandten und Freunden nur einen unvollkommenen Eindruck vermitteln, wenn er ihnen einiges auf dem Klavier vorspielte, denn wie kaum in einem anderen seiner Werke hängt die Wirkung des *Amerikaners in Paris* von der höchst geistreichen und vergnüglichen Instrumentation ab. Deshalb war es recht voreilig von Vernon Duke, das Gehörte sogleich zu bemängeln und festzustellen, in dieser Musik sei zu viel Sacharin. Gerade davon hatte diese klare, spritzige Partitur nichts, wenn man den Blues schon »süß« nennen wollte, dann war er jedenfalls aus echtem Zucker, nicht aus Sacharin! Zum Glück war ein Mann Zeuge dieses Gespräches, der in musikalischen Geschmacksdingen ein gewichtiges Wort mitreden konnte und Gershwin auch sogleich riet, ja nicht auf Duke zu hören und an der Musik des

---

[44] Ewen II, S. 125f.

Amerikaners etwas zu ändern. Der hier Gershwin bestärkte, war der englische Komponist William Walton.

Eines Tages wurde Gershwin in seinem Pariser Quartier, dem Hotel Majestic, von Leopold Stokowski besucht, dem großen Dirigenten aus Philadelphia. Dessen unermüdlicher, selbstloser Einsatz für die zeitgenössische Musik war damals schon genauso sprichwörtlich wie seine gefürchteten, aber manchmal auch ans Lächerliche grenzenden Starallüren. In all seiner Zwiespältigkeit war er aber doch ein genialer Pultvirtuose und ein zauberischer Klangmagier! Natürlich sah er sogleich in Gershwins neue Partitur hinein – und war beim ersten Blick fasziniert. Diese Musik wollte er unbedingt uraufführen. Doch Gershwin mußte ihm bedauernd mitteilen, daß er sein neues Orchesterwerk bereits Damrosch in New York versprochen hatte. Da derart große Dirigenten meist aber nur darauf erpicht sind, eine Uraufführung, nicht jedoch eine Reprise zu dirigieren, verlor auch Stokowski im Augenblick die Lust an der Sache. Als hätte er sie nie gut gefunden, legte er die Partitur beiseite.

Wenn es eine Stadt in der Welt gibt, die vor allen andern den Ruf für sich in Anspruch nehmen darf, die mit der reichsten Musiktradition zu sein, dann ist dies Wien. Mozart, Beethoven, Schubert, Johann Strauß, Brahms – die Namensliste derer, die hier lebten und wirkten, ließe sich beliebig fortsetzen. Diese musikdurchtränkte Luft zu atmen, die Wege und Stätten der Größten selbst zu betreten, gehörte natürlich zu Gershwins Wünschen. Und sicher würde er auch einige Nachfahren der Wiener Altmeister kennenlernen können! Also fuhr er von der Seine an die Donau.

Er mietete sich im Hotel Bristol ein und arbeitete fleißig weiter am *Amerikaner.* Zwei der damaligen Wiener Operettenfürsten gehörten zu den ersten Bekanntschaften, die Gershwin in Österreich machte. Er, der selbst so viel für die heitere Musikbühne schrieb, war natürlich auf die Männer besonders neugierig, die jene »großen alten Schwestern« des amerikanischen Musicals – Operetten genannt – komponierten. Er lernte Franz Lehár kennen, der gerade seine *Friederike* komponierte, und Emmerich Kálmán. Kálmán nahm sich Gershwins mit besonderer Freundlichkeit an, denn es lag ihm viel daran, seine eben nach Amerika geknüpften Beziehungen zu festigen (im Vorjahr hatte er für »drüben« einiges komponiert, für die Operette *Golden Dawn*). Eines Abends lud er Gershwin zu einem Besuch des weltberühmten Café Sacher ein. Kaum hatte die kleine Gesellschaft, zu der

In Wien

Wien, Café Sacher
Hinten sitzend Ira, seine Frau Leonore, George, Emmerich Kálmán

natürlich auch Ira Gershwin gehörte, das altehrwürdige Lokal betreten, als die Kapelle auch schon die Anfangstakte der *Rhapsody in Blue* intonierte. Eine nette Geste – wenn sie auch sicherlich vorher von Kálmán arrangiert worden war!

Gershwin ließ es sich nicht nehmen, die betagte Witwe des Wiener Walzerkönigs Johann Strauß zu besuchen. Interessiert hörte er ihre Anekdoten über den *Zigeunerbaron*-Komponisten, den Richard Wagner *den musikalischsten Schädel des 19. Jahrhunderts* genannt hatte. Doch auch Gershwins eigene Erfolge schienen der alten Dame nicht unbekannt zu sein, und sie hatte wohl eine recht illusorische Vorstellung von amerikanischen Dollars; denn zum Schluß bot sie ihrem Gast aus New York das Manuskript der *Fledermaus*-Partitur für eine so sagenhafte Summe an, daß Gershwin – ohne unhöflich zu sein – so schnell wie möglich das Weite suchte.

Das damalige Wien schwelgte aber nicht nur in alten Erinnerungen und in neuer Operettenseligkeit, sondern es wurde verschiedentlich auch recht radikal aus seiner gutbürgerlichen Gemütlichkeit herausgerissen. Hatte schon um die Jahrhundertwende ein Mann wie Gustav Mahler mit alten Konventionen ziemlich aufgeräumt, so war es wenig später der Kreis um Arnold Schönberg, der mit seinen neuen kompositorischen Bestrebungen schon vor dem Ersten Weltkrieg begann, die alte k.u.k. Behaglichkeit mit einigen unsanften Dissonanzen zu würzen. Das Zeitalter des musikalischen Expressionismus war damals angebrochen. Obwohl Gershwin selbst in dieser Richtung niemals ernsthafte kompositorische Versuche unternommen hatte, interessierte er sich doch sehr für die Ergebnisse der Wiener Neuerer. Begeistert nahm er deshalb die Einladung Alban Bergs an, des bedeutendsten Schönberg-Schülers und Komponisten der Oper *Wozzeck*, ihn zu besuchen und sich eines der typischen Werke jener Stilrichtung anzuhören: Bergs eigene *Lyrische Suite* für Streichquartett, die 1926 entstanden war. Rudolf Kolisch und seine Quartettgenossen, die in Bergs Wohnung das äußerst komplizierte Werk musizierten, fanden in Gershwin einen ungewöhnlich aufmerksamen und dankbaren Zuhörer, der ohne Umschweife zugab, wie sehr er diese Musik genoß (ohne sie vermutlich recht zu verstehen). Umgekehrt hatte er aber nicht viel Hoffnung, mit seiner eigenen Musik bei Berg auf Gegenliebe zu stoßen. Trotzdem spielte er einige seiner Lieder und war höchst überrascht, daß Berg sich in hellsten Tönen der Begeisterung äußerte. Aber Berg verfocht ja keineswegs irgendeine bestimmte Ideologie. Die Unterhaltung mit Gershwin beendete Berg mit der schlichten Feststellung *Musik ist Musik*[45].

Noch ein anderes Werk der neuesten Wiener Musikproduktion konnte Gershwin in diesen Tagen hören: Ernst Křeneks »Jazzoper« *Jonny spielt auf*, die im Vorjahr in Leipzig uraufgeführt worden war und nun mit sensationellem Erfolg über viele Bühnen ging, auch über die der altehrwürdigen Wiener Staatsoper. Da sich Gershwin ja selbst mit dem Problem »Jazz und Kunstmusik« sehr intensiv beschäftigt hatte, war er natürlich überaus neugierig, wie ein Europäer, noch dazu der Schwiegersohn Gustav Mahlers, diese

[45] Ewen I, S. 133

Aufgabe lösen würde. Im Endeffekt fand er die Mischung von Puccini-Kantilenen und Jazz-Elementen, wie sie Křenek hier zubereitet hatte, interessant und hörenswert. Doch waren die Eindrücke dieses *Jonny* keineswegs stark genug, um später auf Gershwins eigene Opernarbeit einzuwirken.

Auf der Rückreise von Wien, die wieder über Paris führte, orchestrierte Gershwin bereits einen Teil seines *Amerikaners.* Als er Ende des Sommers in die Vereinigten Staaten zurückkehrte, hatte er jedenfalls als wertvollstes Gepäck das beinahe schon vollständige Manuskript eines neuen, großen Werkes im Koffer. Nach seiner Ankunft in New York gab er der Zeitschrift *Musical America* ein Interview, in dem er über seine jüngste Komposition berichtete:

Dieses neue Werk – eigentlich ein rhapsodisches Ballett – ist sehr frei komponiert, es ist die modernste Musik, die ich bisher schrieb. Der Eröffnungsteil ist in typisch französischem Stil entwickelt, in der Art von Debussy und den »Sechs«, obwohl die Themen alle original sind. Es ist meine Absicht, die Eindrücke eines amerikanischen Reisenden wiederzugeben, der durch Paris schlendert, der auf den Straßenlärm hört und die französische Atmosphäre in sich aufnimmt. Wie in meinen anderen Orchesterwerken habe ich mich dabei nicht bemüht, irgendeine bestimmte Szene in Musik zu setzen. Die Rhapsodie ist nur in einem allgemein impressionistischen Sinne programmatisch, so daß jeder Hörer in die Musik hineindeuten kann, was ihm seine Einbildungskraft nur alles ausmalen mag.

Paris und seinen hellhörigen amerikanischen Besucher hat Gershwin mit viel gesundem Sinn für realistische Wirkung und überschäumender Vitalität in seiner Musik lebendig werden lassen. Wir spüren, mit wieviel entdeckungsfreudigem Elan sich der Fremde in den Trubel stürzt, wie er die ganze Atmosphäre mit Wohlbehagen auf sich einwirken läßt; wir entdecken ihn aber auch dabei, wie ihn plötzlich arges Heimweh überkommt (Gershwin drückt das in einem melancholischen Blues aus) und wie er sich am Ende doch wieder auf Zuhause, auf Amerika freut – an dieser Stelle erklingt ein echter Charleston!

All das hat Gershwin mit seiner Musik sehr klar zum Ausdruck gebracht. Es ist unnötig und stört beim Hören eher, als daß es hilft, wollte man dem Konzertpublikum ein detailliertes Programm in die Hand geben, was der Amerikaner in Paris im einzelnen alles erlebt und angestellt haben mag. Obwohl Gershwin nach seinen eigenen Worten keine »bestimmten Szenen« in Musik gesetzt hat, erlaubte er eigenartigerweise doch, daß auf dem Programmzettel der Uraufführung eine lange Geschichte abgedruckt wurde, die sich Deems Taylor als »Handlung« für den *Amerikaner in Paris* ausgedacht hatte. Es ist da unsinnigerweise Takt für Takt versucht worden, die Musik auszudeuten. Daß mehrere Male echte Pariser Taxihupen ordentlichen Krach machen, hört jeder selbst; daß unser amerikanischer Freund die Champs Élysées aber ausgerechnet »an einem milden sonnigen Morgen« hinabschlendert, daß er an diesem Café vorbeiläuft und in jenes einkehrt, daß er genau an dieser Stelle über eine Brücke aufs linke Seineufer geht und unbedingt gerade an jener den Eiffelturm erblickt – das alles aus Gershwins Musik herauslesen zu wollen, ist nicht nur nicht möglich, sondern unnötig. Das ist Sterndeuterei.

In einem Punkte hat sich Gershwin sogar selbst getäuscht, wenn er nämlich glaubte, er habe sein Stück im französischen Stil begonnen, in der Art Debussys und der Komponisten der Groupe des Six. Zumindest hat er sich dabei selbst unterschätzt. Denn auch in dieser Musik ist er ganz er selbst geblieben. Es ist Paris durch die Brille eines Amerikaners gesehen. Gewiß: diese Musik hat in ihrer witzigen Art einen Schuß französischen Esprit, sie hat in einigen Passagen auch etwas von der leicht spöttischen Art, wie sie einige der französischen »Sechs« in ihrer Musik liebten; aber: im Grunde hat Gershwins Musik doch alle die Merkmale behalten, die er selbst in seinen früheren Werken vorgeprägt hatte.

Er hat zu diesem Zeitpunkt einen so hohen Grad an handwerklicher Reife erreicht, eine solche Meisterschaft in der Beherrschung satztechnischer Künste und in der Handhabung einer brillant klingenden Orchesterpalette, daß man sich wahrlich fragt, was er theoretisch bei Ravel oder Strawinsky noch hätte lernen sollen. Kecke harmonische Wendungen (die frech als dissonante »Würze« eingesetzten Autohupen!) und rücksichtsloses Übereinanderschichten verschiedener motivischer Gedanken lassen den *Amerikaner in Paris* tatsächlich viel »moderner« erscheinen als die *Rhapsody in Blue* oder das *Konzert in F*. Bei aller Freizügigkeit der formalen Anlage sind die verschiedenen Episoden doch höchst konsequent miteinander verbunden und zu einer nahtlosen Einheit zusammengefügt.

Dennoch lassen sich in der Tondichtung drei Hauptabschnitte leicht erkennen. Den weiträumigen Eröffnungsteil (*Allegretto gra-*

zioso) beherrschen die »Pariser« Themen, die einmal das Spazie-
rengehen charakterisieren, wie das unternehmungslustige Hauptthema zu Beginn und später einige fröhliche Abwandlungen des-
selben, und die zum anderen die Geräusche der Stadt wiederge-
ben, wie die berühmten Pariser Taxihupen der zwanziger Jahre
(die Gershwin für amerikanische Aufführungen extra aus Paris
importieren ließ, und zwar in vier verschiedenen Tonhöhen!) oder
wie die knallige, von Posaunen geblasene »Tanzsaalmelodie«, die
noch aus dem vorigen Jahrhundert zu stammen scheint. Sehr
kunstvoll werden diese Themen und Motive alle verarbeitet, unterbrochen von einer besinnlichen lyrischen Episode mit einem eindrucksvollen Englischhornsolo. Die Art, wie das erste »Spazierthema« immer wieder eingefügt wird, erinnert von Ferne an die
Promenade aus Mussorgskijs *Bildern einer Ausstellung*; natürlich
wandert der Besucher der russischen Galerie viel ruhiger und
besonnener von Bild zu Bild als Gershwins Amerikaner, der Paris
in ungeduldiger Eile, stets mit einem Scherz auf den Lippen,
durchquert. Deshalb drückt Mussorgskijs *Promenade* gemessenes
Schreiten aus, Gershwins Paris-Thema dagegen nonchalante Hur-
tigkeit.

Auch ein zweites »Spazierthema« kehrt ebenfalls häufig wieder:
Kurz nach der Episode, in der die fröhliche »Tanzsaalmelodie« der
Posaunen erstmalig in Erscheinung tritt, stimmen die Klarinetten
den neuen Gedanken an, der mit seinen humorig hämmernden
Repetitionen bald durch die ganze *Amerikaner*-Partitur geistert.

Zweites »Spazierthema«

Tanzsaalmelodie

Etwa in der Mitte des Werkes beginnt der zweite Teil, der breit ausladende Blues. Einige Passagen der Solovioline leiten zu ihm über. Die klangselige, schwärmerische Melodie, die zuerst von der Trompete intoniert wird,

entfaltet sich über einem streng rhythmischen Untergrund. Gershwins Bluesmelodie hat die klassische dreiteilige Form des alten, schwermütigen Neger-»Volksliedes«, des Blues, wie er lange vor dem Jazz bestand: Sie ist 12 Takte lang, zweimal 4 Takte gleichen sich, die letzten vier bilden den Abgesang. Eines der charakteristischen Kennzeichen ist natürlich auch wieder die erniedrigte dritte Stufe der Tonleiter, eine der sogenannten Blue notes, durch die auch dieser Gershwin-Blues seine typische Atmosphäre erhält. Der Blues-Teil ist gleichzeitig der »langsame Satz« von Gershwins Werk (*Andante ma con ritmo deciso*). Die Melodie wird in mehreren Steigerungswellen zu hymnischer Pracht entfaltet. *Grandioso* steht über dem Gipfelpunkt der Entwicklung. Und dann ist es wiederum die Solovioline – diesmal mit einer eigenartig gewundenen chromatischen Passage –, die in den folgenden Hauptteil hinüberleitet.

Im *Allegro*-Tempo bricht dann ein Charleston herein, in der Art jenes ausgelassenen Tanzes der dunklen Bevölkerung Süd-Carolinas, der in der Mitte der zwanziger Jahre als Gesellschaftstanz auch nach Europa kam. Eine Trompete schmettert ihn, von einer zweiten als Akzentgeberin effektvoll unterstützt.

Später wird er mit stürmischem Schwung vom ganzen Orchester aufgegriffen. Seine rhythmische Kraft entlädt sich schließlich in einem eruptiven Ausbruch. Dann kehrt der Blues wieder, noch klangkräftiger als zuvor, fast etwas aggressiv – als sei er vom Charleston angesteckt worden. Natürlich lassen auch die »Spazierthemen« nicht auf sich warten, die Taxihupen schrillen wieder auf, alles Geschehen wird noch einmal kurz zusammengefaßt und auf höchst unkonventionelle Weise beendet.

Ein Amerikaner in Paris wurde am 13. Dezember 1928 in New York uraufgeführt. Es war nun schon nichts Ungewöhnliches mehr, daß ein Gershwin-Werk in der Carnegie Hall Premiere hatte. Walter Damrosch dirigierte diesmal das New Yorker Philharmonische Orchester, das bei Gershwins neuer Komposition in voller Besetzung antreten mußte, mit viel Schlagwerkern, die auch die Automobilhörner bedienen mußten, und zusätzlich drei Saxophonisten, die ihre Instrumente beim Blues als wichtige Klangfarbe einzusetzen hatten. Im ersten Teil des Konzerts erklangen die d-Moll-Sinfonie von César Franck und ein Streicher-*Adagio* von dessen Schüler Guillaume Lekeu. Nach der Pause folgte die Uraufführung von Gershwins *Amerikaner* und zum Schluß (welch seltsame Programmgestaltung!) Wagners *Feuerzauber* aus der *Walküre*.

Das beste Stück der modernen Musik seit Gershwins »Concerto in F« schrieb der Kritiker Samuel Chotzinoff[46] über den *Amerikaner in Paris*. Die meisten seiner Kollegen hatten eine ähnlich hohe Meinung von dem Werk, zu dessen berühmtesten Interpreten bald auch Arturo Toscanini zählte (der übrigens sehr geschickt bei einer Schallplattenaufnahme des Werkes mit seinem NBC-Symphony-Orchestra eine wichtige Partie retuschierte: Die Gegenstimme der zweiten Oboe und des Englischhorns zum breiten Streichermelos inmitten des Charlestonteiles verstärkte er wirkungsvoll durch eine

---

[46] Ewen II, S. 129

Trompete). 1955 schrieb Gilbert Chase in seinem umfassenden Buch *America's Music* über das Werk[47]: *Mit dieser Tondichtung, die den Geist eines ganzen Jahrzehnts widerspiegelt, schuf Gershwin ein musikalisches Paradoxon, nämlich eine Zeitmusik, die immer zeitgemäß sein wird.* Der namhafte französische Komponist Francis Poulenc bekannte in einem Interview, daß Gershwins *Amerikaner in Paris* eine seiner Lieblingskompositionen der Musik des 20. Jahrhunderts sei. Neben der *Rhapsody in Blue* unterstreicht jedenfalls kein Orchesterwerk Gershwins Bedeutung für die Musik seiner Heimat deutlicher als der *Amerikaner in Paris*, ja, er übertrifft die ältere Komposition noch durch den Reichtum seiner melodischen Einfälle und durch die kunstvollere Verarbeitung der Gedanken in einem bravourösen orchestralen Gewand. Mit Schmunzeln liest man heute über die Uraufführung von 1928 eine der »klassischen« negativen Kritiken, die sich mit so berühmten Fehlurteilen, wie: *Die Kunst, ohne Einfälle zu komponieren, hat entschieden in Brahms ihren würdigsten Vertreter gefunden* (Hugo Wolf), durchaus messen kann; denn Herbert F. Peyser nannte Gershwins *Amerikaner* eine *ekelhafte Effekthascherei, so geistlos, zusammengestoppelt, mager, vulgär, langatmig und leer, daß sich selbst durchschnittliche Kinobesucher langweilen würden . . . Diese billige und törichte Angelegenheit, nichtig und unpassend, erregt eher unser Mitleid*[48].

---

[47] hier zitiert nach der unter dem Titel *Die Musik Amerikas* 1958 in Berlin erschienenen deutschen Ausgabe, S. 562
[48] zitiert nach Ewen I, S. 138

Der Mieter
im Wolkenkratzer

George Gershwin war ein gutaussehender Mann, keine Schönheit, aber eben doch eine auffallende Erscheinung, schlank und elastisch. Sein Gesicht wurde vor allem von einer scharf geschnittenen Adlernase geprägt, von einer hohen Stirn, zwei lebhaften, aber doch gutmütig dreinblickenden Augen und einem Mund, der immer ein wenig zu lächeln schien. Sein dunkles Haar glänzte und war stets straff zurückgebürstet.

Sein Wesen war so einfach und bescheiden, daß man niemals geglaubt hätte, einem berühmten oder gar reichen Mann gegenüberzustehen. Seiner natürlichen Art fehlte jede Spur von Arroganz. Er scheute sich niemals, von seiner einfachen Herkunft aus der New Yorker East Side zu erzählen, von seinen höchst bescheidenen Anfängen als Song Plugger in der Tin Pan Alley.

Konnte man es ihm aber verdenken, daß er seine bedeutenden Einnahmen nicht nur dazu benutzte, andere zu unterstützen (das tat er sein Leben lang mit größter Selbstverständlichkeit), sondern auch, um sich selbst angenehme Lebensumstände zu schaffen? Er bewohnte jetzt, 1928, im Jahr des *Amerikaners in Paris*, eine luxuriöse, modern eingerichtete Wohnung im 17. Stockwerk eines Wolkenkratzers am Riverside Drive. Von der Terrasse hatte er einen herrlichen Blick hinunter auf den Hudson River und weithin über die Stadt.

Er war vorher schon mehrere Male umgezogen. In der Zeit seines ersten Erfolgsschlagers *Swanee* wohnte er in der 144th Street, wenig später, nach den ersten geglückten Versuchen am Broadway, zog er samt Eltern und Geschwistern in den Westen der Stadt, an die Kreuzung der 110th Street und Amsterdam Avenue. Die Breitenwirkung der *Rhapsody in Blue* und der daraus entstandene Gewinn ermöglichten es dann schon ein Jahr nach ihrer Uraufführung, also 1925, daß sich die Gershwins ein fünfstöckiges

Haus in der 103rd Street kaufen konnten. Das war bereits in der Nähe des Riverside Drive. Hier herrschte nun schon jene typische Gershwin-Atmosphäre mit all ihrem Trubel, den George zwar liebte, dem er sich bei dringenden Terminarbeiten aber doch entziehen mußte; aber deswegen sperrte er das Haus nicht etwa für die Besucher, sondern er mietete sich für einige Tage in einem nahegelegenen Hotel ein.

Der erste Anziehungspunkt für die ständigen Gäste, zu denen durchaus nicht nur die Freunde oder näheren Bekannten zählten, war das Billardzimmer im Erdgeschoß des weißen Granithauses. Es lag neben dem Empfangsraum, in dem sich hauptsächlich die Jugend aus der Nachbarschaft traf. Ein Stockwerk höher lagen die Wohn- und Speiseräume der Familie, darüber in zwei Geschossen die Schlafzimmer. Den vierten Stock bewohnte Ira, der 1926 Leonore Strunsky geheiratet hatte. Ganz oben thronte George in seinem Reich; am Fenster des Kaminzimmers stand sein geliebter Steinway-Flügel, seine Manuskripte lagen in eigens dafür entworfenen, eingebauten Wandschränken, ein großes Pariser Plakat, das sein Konzert ankündigte, schmückte den Raum. Auch sein Schlafzimmer hatte er hier oben.

Ein alter Freund Gershwins, der Journalist Behrman, hat einmal einen kleinen Aufsatz veröffentlicht, den Ewen in seine Gershwin-Biographie übernahm, weil er für die Atmosphäre bei Gershwin so Typisches aussagt. Im Journal *The New Yorker* vom 25. Mai 1929 beschrieb Behrman seinen Versuch, George in der 103rd Street zu besuchen: Weil langes, ungeduldiges Klingeln nichts half, öffnete er sich schließlich selbst die Tür. Junge Leute, die er noch nie zuvor gesehen hatte, saßen da gemütlich beisammen und rauchten, andere spielten Billard. Auf seine Frage nach George oder Ira antwortete keiner, ein junger Mann machte lediglich eine knappe Handbewegung, die nach oben wies.

Ich ging eine Treppe höher und fand eine neue Gruppe. An einen von ihnen erinnerte ich mich vage von der 110th Street her, und ich fragte ihn, wo George und Ira seien. Er sagte, sie wären oben. Im dritten Stock fand ich Arthur (den jüngsten Gershwin-Bruder), der eben erst gekommen war und deshalb nicht wußte, wer im Hause war. Aber im vierten Stockwerk bekam ich endlich Antwort auf mein nun bereits gequältes Rufen. Ich hörte Iras Stimme, die mich nach dem fünften Stock heraufbat. »Wo ist George«, fragte ich finster. »Er nahm sein

Gershwin bei einem seiner Hobbies
als sportlicher Reiter

*altes Zimmer im Hotel um die Ecke. Er sagte, er möchte sein
Privatleben ein bißchen pflegen!«*[49]

Soweit Behrmans amüsanter Bericht, soviel über das Haus in der
103rd Street. Im Wolkenkratzerappartement ging es dann noch
lebhafter zu. Hier gab einer dem anderen die Klinke in die Hand
– ein Treiben wie im Taubenschlag. Für Gershwin waren die
Hausherrnpflichten hier weit härter, denn er wohnte nun nicht
mehr mit seinen Eltern und jüngeren Geschwistern zusammen, die
ihm doch einiges abgenommen hatten. Nur Ira und Leonore hatten
sich nebenan, in der angrenzenden Wohnung, eingemietet, die

[49] Ewen I, S. 99f.

man auch über die Terrasse erreichen konnte. Die ständige Zusammenarbeit der beiden Brüder machte das notwendig.

Gershwins Wohnung war mit betontem Raffinement eingerichtet. Farblich war alles sehr geschmackvoll auf Schwarz-Weiß-Kontraste abgestimmt; viel Chrom und indirekte Beleuchtung waren damals ebenso modern. George hatte sich sogar einen kleinen Turnsaal zugelegt, in dem er täglich trainierte, um in Form zu bleiben; denn er war ein leidenschaftlicher, aktiver Sportler, er liebte Boxen und Ringen, Schwimmen und Reiten und alle Arten von Spiel: Golf, Tennis, Krockett – nur beim Basketball hatte er Angst, seine »Klavierfinger« zu verletzen.

Viele Kunstgegenstände, die sich im Laufe der Zeit zu einer wertvollen Sammlung vermehrten, waren Gershwins ganzer Stolz. Innerhalb von zehn Jahren (bis zu seinem Tod) kam eine Kollektion von etwa einhundertvierzig Stücken zusammen, darunter sechzig Gemälde. Bilder von Gauguin, Picasso, Kandinski und Utrillo waren dabei. Gershwins Cousin, Henry Botkin, der für ihn so manches Bild in Europa erstanden hatte (er war ein vorzüglicher Kunstkenner), malte ein Bild, betitelt *An American in Paris*; es erhielt einen Ehrenplatz in Gershwins Wohnung, ebenso eine Bronzebüste, die Isamu Noguchi von ihm gemacht hatte (s. Abb. S. 6). Zu seinen Lieblingsstücken gehörten auch einige Negerskulpturen und seltene Steindrucke.

Da sich Gershwin in der Regel nur für das begeisterte, was er selbst praktizierte – die Musik, den Sport –, entwickelte sich auch eine ungeahnte Leidenschaft für die Kunst des Malens. Museen und Ateliers befreundeter Maler gehörten zu seinen bevorzugten Ausflugszielen. Seine Begeisterung für Farbe und Pinsel wurde von Botkin in ein paar elementaren Unterrichtsstunden auf die richtigen Wege gelenkt. Sein Vetter entdeckte in ihm viel Instinkt für Form und Farbe. Gershwin malte nun, was ihm zu Gesicht kam; er begann mit Stilleben, hielt dann den *Blick von der Terrasse* im Bilde fest, um schließlich in seinen letzten Lebensjahren sein Bestes in einigen Porträts zu geben: in den beiden Selbstbildnissen (eines davon, das berühmtere, mit Zylinder und Frack vor einer Staffelei stehend!), in den Bildern eines Negerkindes, seines Vaters, des verehrten Jerome Kern und des gut befreundeten Komponisten Arnold Schönberg. Er selbst hielt sich für *a modern romantic*[50].

---

[50] zitiert nach Ewen I, S. 156f.

Die Malpassion drohte zeitweilig fast die Musik zu verdrängen. Er plante, seine Bilder in einer eigenen Ausstellung der Öffentlichkeit zugänglich zu machen. Doch sollte er diesen Triumph nicht mehr erleben können. Erst ein halbes Jahr nach seinem Tode wurden seine siebenunddreißig Bilder in der Marie-Harriman-Galerie in New York City ausgestellt. Einer der bedeutendsten amerikanischen Kunstkritiker, Henry McBride, schrieb damals[51]: *Er war als Maler noch nicht wirklich groß, aber nur, weil es ihm noch an Zeit fehlte – denn er war entschieden auf dem Weg zu diesem Ziel. Er hatte alle Fähigkeiten . . . Wenn die Seele groß ist, muß auch alles groß sein, was von dieser Seele an Ausdruck ausstrahlt.*

Zurück zum Jahre 1928. Zur Einweihung der neuen Wohnung lud Gershwin alle ein, die seine musikalische Laufbahn hatten ebnen helfen: den Verleger Max Dreyfus, die Sängerin Eva Gauthier, Paul Whiteman und Ferde Grofé, die Dirigenten Walter Damrosch und Bill Daly, seine Meisterinterpreten Fred und Adele Astaire – von denen, die ihm nahestanden, fehlte niemand. Auf den Tischkarten standen neben den Namen der Freunde Zitate seiner bekanntesten Lieder. Das war ein Ausdruck des Stolzes, zu dem er nun wirklich berechtigt war.

Nach wie vor endete jede Party damit, daß Gershwin sich ans Klavier setzte und seine eigene Musik spielte und sang. Rouben Mamoulian, ein bekannter Regisseur, der später auch Gershwins Negeroper *Porgy and Bess* inszenierte, hat die Hingabe einmal beschrieben, mit der George auf Parties Klavier zu spielen pflegte[52]:

Ich habe eine Menge Pianisten und Komponisten auf zwanglosen Zusammenkünften spielen hören, aber ich kenne keinen, der es mit solch reiner Freude und Besessenheit tat wie er. George war die Lust am Klavierspielen angeboren. George am Klavier – das war ein glücklicher George! Er zauberte eine entzückende Melodie aus den Tasten gleich einem goldenen Faden. Mit diesem trieb er sein Gaukelwerk, warf ihn kunstvoll umher, verwob ihn zu ungeahnten, verwirrenden Bildern, band ihn zu Knoten, die er bald wieder löste und ließ ihn in einer Kaskade wechselvoller Rhythmen und Harmonien aufschäumen. Er hatte an seinem Spiel ebensolche Freude wie seine Zuhörer.

---

[51] zitiert nach Ewen I, S. 156f.
[52] zitiert nach Ewen II, S. 117f.

Selbstporträt 1932

Aber auf solchen Gesellschaften wurde natürlich nicht nur Gershwin gespielt. Er liebte ebenso den Tanz. Alle staunten über seine
ausgefeilte, sichtbar trainierte Schritttechnik; und da er auch
mimisch nicht unbegabt war, gab es den größten Spaß, wenn er
etwa Astaires Tanzkünste imitierte. Astaire war sprachlos, wie
selbst seine ausgefallensten Schritte von George exakt nachgeahmt
wurden! Jedoch nicht nur den Tanz, auch andere Eigenarten, wenn
möglich Verrücktheiten seiner Freunde vermochte er treffend
wiederzugeben oder auch zu karikieren. Zu diesem intimen Freundeskreis gehörten außer Behrman auch Vernon Duke, Samuel

Chotzinoff, die Komponistin Kay Swift und der Pianist Oscar Levant, ein vorzüglicher Jazzkenner und berühmter Gershwin-Interpret, ein geistreicher Mann mit spitzer Zunge, der seinen Freund Gershwin – hatte dieser unaufgefordert, aber um so länger seine Musik gespielt – damit neckte, er sei nicht nur in seine Musik, sondern auch in sich selbst verliebt!

Gershwin wird keine allzu große Ausnahme gewesen sein, wenn er als Komponist in seine Musik verliebt war. Vielleicht redeten die anderen nicht soviel davon. Aber so sehr seine Musik auch der ganze Inhalt seines Lebens war (wenn man von der zeitweilig aufgetretenen Vorliebe für die Malerei absieht) –, er bemühte sich stets, objektiv über seine Werke zu urteilen. Seine Freunde berichteten, daß er oftmals von sich selbst in der dritten Person sprach, wenn seine Musik der Gesprächsstoff war. Ewen hat später viele aus dem Gershwin-Kreis befragt. Keiner hatte Georges egozentrische Art jemals als unangenehm empfunden, weil sein natürlicher Charme und seine höflichen Manieren stets überwogen. Ja, alle würden etwas vermißt haben, wenn er nicht von seiner Musik und seinen Zukunftsplänen gesprochen hätte.

Es gehörte zu Gershwins Vorzügen, daß er nie schlecht über andere redete, vor allem nicht über Musiker. Mit seiner Begeisterung für Werke anderer Komponisten hielt er niemals hinter dem Berg zurück. Nach wie vor schwärmte er für Kern und Berlin. Als Kay Swift ihm einmal bewundernd sagte, sie finde seine Lieder abwechslungsreicher und ideenreicher als die von Berlin, hatte Gershwin nichts eiliger zu tun, als zu versuchen, ihr das Gegenteil zu beweisen: Eine Stunde lang spielte er ihr die verschiedensten Berlin-Lieder vor und machte sie auf diese und jene Schönheit besonders aufmerksam. *He's a master*[53], rief er immer wieder aus, während er weiterspielte. Er ließ sich niemals von seiner Meinung abbringen.

Von den Großen des Jazz verehrte er Duke Ellington am meisten. Das war kein Zufall; denn Ellington, ein Jahr jünger als Gershwin und gleich ihm nebenbei der Malerei verfallen, hatte viele Gedanken, die den seinen sehr ähnelten; zum Beispiel liebäugelte Ellington vielfach mit dem sinfonischen Jazz. Dieser bedeutendste Jazzdirigent seiner Zeit war nebenbei auch Komponist. Seine großen Werke weisen natürlich mehr echte Jazzeigenschaf-

[53] Ewen I, S. 146

Irving Berlin, Fred Astaire, Ginger Rogers

ten auf als Gershwins *Rhapsody in Blue* oder *Konzert in F,* vor allem in den Klangfarben. Eine seiner großen Kompositionen – sie heißt *Harlem* – hat Ellington für Toscanini geschrieben. Gershwin bewunderte vor allem die außergewöhnlich reiche Dynamik des Ellington-Orchesters, das ständig Neuschöpferische seines Spiels. Daß Ellington auf seine schwarze Hautfarbe betont stolz war und mit seiner Musik immer wieder entsprechende Themen zu gestalten versuchte, mag nicht zuletzt ein Grund für Gershwins bewunderndes Interesse gewesen sein.

Von den großen »klassischen« Komponisten der unmittelbaren Vergangenheit und Gegenwart liebte Gershwin vor allem

Debussy, speziell dessen Klavierpréludes. Intensiv beschäftigte er sich mit Orchesterpartituren wie Ravels *Daphnis und Chloé* oder Strawinskys *Feuervogel*. Besonders gern hatte er Prokofiews drittes Klavierkonzert und die erste Sinfonie von Schostakowitsch. An Honeggers berühmtem Lokomotivenstück *Pacific 231* begeisterte ihn die Zeitnähe der Stoffwahl (seine Beobachtung an der musikalischen Gestaltung faßte er in dem Satz zusammen: *Die Europäer haben kurze Ideen, aber sie verstehen sie auszuschlachten!*). Honeggers später entstandene Operette *Die Abenteuer des Königs Pausole* schätzte er wegen ihres eleganten Schwunges und ihres feinen Humors. Nachdem er einmal ein Streichquartett von Hindemith im Radio gehört hatte, sagte er zu seinen Freunden resignierend: *Ich bin der einzige hier, der so etwas liebt.* Er ließ es sich nicht nehmen, extra nach Philadelphia zu fahren, als Leopold Stokowski dort Alban Bergs *Wozzeck* herausbrachte; den Klavierauszug der Oper hatte er schon 1928 in Wien kennengelernt. In seinen letzten Lebensjahren interessierte sich Gershwin sogar für die Streichquartette Arnold Schönbergs – nicht nur aus Höflichkeit gegenüber seinem neuesten Freund und Tennispartner; denn er richtete sogar einen Fonds ein, der es jungen amerikanischen Komponisten ermöglichen sollte, bei Schönberg, dem Hauptvertreter der Zwölftontechnik, zu studieren.

Wenn im Freundeskreis die Rede auf große Komponisten der Vergangenheit kam, setzte sich Gershwin ans Klavier und spielte Bach oder Chopin, vor allem die Präludien der beiden Meister. Fand sich ein Partner zum Vierhändigspielen, dann wählte er meist ein Quartett von Mozart, das unvergleichliche C-Dur-Quintett von Schubert oder ein kammermusikalisches Werk von Brahms.

Gershwins Tagesverlauf kannte keinen feststehenden Stundenplan, obwohl jeder Tag bis zum Rande mit Arbeit und Verabredungen angefüllt war. Das Komponieren allerdings besorgte er regelmäßig am frühen Morgen, wenn der Lärm der Stadt noch nicht angebrochen war. Erst halb bekleidet setzte er sich dann ans Klavier, die unvermeidliche Zigarre im Mund, und arbeitete seine Ideen aus. Mit fanatischer Hingabe feilte er an seinen Melodien, die zu erfinden ihm absolut keine Mühe machte. Im Gegenteil: Ihm fiel oftmals so viel zu gleicher Zeit ein, daß er sich nicht retten konnte und deshalb an mehreren Projekten gleichzeitig arbeitete. Gedanken, die er im Augenblick nicht verwerten konnte, schrieb er hastig in ein Skizzenbuch. Als er ein solches einmal verlor, soll er sich nicht einmal geärgert haben!

Es wird berichtet, daß Vater Gershwin – in Zeiten, als die Familie noch gemeinsam unter einem Dache wohnte – die Arbeitsstunden seines Sohnes, dessen schneller Aufstieg zur Berühmtheit ihm wie ein Wunder erschien, mit rührender Teilnahme und Besorgnis vom Vorraum aus verfolgte. Beglückt lauschte er den verworrenen Klängen des Klaviers, aus denen immer wieder eine schöne Melodie erstand. Für Pausen, in denen George wahrscheinlich etwas niederschrieb, hatte er wenig Sinn. Ungeduldig glaubte er an ein Versagen der Inspiration; von schmerzvoller väterlicher Sorge erfüllt, hatte er den Wunsch, den schöpferischen Kampf seines Sohnes zu beenden. Ängstlich öffnete er die Tür, steckte seinen Kopf ins Zimmer, pfiff schnell irgendeine fragmentarische Tonfolge und fragte[54]: *Does that help you, George? – Hilft dir das weiter?*

Im übrigen war Gershwins Tageslauf mit Proben ausgefüllt (vor allem, wenn ein neues Musical am Broadway vorbereitet wurde), mit beruflichen Besprechungen aller Art, mit Interviews und Beratungen. Sein Haus stand stets allen offen, die Ratschläge wünschten oder Hilfe brauchten, jungen Musikern vor allem, Komponisten, die einen Auftraggeber suchten, Interpreten, die ein Engagement vermittelt haben wollten. Wo Gershwin helfen konnte, half er – der Musik zuliebe, um die sich sein ganzes Denken drehte.

Sein rastloses Schaffen und Wirken stand einem ausgeprägten Privatleben natürlich im Wege. Nicht einmal eine Frau vermochte seine schöpferische Unruhe, seinen beruflichen Tatendrang für längere Zeit einzudämmen. Zu Ira pflegte er in diesem Zusammenhang zu sagen[55]: *Ich wäre furchtbar verliebt, wenn ich nicht so schrecklich viel zu tun hätte* – eine Redewendung, die für das Kapitel »Gershwin und die Frauen« bezeichnend ist; denn die Musik war sein ein und alles, ihr galt seine ganze Liebe. Es war daher kein Wunder, daß viele Mädchen, die ihn anschwärmten, rundweg behaupteten, er sei überhaupt keines echten Liebesgefühls fähig. Ob echt oder nicht – jedenfalls war es nie so stark, daß er sich für eine Frau wirklich hätte entscheiden können.

So oft Gershwin auch verliebt war, stets hatte er – wenn eine Entscheidung notwendig wurde – eine Entschuldigung parat, um einer dauernden Bindung aus dem Wege zu gehen. Wenn er auch

[54] Ewen II, S. 116
[55] Ewen I, S. 143

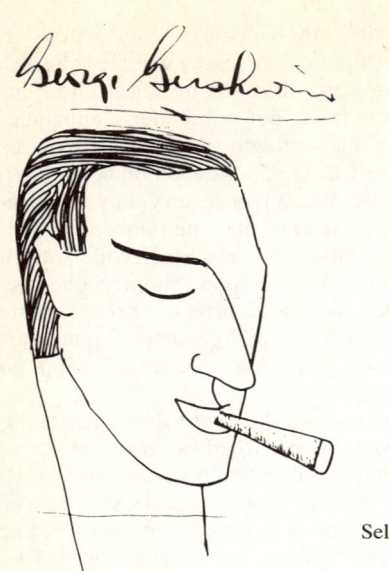

Selbstkarikatur

von Heirat sprach – er tat es stets nur mit dem Hintergedanken, daß im Ernstfalle ja doch nichts daraus würde. Gefiel ihm eine Frau wirklich, dann war sie bestimmt schon mit einem seiner Freunde oder Bekannten verheiratet.

Stets blieb es also beim alten: immer wieder und meist sogar sehr schnell fing er Feuer, begeisterte sich für eine weibliche Schönheit, ganz gleich, ob es ein Show-Girl oder eine Chorsängerin, eine Pianistin oder eine Filmschauspielerin war. Aber niemals machte er sich die Mühe, einer von ihnen nachzulaufen. Wenn es ihm auch ein leichtes gewesen wäre, mit großartigen Geschenken zu prunken – er tat es nie; denn nichts wäre ihm unwürdiger erschienen, als sich die Zuneigung einer Frau zu erkaufen.

Im übrigen brauchte er sich meist keine Mühe zu geben, denn die Frauen bestürmten ihn ohne sein Zutun und offenbarten ihm ihre Gefühle ohne viel Umschweife. Nicht alle gingen dabei so »vornehm« zu Werke, wie jene »angesehene« Dame, die ihm einen goldenen Schlüssel für ihr Anwesen in Los Angeles schickte. Meist waren es nur sehr oberflächliche Affären, etwa in der Art jener

George Gershwin
in der Karikatur
(1925 in »Vanity Fair«)

»Geschichten«, die Ewen überlieferte[56]: Eine attraktive Rothaa-
rige – auf einer Party ein Stockwerk unter Georges Wohnung –
erfuhr mit Begeisterung, daß Gershwin im Hause wohne. Da sie
sich unten langweilte, kam sie einfach herauf, klingelte stürmisch,
trat ein und ließ sich wie im eigenen Neste ungeniert nieder! Ein
andermal war es ein kleines dreistes Show-Girl, von der Natur mit
viel Sex-Appeal bedacht, das unter dem Vorwand um Einlaß bat,
vom Meister ihr Klavierspiel begutachten zu lassen. Aber das Girl
blieb nicht lange vor den Tasten sitzen, sprang plötzlich auf und
begann einen wild-wirbelnden Tanz vorzuführen, daß der Rock
nur so flog, damit die wohlgeformten Beine nur ja recht zur
Geltung kamen! Am raffiniertesten fädelte eine besonders hübsche verheiratete Frau, die im Hause wohnte, ihre Besuche bei
George ein: Ihrem Mann erzählte sie, sie schaue eben mal bei der
Familie Ira Gershwin hinein; doch dort hielt sie sich nicht lange

[56] vgl. Ewen I, S. 142f.

133

auf, schlüpfte vielmehr eilig über den terrassenartigen Balkon hinüber in die angrenzende Wohnung Georges!

Die einzige Frau, die eine größere Rolle in Gershwins Leben spielte, war Kay Swift. Er lernte sie 1925 kennen, und im folgenden Jahr vertieften sich ihre Beziehungen zu einer echten, dauerhaften Freundschaft. Kay Swift war anfangs noch mit einem Bankier verheiratet, später jedoch geschieden. Da sie selbst im Genre des Broadway-Schlagers einige Erfolge erzielt hatte, in die Geheimnisse dieses Kompositionsstiles also eingeweiht war, achtete sie Gershwin als ein Genie. Bescheiden und selbstlos stand sie ihm zur Seite, sie ließ sich seine Musik diktieren, um ihm die Schreibarbeit abzunehmen, sie half ihm bei Veröffentlichungen, Korrekturen zu lesen und musizierte mit ihm – wenn keine Arbeit drängte – an zwei Flügeln. Sie sorgte auch ständig für frischen Blumenschmuck in seiner Wohnung – und so kam es, daß sich George ernsthaft in sie verliebte, so ernsthaft, wie ihm das eben möglich war. Keiner zuvor hatte er je eines seiner Werke gewidmet, keiner hatte er so wertvolle Geschenke gemacht. Doch zu einer Ehe kam es nicht. (Nach seinem Tode rekonstruierte sie dank ihres sagenhaften musikalischen Gedächtnisses viele seiner unausgeführten Ideen, die er hier und dort – wenn er mit ihr arbeitete – hatte anklingen lassen, und gab sie posthum heraus.)

Das echte Gefühl einer wirklichen Liebe oder gar eines Liebeskummers kannte Gershwin damals, ausgangs der zwanziger Jahre, nicht. Es hätte auch kaum zu seiner optimistischen Lebenshaltung gepaßt, zu seinem beruflichen Erfolg, der einer Kette von Triumphen glich. In seiner Musik spiegelten sich all die glücklichen Umstände wider, die sein schattenloses Dasein prägten. Und es war gewiß gerade dieser unbekümmerte, vitale Frohsinn seiner Werke, der Gershwin zum musikalischen Idol breitester Kreise hatte werden lassen. Davon war er selbst ebenso fest überzeugt wie alle seine Freunde – bis auf einen. Dieser Mann war Otto H. Kahn, der große Kenner und Förderer der Künste, einer der einflußreichsten Mäzene des amerikanischen Musiklebens. Es war auf der Abendgesellschaft, die Jules Glaenzer nach der Uraufführung des *Amerikaners in Paris* für den erfolgreichen Komponisten gab, als sich der ebenso erfahrene wie feinfühlige Kahn zu Worte meldete[57]:

[57] Ewen I, S. 139

George Gershwin ist ein führendes Haupt der jungen amerika-
nischen Musik, einer ihrer kräftigsten Wortführer. Mit dem
Rhythmus, der Melodie, dem Humor, der Anmut, dem Drän-
gen und Stürmen und der Triebkraft seiner Kompositionen
drückt er den Genius des jungen Amerika aus. Aber dieser
Genius Jung-Amerikas hat ein Merkmal, das am meisten durch
sein Nichtvorhandensein auffällt. Es ist das Merkmal, das sich
als Nachklang von erfahrenem Leid einstellt, das dem tiefsten
Aufruhr eines Seelensturmes entspringt . . . Nun, es liegt mir
fern, zu wünschen, daß – um der Läuterung ihrer Seele willen –
etwas von einer Tragödie in das Leben dieser Nation komme
oder – um der Vertiefung seiner Kunst willen – in das Leben
George Gershwins. Aber – der »Quell menschlicher Tränen«,
mein lieber George! Sie haben eine große und seltsame und
schöne Kraft, diese menschlichen Tränen. Sie befruchten die
tiefsten Wurzeln der Kunst. Ich glaube an Sie voll Vertrauen
und Bewunderung, an Ihre Persönlichkeit, Ihr Talent, an Ihre
Kunst, Ihre Zukunft, an Ihre Bedeutung auf dem Felde der
amerikanischen Musik. Und gerade deshalb möchte ich Ihnen
wünschen, daß Sie – für nicht zu lange Zeit – einmal etwas vom
treibenden Sturm und Drang der Gefühle erfahren, vom einsa-
men Kampf mit der eigenen Seele, vom Alleinsein . . . Dies sind
die wirksamsten Ingredienzien für die Vertiefung und das Rei-
fen der seelischen und geistigen Kräfte eines Künstlers.

Gershwin gingen diese Worte sehr zu Herzen. Sie beunruhigten
ihn noch lange und erschlossen seinem Denken eine neue Dimen-
sion.

Wagnis
mit politischer Satire

Nach wie vor gehörten Girls mit schönen Beinen und enganliegenden Trikots zu den Hauptattraktionen der Broadwaybühnen. Es schien, als sei die amerikanische Musical Comedy für alle Zeiten eine zwar »gehobene«, aber nichtsdestoweniger raffinierte Filiale des allgemeinen großstädtischen Amüsierbetriebes. Auch Gershwin, damals bereits einer der einflußreichsten Broadway-Komponisten, war zunächst der Ansicht, daß es gar nicht so sehr auf das äußere Gesicht und den Stoff des Musicals ankomme, sondern auf witzige Liedertexte und geistreich-schmissige Musik. In einer Beziehung mochte er damit recht haben, zumindest was den Publikumserfolg anging. Es war ihm tatsächlich gelungen, das Schlagerklischee der Tin Pan Alley zu durchbrechen. Mit Werken wie *Lady, Be Good!* oder *Funny Face* hatte er das musikalische Niveau sogar ganz beachtlich gehoben und mit Songs wie *'S Wonderful* eine neue Qualität des Broadway-Liedes geschaffen.

Aber Gershwin war reifer und anspruchsvoller geworden. Sollte er die oberflächlichen, sinnlosen »Handlungen« der Stücke wirklich auf die Dauer in Kauf nehmen? Er dachte ernsthaft darüber nach und kam sehr bald zu dem Schluß, daß gute Musik allein für eine grundlegende Erneuerung des Musicals nicht ausreichte. Außer den geschliffenen Liedertexten seines Bruders Ira, deren Sprache bereits so musikalisch war, daß sie ihn zur Komposition geradezu provozierten, brauchte er noch Männer mit neuen Ideen, Stückeschreiber einer neuen Richtung. Er fand sie schließlich in George S. Kaufman und Morrie Ryskind, zwei Autoren mit einem wachen Sinn für alle Zeitgeschehnisse, mit viel menschlicher Beobachtungsgabe und feinem Charakterisierungsvermögen. Was aber das neue Künstlerkollektiv, die beiden Gershwins mit Kaufman und Ryskind, vor allem auszeichnete, war sein Mut; der Mut, mit alten Schablonen zu brechen und Neues zu wagen.

Als Kaufman und die Gershwins 1927 das Musical *Strike Up the Band* schrieben, kam diese Wende für das Gros des Publikums zu plötzlich und unerwartet: ein satirisches Stück, und dazu noch mit politischer Aussage – das war zuviel des Guten! Davon sollten Musicalschreiber doch lieber die Finger lassen! Die Probeaufführungen in Philadelphia endeten dementsprechend mit einem regelrechten Fiasko. Daß sich Neues nicht gerade leicht durchsetzen würde, hatten die jungen Autoren erwartet; aber daß sie ihre progressiven Ideen zunächst ganz aufgeben mußten, hatten sie nun doch nicht gedacht.

Dafür machte *Funny Face* volle Kassen! Aarons und Freedley wollten den Glücksstern über ihrem Hause nicht untergehen lassen und erbaten sich deshalb von Gershwin auch für 1928 eine neue Musical-Partitur – alten Schlages natürlich. *Treasure Girl* war der Titel, Gertrude Lawrence hieß wieder der Star, aber trotzdem ging die Produktion keine siebzigmal über die Bretter des Alvin-Theaters. Da sich Gershwin nun einmal auf einem interessanteren, neuen Gebiet versucht hatte, vermochte ihn der alte Flitterkram kaum noch anzuregen. Ähnlich erging es ihm auch, als er von Ziegfeld noch einmal den Auftrag für eine neue Revue erhielt. Es machte ihm keinen rechten Spaß mehr, lediglich der traditionellen Form von Unterhaltung zu dienen. *Show Girl* kam im Juli 1929 im Ziegfeld-Theater heraus – als endgültig letzte Arbeit für diesen Produzenten. Ein kleines Ereignis war es allerdings, daß Duke Ellington in dieser Aufführung mitwirkte. Er hatte dabei auch jenes Lied zu spielen, das Gershwin später selbst immer besonders gern musizierte: *Liza*. Zum *Show Girl*-Programm gehörte außerdem noch der *Amerikaner in Paris* als Balletteinlage.

Doch die Niederlage mit *Strike Up the Band* ließ Gershwin keine Ruhe. Er wollte alles dransetzen, daß diese »Schatzmädels« und »Schaugirls« in amerikanischen Musicals nicht die Oberhand behielten. Warum sollte politische Satire nur dem literarischen Kabarett vorbehalten bleiben? Er war überzeugt, daß Kaufmans Idee richtig war. Nur hatte man eben noch zu wenig Erfahrung in der Behandlung eines solchen unkonventionellen Stoffes. Gershwin ließ nicht locker. Der in allen Broadway-Techniken erprobte Kaufman setzte sich mit dem völlig »unbelasteten« Morrie Ryskind zusammen, um mit vereinten Kräften zu versuchen, dem Werk eine neue Form zu geben. Am Kern sollte nichts geändert werden, höchstens die Schale wollte man etwas gefälliger machen, um dem Publikumsgeschmack entgegenzukommen. Also wurden die satirischen Elemente diesmal etwas vorsichtiger in altgewohntem Humor verpackt.

Und siehe da: Als die Neufassung von *Strike Up the Band* am 14. Januar 1930 zum erstenmal über die Bühne des Time-Square-Theaters ging, brachen Publikum und Presse in helle Begeisterung aus. Mit beinahe zweihundert Aufführungen wurde das Stück sogar ein echter Broadway-Erfolg! Zum erstenmal in der Geschichte des Musicals wurde ein ernstes Anliegen auch wirklich ernst genommen, ohne daß man deshalb auf amüsante Unterhaltung hatte verzichten müssen. Das erste Musical mit einer ausgesprochen politischen Aussage war ein Gershwin-Musical! Darauf war der Komponist besonders stolz.

Strike Up the Band war eine bittere Satire auf den Krieg, die mit Seitenhieben auf die Hohlköpfigkeit internationaler Geheimdiplomatie gespickt war. So harmlos die Story auch scheinen mochte, sie scheute sich nicht, ohne Umschweife die Profitgier als Kriegsursache zu brandmarken. Die Fabel ist – kurzgefaßt – folgende: Ein erfolgreicher amerikanischer Schokoladenfabrikant hat mit Regierungsstellen in Washington Verdruß, weil man sich dort weigert, den Zoll auf Schweizer Schokolade zu erhöhen. Der bedauernswerte Mann regt sich derart auf, daß ihm nur ein ärztliches Beruhigungsmittel helfen kann. Die Medizin versetzt ihn in Schlaf und läßt ihn träumen. Er sieht sich an der Spitze einer amerikanischen Armee gegen die Schweiz in den Krieg ziehen. Er siegt – kann seinen Heldenruhm aber nur einen Tag lang genießen, denn die amerikanischen Zeitungen decken auf, daß er für seine Schokolade nur minderwertige Milch verwendet.

Die Anlage der Handlung, die ironische Schärfe der Liedertexte und die parodistische Brillanz der Musik ließen insgesamt keinen Zweifel daran, was das Lächerlichmachen dieses Schokoladenkrieges zu bedeuten hatte. Obwohl er ungewohnt war, verstand man den satirischen Ton sehr wohl. Man war erstaunt über Gershwins Aggressivität, wie er den alten mitreißenden Schwung seiner Melodien hier neu zuspitzte (etwa in dem marschartigen Titelsong), wie er seine musikalischen Charakterisierungskünste mit den geringsten Mitteln treffend einsetzte (hohles Pathos des Fabrikanten), wie er scharfe Dissonanzen als Ausdrucksmittel zielsicher benutzte (um den Lug und Trug des Krieges zu entlarven) und wie er schließlich zu großen Formen ausholte, dem ersten Finale oder den Traumszenen, und damit seinem eigenen Schaffensweg neue Möglichkeiten eröffnete.

Ohne auch nur entfernt daran zu denken, den neu eingeschlagenen Weg auf die Dauer wieder zu verlassen, ließ Gershwin sich doch noch einmal darauf ein, ein Musical alten Schlages für seine treuen Gefährten Aarons und Freedley zu schreiben. Es sollte erstaunlicherweise sein Meisterwerk in der Gattung des rein unterhaltenden Musicals werden, eines der bedeutendsten, das jemals das Rampenlicht des Broadway erblickte: *Girl Crazy*. Gershwin reihte in dieser Partitur Perle an Perle, so daß man gar nicht dazu kam, sich über die alberne Geschichte, die da um die Lieder und Chöre herum passierte, erst zu ärgern. Daß da ein reicher Taugenichts von seinen Eltern in eine einsame Stadt des Westens geschickt wurde, um Alkohol und Weibergeschichten zu vergessen, ist gar kein so schlechter Gedanke, daß sich dieser Luftikus dann aber gleich eine ganze Truppe Broadway-Girls nach Arizona importierte, wäre des Erträglichen nun doch zuviel – wenn eben Gershwin keine so spritzige Musik dazu geschrieben hätte!

Die Partitur enthält viele kleine Kostbarkeiten: so einschmeichelnd-zärtliche Nummern wie *Bidin' My Time*

und *Embraceable You*,

die zu den intimsten, ausdrucksvollsten Liedern Gershwins gehörten; so aufregende, rasant gesteigerte Rhythmen wie in *I Got Rhythm* (siehe das Notenbeispiel S. 148) und eine so drastische Ballade wie *Sam and Delilah*. Der unwiderstehliche Schwung einiger Chöre läßt bereits die ausgelassene Kirchweihstimmung aus dem zweiten Akt von *Porgy and Bess* anklingen. Jede einzelne Nummer hat ihre eigenen Reize. Selten gelang es Gershwin, so viele echte, auf die Dauer erfolgreiche Schlager in einem Musical zu vereinen.

Die erste Inszenierung von *Girl Crazy* war sensationell. Sie brachte es auf 272 Aufführungen. Die Premiere im Alvin-Theater fand am 13. Oktober 1930 statt. Aarons und Freedley hatten eine ganze Reihe prominentester Künstler engagiert: voran Ethel Merman, die mit Gershwins Songs wahre Triumphe feierte, deren Stimme man – als sie in *I Got Rhythm* über einer Orchesterpassage 16 Takte lang das hohe C aushielt – mit der Trompete von Louis Armstrong verglich! Ihr Partner war der alte Gershwin-Kämpe Allen Kearns, und im Orchester saßen einige Musiker, die im Reiche des Jazz jeder für sich ruhmvollste Geschichte machten: der Klarinettist Benny Goodman, der Posaunist Glenn Miller, der Trompeter Red Nichols und der Drummer Gene Krupa, der erste Jazzmusiker, der Schlagzeugsoli spielte!

Gershwin hat es schon oft in seinem Leben bewiesen, wieviel verschiedene Dinge er gleichzeitig im Kopfe haben oder zumindest doch zur selben Zeit planen konnte. Es machte ihm Spaß, extrem auseinanderliegende Ausdrucksbereiche eng nebeneinander künstlerisch zu formen. Und wie es ihm keine Mühe machte, nach *Strike Up the Band*, der Satire auf den Krieg, noch einmal auf den alten Musicalstil zurückzugreifen und ihm gleichsam nebenbei die Krone aufzusetzen, so erschien es ihm nun keineswegs abwegig, nach *Girl Crazy* das Steuer um 180 Grad herumzuwerfen, um sich einen neuen Weg auf dem Gebiet der politischen Musical-Parodie zu bahnen. Es wurde der Weg zum Gipfel, den er nun beschritt, auf eine Höhe, die der Musical-Komponist Gershwin nicht noch ein zweites Mal erreichen sollte. Von dort prangte nun für alle Zeiten als Vorbild und Ansporn der Titel *Of Thee I Sing*.

Die Autoren von *Strike Up the Band* waren hier wieder beieinander: die beiden Gershwins, Kaufman und Ryskind. Was sie damals anfingen, mit wenig Erfahrung auf diesem Gebiet, konnten sie jetzt vollenden. Angedeutetes konnte nun treffsicherer ausgeführt werden, wertvolle Einzelteile vermochten sich jetzt erst zu einem einheitlichen Ganzen zusammenzufügen. Vor allem die klangliche Phantasie des Komponisten konnte sich mit den gewonnenen Einsichten von vornherein in der richtigen Richtung entzünden, weil sie sich bestimmter Wirkungen nun schon sicherer war. Auf die Frucht dieser erneuten Bemühungen konnten sich die vier schließlich wirklich etwas einbilden; Gershwin betonte später immer wieder, daß Ira und er auf kein Musical stolzer waren als auf *Of Thee I Sing*. Mit diesem Werk richteten sie ihre Pfeile nicht gegen Dinge der internationalen Politik, sondern unmittelbar gegen die amerikanische Innenpolitik, gegen die abgekartete Kampagne einer Präsidentschaftswahl.

Die Situation im Lande war damals auf einem Nullpunkt ange-
langt. Die Wirtschaftspolitik war restlos zusammengebrochen,
eine Zeit äußeren Wohlstandes hatte mit dem Wall-Street-Krach
von 1929 ein jähes Ende gefunden, Heere von Arbeitslosen waren
die Folge dieser chaotischen Zustände. Insofern war die Zeit für
satirische Blitzlichter besonders empfänglich. Gershwin, der vor-
anging, blieb nun auf dem Gebiete der politischen Musical-Parodie
nicht mehr allein. Cole Porter, der später mit der Shakespeare-
Parodie *Kiss Me Kate* Welterfolg hatte, komponierte 1930 die
musikalische Satire auf soziale Zustände *The New Yorkers*, und
Irving Berlin folgte im Jahr nach Gershwins *Of Thee I Sing* mit dem
Spottstück *Face the Music*, das die Korruption bei der New Yorker
Polizei aufs Korn nahm, und abermals ein Jahr darauf mit *As
Thousands Cheer*, einem Stück, in dem vom Weißen Haus bis zur
Metropolitan Opera nichts verschont blieb und in dem sich Anspie-
lungen auf die politischen Tagesereignisse von 1933 nur so häuften.
Franklin D. Roosevelt schickte sich damals gerade an, die verfah-
renen Staatsgeschäfte wieder ins Gleichgewicht zu bringen.

Mitten in diese unruhevolle Zeit hinein platzte Gershwin mit
Of Thee I Sing. Er und seine Librettisten hatten diesmal genau
gezielt, scharf geschossen und mitten ins Schwarze getroffen: Auf
die Premiere am zweiten Weihnachtsfeiertag des Jahres 1931 im
Music-Box-Theater folgten noch 440 Wiederholungen! Kein
Gershwin-Musical zuvor hatte diese Aufführungsziffern erreicht
(spätere Neuinszenierungen des Werkes sind dabei nicht mitge-
rechnet, etwa die Reprisen von 1933 oder von 1952 im Ziegfeld-
Theater). Der Mut des Produzenten Sam H. Harris und seiner
Autoren wurde auch von offizieller Seite hoch belohnt: *Of Thee
I Sing* erhielt als erstes Musical den Pulitzer-Preis. Diese hohe
Auszeichnung, vergeben von einem Komitee der Columbia-Uni-
versität, ist eine Stiftung des amerikanischen Journalisten und
Verlegers Joseph Pulitzer (1847–1911). Seit 1917 wird sie jedes
Jahr an amerikanische Dichter und Journalisten verteilt. Im Aner-
kennungsdiplom wurde hervorgehoben, daß *Of Thee I Sing* bewie-
sen habe, welchen erzieherischen Wert und welchen Einfluß die
Bühne haben kann. Und da noch niemals ein Werk dieses Genres
ausgezeichnet wurde, hieß es[58]: *Diese Zuerkennung mag ungewöhnlich erscheinen, aber das Spiel ist ja auch ungewöhnlich*. Weil
Musiker nicht ausdrücklich von der Pulitzer-Stiftung für Ehrungen

---

[58] Ewen I, S. 195

vorgesehen sind, wurde der Anteil Gershwins bedauerlicherweise nicht sonderlich betont. Erst 1950 entschloß sich das Komitee, auch Musiker namentlich auszuzeichnen (Richard Rodgers war damals der erste).

Die Kritiker überschlugen sich vor Begeisterung. Man sprach von einer »Erlösung« des Musicals von verstaubten Konventionen, von einem lebendigen Muster für die Zukunft. Begeistert äußerte man sich über das hohe Niveau der Satire, über den Ideenreichtum der Musik, deren Tiefgründigkeit zu Recht noch über den Text gestellt wurde. Eine Rezension gipfelte in dem Satz[59]: *Das Stück ist komischer als die Regierung, doch nicht annähernd so gefährlich.* Man kann sich vorstellen, wie solche Pressebesprechungen auf die Bevölkerung wirkten, auf Menschen, die sich in ihren unsicheren Verhältnissen danach sehnten, einmal herzhaft lachen zu können – zumal sich der Spott gegen das Weiße Haus richtete. Die Leute rissen sich um die Karten für dieses Stück. Nach Voraufführungen in Boston und nach den über 400 Spieltagen in New York ging das Werk auf Tournee, kehrte dann zum Broadway zurück und wurde schließlich noch von einer zweiten Truppe einstudiert und abermals auf einer ausgedehnten, achtmonatigen Tournee gespielt, die 1933 von Chicago aus startete. Daß man von einem Gershwin-Musical gleichzeitig zwei verschiedene Aufführungen in Amerika erleben konnte, war eine Sensation.

Dies ist die Geschichte des Stücks: Im obligatorischen Tabakdunst einer politischen Konferenz beschließen die Bosse, bei der kommenden Wahl Wintergreen als Präsidenten und Throttlebottom als Vizepräsidenten kandidieren zu lassen. Der eine ist ein stämmiger Kerl und Brausekopf, der andere ein magerer Kleiner mit hoher, überschnappender Stimme. Für den Wahlkampf wird die Parole »Liebe« ausgegeben. Man popularisiert diesen »friedfertigen« Gedanken durch die Wahl einer »Miß White House« auf einer Schönheitskonkurrenz in Atlantic City; zur First Lady Amerikas wird dabei Diana Devereux erkoren. Liebe berauscht nun das Land und trägt auf hohen Wellen der Begeisterung Wintergreen auf den Präsidentenstuhl. Doch dieser enttäuscht sein erwartungsfroh gestimmtes Volk aufs ärgste: Statt sich der schönen Diana anzunehmen, verliebt er sich in die hausbackene Mary Turner – und heiratet sie sogar. Aber nicht nur das Volk fühlt sich um seine angebetete Schönheitskönigin betrogen – nein, es entwickelt sich

---

[59] ebda., S. 195

sogar ein diplomatischer »Fall« von internationaler Tragweite, als man entdeckt, daß Miß Devereux französischer Abstammung ist: *die illegitime Tochter des illegitimen Sohnes eines illegitimen Neffen Napoleons!* Zwischen Frankreich und Amerika drohen die diplomatischen Beziehungen abzubrechen! Es kommt zu einer regelrechten Verschwörung gegen den Präsidenten: Er soll vor Gericht gestellt werden. Da springt Mary in die Bresche und verkündet glückstrahlend: *Mein Ehegemahl ist in einem delikaten Zustand. Er ist dabei, Vater zu werden!* Vizepräsident Throttlebottom macht sofort in aller Öffentlichkeit kund, daß in den Vereinigten Staaten noch niemals ein Präsident »in guter Hoffnung« auf die Anklagebank gekommen ist. Wintergreen ist gerettet. Und Ende gut, alles gut: Throttlebottom selbst nimmt sich die schöne Diana französischer Abstammung zur Frau.

Es ist nicht nur unglaublich, wieviel Spott zwischen den Zeilen dieses manchmal auch recht albernen Textbuches steckt, sondern vor allem, mit wieviel beißender Ironie die Musik sich hier an Einzelheiten festklammerte und sie in frechen Wendungen der Lächerlichkeit preisgab! Welche Möglichkeiten boten sich da aber auch dem Komponisten, wenn es galt, das hohle Pathos der Wahlkampfparolen anzuprangern: Der patriotische Zungenschlag wollte nur an der richtigen Stelle von einer kleinen rührselig-kitschigen Tin-Pan-Alley-Wendung unterbrochen sein – und schon war ein parodistischer Effekt erzielt! Gershwin erwies sich in diesem Werk als ein Meister treffender musikalischer Situationskomik, immer fand er im richtigen Moment den richtigen Ton. Ob er nun die Richter des Obersten Gerichts linkisch auf den Stufen des Capitols tanzen ließ oder ob er die kommenden Mutterfreuden der Mary in einem seligen Wiener-Walzer-Rhythmus ausdrückte – stets traf er den Nagel auf den Kopf. Aber nicht in noch so prachtvollen einzelnen Nummern, etwa dem Eröffnungsmarsch

oder dem Titelsong *Of Thee I Sing*,

besteht der Hauptwert dieser Musical Comedy, sondern in der unorthodoxen Eingliederung der verschiedensten kompositorischen Elemente in die Satire als Ganzes. Hier haben wir es nicht mehr mit einer losen Folge von Gershwin-Songs zu tun, die mühsam von einer ungeschickten Story zusammengehalten werden, sondern mit einem gültigen Stück Musiktheater, in dem Handlung, Liedertexte und Musik zu einer untrennbaren Einheit verschmolzen sind.

Kein Wunder, daß ein solches Meisterwerk auch für die Interpreten höchst dankbare Aufgaben bereithielt. Welch reizvolle Möglichkeiten boten sich etwa, die Parodie einer Senatssitzung zu inszenieren, wenn da die längst überfällige Pension für das ausgediente Pferd eines hohen Beamten zur Debatte steht, aber plötzlich wie ein Donnerschlag die Kunde eintrifft, der Gaul Jenny sei soeben verstorben – worauf sich das Plenum zu einer stillen Minute des Gedenkens erhebt . . .Oder welche Chancen hatte ein Komiker vom Schlage eines Victor Moore, wenn er als skurriler Throttlebottom alle Register seiner mimischen Künste ziehen konnte; galt es

145

doch, die völlig untergeordnete Bedeutung des Vizepräsidenten anzuprangern: Er vermochte sich nur Eintritt ins Weiße Haus zu verschaffen, wenn er sich einer öffentlichen Führung anschloß!

Mit *Of Thee I Sing* hat Gershwin dem musikalischen Lustspiel einen ganz neuen progressiven Weg gewiesen. Das Stück hat seine Wirkung behalten, auch als einzelne Anspielungen des Textes überholt waren. In seiner Art ist es richtungweisend geblieben, ohne aber viele gleichwertige, gleich lebendige Nachbildungen erhalten zu haben. Gershwin selbst hat die Qualität dieses Musicals nicht noch einmal erreicht. 1933 versuchte er noch zweimal sein Glück auf diesem Gebiet, ehe er sich endgültig vom Broadway-Musical ab- und seiner großen Oper zuwandte. Das erste der beiden Stücke hieß *Pardon My English* und war ein ausgesprochener Mißerfolg, ja, es zog ein solches finanzielles Fiasko nach sich, daß Freedley als verantwortlicher Produzent vor seinen Gläubigern nach Panama fliehen mußte! Hatte Gershwin mit diesem Werk aus Zeitmangel oder sonst welchen Gründen kaum ernsthaft versucht, sich die nun einmal eroberte Musical-Qualität zu erhalten (in dem Stück heiratete ein Kleptomane in die Familie eines Polizeichefs ein!), so verfolgte er mit dem zweiten doch immerhin höhere Ziele. *Let'Em Eat Cake* sollte eine regelrechte Fortsetzung von *Of Thee I Sing* werden, mit denselben handelnden Personen und ähnlichen Wahlkampfschauplätzen. Doch solche Neuaufgüsse alter Erfolge gelingen selten, weil sie nicht aus einer Idee, sondern nur in der Hoffnung entstanden sind, gehabtes Glück nochmals zu erringen. Zwar kam manch guter Song dabei zustande, besonders *Mine*, ein kontrapunktisch sehr reizvoll geflochtenes, melodisch betörendes Lied. Insgesamt litt das Stück aber an dem krampfhaften Versuch, Wintergreen und Throttlebottom auf Biegen und Brechen in neue Schlachten zu führen. Natürlich mußten sie diesmal zur Abwechslung eine Niederlage bei der Wahl einstekken. Damit die Geschichte aber nicht so schnell zu Ende ging, hatten die Autoren Kaufman und Ryskind ihren Wintergreen flugs zum Haupt einer Revolution gemacht. Throttlebottom wäre sogar beinahe unter die (extra aus Frankreich importierte) Guillotine geraten, wenn man ihn letztes Endes nicht doch noch als neuen Präsidenten der wiedererrichteten Republik gebraucht hätte. Dieser Stoff war nun aber schon nicht mehr für ein Musical geeignet, hier war ein allzu ernstes Thema allzusehr auf die leichte Schulter genommen worden.

Musik des
Maschinenzeitalters

Gershwin arbeitete noch an seinen letzten großen Musicals, an *Girl Crazy* und *Of Thee I Sing*, als er sich ernsthaft mit dem Gedanken trug, eine große Oper zu schreiben. Im Herbst 1930 erhielt er sogar ein Vertragsangebot der Metropolitan Opera, für diese repräsentativste amerikanische Musikbühne ein Werk zu komponieren, ohne an einen Termin gebunden zu sein. Zu dieser Zeit hatte er bereits die verschiedensten Themen erwogen. Es drängte ihn, einen amerikanischen Gegenwartsstoff zu behandeln. Er verwarf deshalb die Idee, seine Oper in altpolnisch-jüdischem Milieu anzusiedeln (er hatte sich mit Anskis *Dybbuk* beschäftigt und sogar schon mit hebräischem Melodiengut auseinandergesetzt). Die aufregende Großstadtatmosphäre New Yorks wäre ihm als Hintergrund eines aktuellen Themas am liebsten gewesen. Aber er fand keinen geeigneten Stoff. Langsam reifte dann ein dritter Gedanke; er hatte bereits 1926 den neu erschienenen Roman *Porgy* gelesen, in dem DuBose Heyward die Geschichte eines armen Negerkrüppels erzählt. In zunehmendem Maße erfaßte ihn eine tiefe Zuneigung zu diesem Porgy und den anderen Gestalten dieses amerikanischen Negerromans. Er hatte sich in seiner Begeisterung sogar schon mit dem Autor in Verbindung gesetzt – doch er fand noch keine rechte Ruhe und Zeit, einem so großen Projekt näherzutreten.

Gershwin war allzusehr mit den verschiedensten kleineren Arbeiten beschäftigt. Ein Auftrag kam zum anderen. Der Verlag Simon & Schuster trat 1929 mit der Bitte an ihn heran, einige seiner Klavier-Improvisationen aufzuschreiben. Erst zwei Jahre später nahm er sich dieses Auftrages endlich an. Er bearbeitete achtzehn seiner Songs in dem vorgeschlagenen Sinne, und zwar begann er mit *Swanee* und endete mit *I Got Rhythm*. In *George Gershwin's Song Book*, das 1932 erschien, waren dann jeweils die Originale für Gesang den Transkriptionen für Klavier gegenübergestellt.

Ein weiteres neues Aufgabengebiet erschloß sich ihm als Dirigent. Man rief ihn von den verschiedensten Seiten, die Aufführungen seiner eigenen Werke zu leiten. Sein Debut mit dem Taktstock gab Gershwin am 8. Juli 1929 mit einem Freiluftkonzert im Lewison-Stadion, worin die New Yorker Philharmoniker ihre Sommerkonzerte veranstalteten. Mehr als fünfzehntausend Menschen erlebten, wie er dort seinen *Amerikaner in Paris* dirigierte, ein wenig schüchtern noch, aber exakt und klar. Nach ihm leitete Willem van Hoogstraten das weitere Programm. Gershwin hatte übrigens schon 1927 im Lewison-Stadion musiziert, damals aber als Klaviersolist seiner *Rhapsody in Blue*.

Das Dirigieren machte ihm viel Spaß. Er nutzte zukünftig jede Gelegenheit, weitere Erfahrungen zu sammeln. Noch im selben Jahr trat er als Gastdirigent beim Manhattan Symphony Orchestra auf, wiederum mit seinem *Amerikaner*, diesmal aber im geschlossenen Konzertsaal. In Boston dirigierte er dann die Premiere von *Strike Up the Band*, und später stand er noch oftmals bei Aufführungen seiner Musicals am Pult.

Seit dem *Amerikaner in Paris* hatte Gershwin kein größeres Orchesterwerk mehr geschrieben. Die Musicals und eine Filmmusik hatten ihn ganz in Anspruch genommen. Im Anschluß an diesen ersten Hollywoodauftrag und auch in unmittelbarem Zusammenhang mit ihm entstand nun im Frühjahr 1931 wieder eine ausgedehnte Instrumentalkomposition, die *Second Rhapsody*. Für den Film *Delicious* hatte er unter anderem eine sechsminütige Passage für Orchester zu komponieren, die den bewegten Rhythmus und den Lärm einer Großstadt untermalen sollte. Das war so recht eine Aufgabe für Gershwin! Die entworfene Musik gefiel ihm so gut und erschien ihm so typisch für die Unrast einer modernen, technisierten amerikanischen Stadt, daß er sehr betrübt war, als dann beim endgültigen Schnitt des Filmes nur eine Minute seiner Musik gebraucht wurde. Er entschloß sich sofort, das einmal Niedergeschriebene für ein neues Orchesterwerk zu verwenden und brachte es gleich noch in Kalifornien zu Papier – glücklich, daß er die Filmmetropole nun nicht nur mit einer dicken Brieftasche voll Geld verließ, sondern auch mit einem neuen Werk.

Gershwin hat später einmal von den Rhythmen und Impulsen des amerikanischen Maschinenzeitalters gesprochen, in einem 1933 geschriebenen Aufsatz. *Das Maschinenzeitalter hat praktisch alles beeinflußt. Ich meine nicht nur die Musik, sondern alles von den Künsten bis zur Finanz. Die Maschine hat auf unser Zeitalter nicht so sehr in der Form als in Tempo, Geschwindigkeit und Klang eingewirkt.*[60] Damit meinte er nicht, daß die Maschine die Herrschaft über den Menschen schlechthin gewonnen hätte; ein Komponist konnte dieser gewaltigen Zeiterscheinung jedoch sehr wohl künstlerisch, musikalisch gerecht werden. Er wollte nicht zu so naturalistischen Mitteln greifen wie etwa George Antheil, der die New Yorker 1927 in seinem *Ballet mécanique* mit den verschiedenartigsten mechanischen Geräuschinstrumenten erschreckte, unter anderem mit Sägen und einem Flugzeugpropeller (der – einem Premierenbericht zufolge – allerdings mehr Wind als Geräusch verursachte!). Gershwin glaubte vielmehr fest, daß auch die alten Instrumente genügen würden, den Charakter des Maschinenzeitalters musikalisch einzufangen.

Seiner neuen Rhapsody legte er – aus eben jener Filmmusik – ein kräftig hämmerndes Motiv zugrunde, es mag ihm wohl vom Bau einer gewaltigen Stahlkonstruktion her im Ohre gelegen haben, wo die Arbeiter im gleichmäßigen Rhythmus die Niete zusammenschlugen. Jedenfalls wollte er seinem neuen Werk zunächst den Titel *Rhapsody in Rivets* geben; rivet ist der englische Begriff für Niet. Er ließ diesen Namen dann aber wieder fallen, um die Phantasie der Hörer nicht von vornherein allzu einseitig festzulegen. Denn letzten Endes war auch diese Komposition keine detaillierte Programmmusik, sondern im höheren Sinne programmatisch, als eine Vision großstädtischer Impulsivität. Und so nannte er sie – als Nachfolgewerk der *Rhapsody in Blue* – unverbindlich die zweite, *Second Rhapsody*. Auch sie ist für Klavier und Orchester geschrieben und in drei sich deutlich voneinander abhebende Teile gegliedert.

Das Klavier beginnt allein mit den hämmernden Repetitionen des Nietgedankens.

---

[60] Morgenstern, a. a. O., S. 429

In seiner fröhlichen Robustheit erinnert dieses Eröffnungsmotiv an das erste Hauptthema der *Rhapsody in Blue*. Geschäftig greift das Orchester die Idee auf und entwickelt sie in lärmendem Wechselspiel mit dem Soloklavier weiter. Eine etwas sanglichere neue Melodie tritt noch hinzu. Kleine kadenzartige Zwischenspiele lockern den Fortgang auf. Ein paar solcher rauschenden Klavierpassagen leiten dann schließlich in den eigenartigen Mittelteil des Werkes hinüber, in dem sich bluesartiges Melos in breitem Fluß entfaltet, zunächst in den Streichern, dann im eigentümlich choralartigen Hymnus des Blechbläserchores und im akkordischen Satz des Klaviers.

Das alles nimmt sich seltsam feierlich aus. Dann kehrt der erste Teil in veränderter Form wieder. Hartnäckig pocht das Klavier, wie in einem richtigen Marsch mit Trommelbegleitung. Mit prahlerischer Gebärde schließt das Werk.

Die *Second Rhapsody* kann sich mit ihrer Vorgängerin *in Blue* nicht messen. Sie hat viele einzelne Schönheiten, ist aber insgesamt

Quelle der Inspiration für die *Second Rhapsody?* Nieten der Manhattan Bridge

doch nur ein schwächerer Aufguß des ersten Werkes, ihr fehlt die spontane Ursprünglichkeit, das naiv Improvisatorische und auch das lyrisch-schwärmerische Moment der *Rhapsody in Blue*. Der unbekümmerte jugendliche Elan von einst ist durch erklügelte handwerkliche Arbeit ersetzt. Bewundernswert ist die raffinierte Instrumentation, mit deren Beherrschung Gershwin weiter vorangekommen ist. Mit welcher Bravour sind da *fortissimo* ein paar Hörnerglissandi als derbe Farbwerte gesetzt, mit welchem Sinn für Kontraste werden da einige Klarinettentakte nur von den Akkorden des Klaviers und den rhythmischen Einwürfen auf Holzblock und Xylophon gestützt! Vom Geiste des Jazz ist dieses Werk allerdings noch weiter entfernt als irgendein Werk Gershwins zuvor.

Gershwin hatte die Komposition im Mai 1931 abgeschlossen. Im Juni mietete er sich im New Yorker Rundfunk-Studio ein Sinfonieorchester und probierte sein Werk aus. Er ließ sich für private Zwecke sogar eine Schallplatte mitschneiden. Er selbst war mit dem Stück sehr zufrieden – wohl vor allem deshalb, weil er so bewußt daran gearbeitet hatte, weil es ein Werk mehr seines technischen Vermögens denn seiner hemmungslosen Inspiration war. Gershwin nahm an der *Second Rhapsody* nur noch geringe Instrumentationsretuschen vor und betrachtete die Arbeit dann als abgeschlossen.

Man wollte Toscanini für die Uraufführung gewinnen; Gershwins Freund Chotzinoff machte den großen Dirigenten mit dem Komponisten bekannt und lud beide öfter zu sich ein. Zunächst war Gershwin sehr betroffen, als er merkte, daß Toscanini noch nicht einmal seine *Rhapsody in Blue* kannte (*Kannst du Dir einen Mann vorstellen*, schrieb er einem Freund, *der in den letzten sieben Jahren lebte – mit Musik zu tun hat – und noch niemals die »Rhapsody in Blue« hörte?*[61]). Aber dann war Gershwin doch glücklich, als Toscanini sich begeistert über das ausspract, was er ihm vorspielte. Seltsamerweise hat Toscanini aber niemals eine konkrete Zusage gemacht, etwas auf- oder gar uraufzuführen. Erst nach Gershwins Tode hat er oftmals dessen Musik dirigiert.

So wurde die Uraufführung der *Second Rhapsody* bis zum 29. Januar 1932 hinausgeschoben. Es war nun aber ein kaum weniger bekannter und bedeutender Dirigent, der sich des Werkes

[61] Ewen I, S. 181

Serge Kussewitzky, Dirigent des Boston Symphony Orchestra,
und George Gershwin, Fotografie 1930

annahm: Serge Kussewitzky, der damals auf der Höhe seines
Ruhmes stand. Er leitete seit 1924 das Boston Symphony Orchestra, mit dem er nun auch die Gershwin-Premiere musizierte. Der
Klaviersolist war Gershwin selbst. Das traditionsreiche Bostoner
Orchester konnte zwei Jahre zuvor bereits sein fünfzigjähriges
Bestehen feiern. Für dieses Jubiläum komponierte Strawinsky
seinerzeit die *Psalmensinfonie.* Kussewitzky hatte aber auch vorher schon mehrere Werke seines Freundes Strawinsky uraufgeführt, und Gershwin war deshalb nicht wenig stolz, daß dieser
große Dirigent seine *Second Rhapsody* jetzt mit so viel ehrlicher
Begeisterung einstudierte und herausbrachte. Die Bostoner Kritiker hatten allerdings eine weniger hohe Meinung von dem Werk
als später ihre Kollegen in New York, wo Kussewitzky und sein

155

Orchester neun Tage nach der Uraufführung mit Gershwins neuer Komposition gastierten.

Ein kurzer Urlaub war längst wieder einmal verdient. Gershwin verbrachte ihn im Frühjahr 1932 auf Kuba. Kaum war seine Ankunft bekannt geworden, beeilte man sich, dem berühmten Maestro aus Nordamerika ein zünftiges Ständchen zu bringen: man spielte unter seinem Fenster eine Rumba und gab noch eine Habanera zu! Für den gerade rhythmisch so empfänglichen Gershwin wurden Musik und Tanz der Einheimischen zu einem großen Erlebnis. Mit Ausdauer spürte er vor allem ihren instrumentalen Gepflogenheiten nach, belauschte ihre faszinierenden Künste auf den verschiedenen Schlaginstrumenten, den kubanischen Hölzern, den Bongo-Trommeln und den Marácas-Xylophonen. In den wenigen Wochen seines Aufenthalts auf Kuba nahm er unendlich viele Anregungen in sich auf, ja, ihm eröffnete sich eine ganz neue klangliche und rhythmische Welt. Einige Elemente der kubanischen Volksmusik setzten sich in ihm so fest, daß er beschloß, das Erlebte daheim in einer neuen Orchesterkomposition zu verarbeiten.

Es sollte eine Konzertouvertüre werden. Da er von der Idee des Werkes sehr gefesselt war und sich schon auf Kuba genaue Notizen gemacht hatte, ging ihm die Arbeit erstaunlich schnell von der Hand. Er schrieb seine neue Komposition in drei Wochen nieder und benötigte dann später für die Orchestration nur noch einmal acht Tage. Am 9. August 1932 lag die Partitur fertig vor. *Rhumba* stand auf der ersten Seite als Titel. Schon am 16. August fand in New York die Uraufführung statt.

Das war ein denkwürdiger Tag; denn es war das erste jener später so beliebt gewordenen All-Gershwin-Programme im gewaltigen Rund des Lewison-Stadions, ein Konzert also, in dem nur Werke von Gershwin gespielt wurden. Mit fast achtzehntausend Zuhörern wurde ein absoluter Besucherrekord aufgestellt! Viele Tausende fanden keinen Einlaß mehr. Zwei Dirigenten wechselten sich ab: Bill Daly leitete eine Folge aus *Strike Up the Band*, das *Konzert in F* (mit Oscar Levant als Solisten), die *Rhapsody in Blue* (mit Gershwin am Klavier) und vier von ihm, Daly selbst, instrumentierte Songs. Albert Coates aus London dirigierte den *Amerikaner in Paris*, die *Second Rhapsody* und als Uraufführung die *Rhumba*. (Dieser berühmte Dirigent war einst Schüler von Arthur Nikisch und – ehe er nach England ging – Hofkapellmeister in Dresden und Petersburg.)

Gershwin war insofern ein wenig unzufrieden, als er glaubte, daß man im Freien von seinem neuen Werk nicht den richtigen Eindruck bekommen könnte. Die fein abgetönten Klangfarben und Effekte der kubanischen Schlaginstrumente, deren Aufstellung er ganz vorn, unmittelbar vor dem Dirigentenpult forderte, mußten in ihrem Nuancenreichtum unweigerlich verlorengehen. Aber der Erfolg war dennoch sehr groß. Ein enthusiastischer Kritiker ging sogar so weit, Gershwins *Rhumba* über Ravels *Bolero* zu stellen.

Wie die Rhapsodien, so hat auch die Ouvertüre einen dreiteiligen Aufbau. Für den Hauptteil, der abgewandelt an dritter Stelle wiederkehrt, hat Gershwin ausdrücklich die Spielvorschrift »sehr rhythmisch« (*molto ritmato*) gegeben. Tatsächlich herrscht hier der Rhythmus uneingeschränkt, gemischt aus Rumba- und Habanera-Elementen, exerziert von allen möglichen Schlag- und Geräuschinstrumenten, die zum Teil kubanischen Ursprungs, zumindest aber dort heimisch sind: Tomtoms, Rumbakugeln, Ratschen, Holzblöcke, Gongs und Xylophone sind dabei. Dieser beherrschende Rhythmus wird von einem Melodienteppich sozusagen überlegt, einem lustigen tänzerischen Gedanken, der viel kubanisches Kolorit hat, und einem üppig und sonor strömenden Streichergesang. Alles ist in grellen, saftigen Farben instrumentiert und höchst kunstgerecht mit einigen effektvollen kontrapunktischen Kniffen verarbeitet, wobei sich beide Themen oftmals durchdringen. Über einem Paukenwirbel erhebt sich dann eine einsame Kadenz der Solo-Klarinette, die zum zweiten Teil der Ouvertüre überleitet. Dieser beginnt mit einer schönen lyrischen Episode: Ein zartes Stimmengewebe von Oboe und Englischhorn, später von Klarinette und Waldhorn, gibt dieser Szene ihr Gepräge. Zwischenhinein meldet sich ein keckes, mit kurzen Vorschlägen geziertes Motiv zu Wort, sehr ähnlich dem ersten Klavierthema aus dem Mittelsatz des *Konzerts in F*. Der weitere Verlauf der Ouvertüre ist dann nicht mehr ganz so konzentriert, bis schließlich die kubanische Atmosphäre mit der Reprise des Hauptteils wiederkehrt und abermals jenen strahlenden Optimismus verbreitet, der Gershwins *Rhumba* kennzeichnet.

Zwei Monate später, am 1. November, erklang die Komposition erstmalig im geschlossenen Raum und kam dadurch zu weit vorteilhafterer Wirkung. Das Auditorium war kein geringeres als das der Metropolitan Opera. Es war wieder einmal César Francks d-Moll-Sinfonie, die in einem Programm neben Gershwin-Werken stand.

Sie bildete diesmal den ersten Konzertteil. Nach der Pause dirigierte Daly das *Konzert in F* (mit Gershwin als Solisten) und seine Orchestertranskriptionen von vier Gershwin-Songs. Danach stand Gershwin am Pult und leitete den *Amerikaner in Paris* und die *Cuban Overture* – denn so hieß von nun an die *Rhumba*. Gershwin nahm die Umbenennung vor, weil ihm die Bezeichnung *Rhumba* zu einseitig erschien und weil er keine falschen, allzu billigen Vorstellungen beim Publikum wecken wollte. Mit »kubanisch« fand er den Charakter und Ausdruck seiner Musik besser gekennzeichnet.

Nach diesem Konzert kam es zu einem scharfen, aber völlig ungerechtfertigten Angriff in der Presse: Ein Geiger des Orchesters namens Langley veröffentlichte im *American Spectator* einen gehässigen Aufsatz unter dem Titel *Der Gershwin-Mythos*. Er stritt darin ab, daß Gershwin seine Werke alle selbst geschrieben habe; außer Grofé, der die *Rhapsody in Blue* instrumentiert hatte, habe auch »der geniale Daly« überall seine Hand im Spiele, nicht nur bei der Orchestration der soeben aufgeführten Songs, sondern zum Beispiel auch beim *Amerikaner in Paris*. Davon stimmte natürlich kein Wort; denn Gershwin hat alle seine Werke und Melodien selbst »erfunden« und komponiert und – bis auf einige Musical-Songs – seit dem *Amerikaner* auch alles selbst orchestriert. Bill Daly selbst antwortete am 15. Januar 1933 in der *New York Times*[62]: *Ich danke Mr. Langley für das Kompliment, aber ich habe den »Amerikaner« weder geschrieben noch orchestriert, ich habe niemals auch nur eine Note seiner Kompositionen geschrieben und auch keinen einzigen Takt seiner sinfonischen Werke orchestriert.*

Eine ähnliche Auseinandersetzung hat es später, nach Gershwins Tod, noch einmal gegeben. Sie betraf den mehr oder weniger großen Einfluß Joseph Schillingers auf Gershwins späte, seit 1932 entstandene Kompositionen. Schillinger war Gershwins letzter Lehrer, Gershwin aber Schillingers berühmtester Schüler. Und so kam es, daß der Kompositionstheoretiker den zugkräftigen Namen seines Zöglings für Reklamezwecke ausnützte. 1940 behauptete er in einer seiner Veröffentlichungen, Gershwin sei, als er 1932 zu ihm kam, völlig »am toten Punkt« gewesen, ausgeschöpft und verzweifelt. Er habe ihm Hilfe zugesagt und tatsächlich mit seinen Lehren wie ein Wunder auf Gershwin gewirkt; dieser habe sich

---

[62] zitiert nach Ewen I, S. 202f.

sein theoretisches Material durchgesehen und gesagt[63]: *Man braucht Musik nun überhaupt nicht mehr zu komponieren – hier ist alles drin.* An den Gershwin-Biographen David Ewen hat Schillinger 1942 geschrieben[64], daß die Oper *Porgy and Bess* völlig unter seiner Aufsicht komponiert worden sei – *es dauerte anderthalb Jahre bei drei Lektionen in der Woche (von denen sich jede über viereinhalb Stunden erstreckte).* Schillinger starb 1943. Eine Schillinger-Gesellschaft, die das *Schillinger System of Musical Composition* drei Jahre später herausgab, nutzte den Namen Gershwins weiter propagandistisch aus. Nun wurde rundweg behauptet, alles, was Gershwin nach 1932 geschrieben habe, fuße haargenau auf dem Schillinger-System.

Wie stand es nun in Wirklichkeit um die Beziehungen Gershwins zu Schillinger? Es ist nicht bekannt, ob Gershwin eine 1932 geplante Europareise dazu benutzen wollte, abermals zu versuchen, drüben einen berühmten Lehrer zu finden. Jedenfalls sagte er die Reise ab, weil sein Vater am 14. Mai starb, und begann in Amerika noch ein letztes Mal intensiv zu studieren: bei Joseph Schillinger. Er nahm – mehr oder weniger regelmäßig – vier Jahre lang Unterricht bei ihm. Nicht weil er schöpferisch müde geworden war, sondern gerade im Gegenteil, weil er einen erhöhten Kompositionsdrang verspürte, weil er noch so unendlich viele und auch so große Werke wie eine Oper schreiben wollte, hatte sich der alte Wunsch erneut vorgedrängt: sein theoretisches Wissen noch zu vertiefen. Durch einen ihm befreundeten Geiger, Joseph Achron, erfuhr er von den eigenartigen Theorien Schillingers.

Joseph Schillinger war 1895 in Charkow geboren und hatte von 1914 bis 1917 am Petersburger Konservatorium unter anderem bei Alexander Tscherepnin Komposition studiert. Er selbst komponierte dann viel und war Lehrer für Improvisation. Später in Amerika, wohin er 1929 übersiedelte, entwickelte er ein sehr logisch durchdachtes System, dessen Methodik er in graphischen Darstellungen zusammenfaßte. Er arbeitete nach strengen, komplizierten mathematischen Prinzipien. Alle kompositorischen Möglichkeiten, wie sie bei den Komponisten der Vergangenheit und Gegenwart vorkamen, waren nach melodischen, harmonischen, rhythmischen, formalen und instrumentationstechnischen Gesichtspunkten analysiert. Es war also ein exaktes System für das

[63] ebda., S. 212
[64] zitiert nach ebda., S. 213

Komponieren in allen nur denkbaren Stilen, eine Anleitung, wie man aus alt neu machen konnte. Kein Wunder, daß sich vor allem die Arrangeure auf Schillingers System stürzten. Für viele wurde es zu einer Art von »Bibel«, wie Ewen sarkastisch bemerkt.

Gershwin war sich stets darüber im klaren, daß Schillingers Methode die Inspiration, den musikalischen Einfall nicht ersetzen konnte – und bei ihm ja auch nicht zu ersetzen brauchte. Nichtsdestoweniger griff er mit heller Begeisterung nach den Formeln dieser Theorie, ließ sich von ihnen anregen und in mancher technischen Einzelheit belehren, gerade auch während der Arbeit an seiner Oper. Deshalb ist der genial improvisatorische Zug seiner Handschrift, der ja ihren eigentlichen Wert ausmacht, niemals verdeckt worden. Es gibt nur wenige Stellen in Gershwins letzten Werken, an denen Fachkenner, die mit dem Schillinger-System eng vertraut sind, den Einfluß dieser Methode exakt nachweisen konnten; an einigen Skalen der *Cuban Overture*, der Variationen über *I Got Rhythm* und der Sturmmusik aus *Porgy and Bess*. Gershwin blieb der alte, gekräftigt im theoretischen Rüstzeug, aber doch noch so ungekünstelt und vital wie einst.

Das Jahr 1933 war für Gershwin hauptsächlich mit der Arbeit an seinen letzten beiden Musicals ausgefüllt, die im Schatten der vorangegangenen Sensationserfolge blieben. Im Dezember fuhr Gershwin nach Palm Beach an die Südostküste Floridas, wo er seinen Urlaub verbrachte, aber ohne deshalb mit dem Komponieren auszusetzen. Er arbeitete an einem Variationswerk für Klavier und Orchester über den Refrain seines Liedes *I Got Rhythm*. Das war für ihn eine ganz neue und deshalb wohl besonders reizvolle Aufgabe; denn hier mußte er seine überschäumende Phantasie, der er beim Improvisieren freien Lauf lassen konnte, doch etwas eindämmen und in festere Bahnen lenken. Man hat diese Variationen gelegentlich seine »dritte Rhapsodie« genannt, doch damit ziemlich am Wesen des Werkes vorbeigezielt. Denn Gershwin geht mit dieser nicht einmal ganz zehn Minuten dauernden Komposition nicht nur formal ganz andere Wege, auch ihrem Ausdruck nach ist sie eigenständig; viel leichtgeschürzter und lockerer, ohne das Sentiment der langsamen Blueseteile, die bei den Rhapsodien gewichtig im Mittelpunkt stehen.

Sehr geistreich ist bereits die Introduktion: Ganz allein deutet eine Solo-Klarinette vorsichtig und zaghaft die Melodie von *I Got Rhythm* an, die danach vom Klavier mit ein paar Passagen abgetastet wird. Mit flirrendem Geigentremolo führt sich schließlich das

Orchester ein, das sich nun schon deutlicher mit der Melodie befaßt. Dann erst spielt das Klavier das volle Thema, den Refrain von *I Got Rhythm*.

In den Variationen ist die Melodie immer irgendwo erkennbar; wenn die melodische und rhythmische Struktur auch noch so abgewandelt erscheint, dann bleibt doch zumindest die Stimmung des Liedes erhalten, einmal nach der übermütigen, einmal nach der nachdenklichen Seite hin. Jedenfalls war Gershwin in diesen Variationen sehr erfinderisch, er hat das Klavier mit ebenso virtuosen Figuren und effektvollen Kaskaden bedacht, wie er dem Orchester brillante und bravouröse Aufgaben stellte.

In der ersten Variation werfen sich die Partner das Thema in spritziger Laune zu und umspielen es in schneller Bewegung. Die zweite Variation ist etwas ernster, in dunkler Glut entfaltet sich die Melodie im tiefen Register des Orchesters, seufzende Geigenfiguren fallen ein, während sich das Klavier zunächst nur mit nachschlagenden Akkorden beteiligt. Die dritte Variation beginnt mit einem Xylophonwirbel und bringt dann eilige, freche Sekundgänge des Klaviers. Mit Streicherlyrik beginnt die vierte, in die zärtliche Jazzrhythmen einfallen. Rasche Repetitionen des Klaviers eröffnen die fünfte, vom Blech derb akzentuierte Variation, die übermütig in den Schlußteil hinüberleitet.

Die Variationen über *I Got Rhythm* hat Gershwin pianistisch sich selbst sozusagen »auf den Leib« geschrieben, für eine vierwöchige Tournee, auf die er Anfang 1934 ging. Damit nahm das arbeitsreiche Jahr einen gewichtigen, aber auch sehr anstrengenden Auftakt: achtundzwanzig Konzerte in achtundzwanzig Tagen auf einer Reise, die quer durch die Vereinigten Staaten führte. Sie begann am 14. Januar in Boston und endete am 10. Februar in New York. Tagtäglich dirigierte Gershwin den *Amerikaner in Paris* und spielte als Klaviersolist sein *Konzert in F*, die *Rhapsody in Blue* und die Variationen über *I Got Rhythm*. Gershwin nahm die Strapazen gern auf sich, denn der künstlerische Erfolg lohnte alle Mühen vielfältig.

Schon wenige Tage nach der Rückkunft wurde er sofort wieder in ein neues Arbeitsprogramm eingespannt: Im Rundfunk begann am 19. Februar 1933 eine Sendereihe *Musik von Gershwin*, zunächst immer am Montag und Freitag abends von halb bis dreiviertel acht, später, in einer zweiten Sendefolge ab Oktober, immer sonntagabends eine halbe Stunde lang. Als Kennzeichen für seine Sendungen hatte sich Gershwin die Melodie seines Liedes *The Man I Love* gewählt. Der Komponist wirkte in diesen Reihen gleichzeitig als Programmgestalter, Dirigent, Pianist und Kommentator; denn er sprach in diesen Sendungen auch über seine Musik. Man hat es ihm dabei immer wieder hoch angerechnet, daß er oft die Gelegenheit nutzte, auch gute Popular Music anderer, sogar ganz unbekannter Komponisten zur Diskussion zu stellen.

Unterdessen waren auch Gershwins Opernpläne wieder aktuell geworden. Es stand nunmehr fest, daß kein anderer als der *Porgy*-Stoff in Frage kam. Mit der Vertonung dieser Negergeschichte wollte er beweisen, daß es nicht unter der Würde eines Weißen war, sich mit den Problemen der farbigen Bevölkerung künstlerisch auseinanderzusetzen. Im Gegenteil: mit seiner Oper wollte er dazu beitragen, die immer noch so weit verbreiteten Rassenvorurteile zu beseitigen. Um dieser großen Aufgabe willen lehnte er alle Broadway-Angebote ab. Die Radiosendungen und manche anderen kleineren Verpflichtungen hielten ihn schon genug davon zurück, sich intensiv in die Welt seiner Operngestalten einzuleben. Doch was er jetzt auch tun mochte, halb war er immer in Gedanken bei Porgy, Bess und den anderen Bewohnern der Negergasse in Charleston . . .

Porgy and Bess

Den letzten, endgültigen Anstoß zur Komposition des *Porgy*-Stoffes gab der Autor des Romans, DuBose Heyward. Gershwin stand mit ihm schon seit vielen Jahren in Verbindung, seit 1926, als er ihn eines Morgens früh um vier Uhr anrief – aufgewühlt von der ersten Lektüre des Buches und in Sorge um die Rechte für seine Vertonung. Sie hatten sich dann bald in Atlantic City getroffen, also auf halbem Wege zwischen New York und Süd-Carolina, wo Heyward wohnte. Auf ausgedehnten Spaziergängen am Meeresstrand diskutierten sie über die Möglichkeiten, aus *Porgy* eine Oper zu machen. Doch für beide waren das damals noch Zukunftspläne. Heyward war gerade damit beschäftigt, zusammen mit seiner Frau Dorothy, aus dem Roman ein Schauspiel zu machen (das dann 1927 mit sensationellem Erfolg in New York herauskam), und auch Gershwin hatte den Kopf reichlich voll mit anderen Dingen. Er wäre dem Plan vermutlich gar nicht nähergetreten, wenn ihn nicht das Schauspiel *Porgy* erneut mit der Geschichte des Negerbettlers in Berührung gebracht und abermals stark beeindruckt hätte. (Jahre später schrieb er an Heyward[65]: *Es ist noch immer das hervorragendste Stück über Farbige, das ich kenne.*)

Trotzdem hat Gershwin die Komposition der Oper immer wieder hinausgeschoben; es fehlte ihm wohl auch am Mut, eine in den Ausmaßen so gewaltige Arbeit in Angriff zu nehmen. Er hatte stets genug anderes zu tun und hätte von sich aus wahrscheinlich nie den ersten definitiven Schritt getan, wenn er dazu von Heyward nicht gedrängt worden wäre. Das war im Jahre 1933. Heyward wurde von der Theatre Guild gebeten, seinen *Porgy* für ein Musical freizugeben; diese Gesellschaft hatte Al Jolson für die Titelrolle vorgesehen und wollte Jerome Kern mit der Komposition und Oscar Hammerstein mit der Abfassung des Librettos beauftragen;

---

[65] zitiert nach Ewen I, S. 218

Oscar Hammerstein (links) und Irving Berlin

das waren immerhin die Autoren des *Show Boat*, des berühmten Musicals mit dem *Ol' Man River* – ein *Porgy* von ihnen würde gewiß ein Kassenschlager werden, und da wollte Gershwin Heyward zuliebe gern zurücktreten (*mit meiner Oper kann ich ruhig noch ein paar Jahre warten*[66]). Doch da wurde Heyward energisch. Er war an Geld absolut nicht interessiert, sondern wollte, daß aus seinem *Porgy* eine Volksoper und keine Musical Comedy wurde. Und er drängte Gershwin heftig, mit der Komposition zu beginnen, damit er der Theatre Guild wegen des Musicals absagen konnte. Da gab der Komponist endlich und endgültig die Zusicherung, mit der Arbeit unverzüglich zu beginnen; und er hielt auch, was er versprach.

Wie ein Lauffeuer verbreitete sich die Kunde, daß Gershwin eine *Porgy*-Oper schreiben würde! Sofort schaltete sich die Metro-

[66] ebda., S. 218

George, DuBose Heyward, Ira

politan Opera wieder ein und bekundete ihr Interesse an dem neuen Werk. Gershwin fühlte sich dadurch zwar sehr geehrt – aber er kannte die Schicksale der modernen Opern, die dort uraufgeführt worden waren: Sie wurden in der Saison nicht mehr als drei- oder viermal gespielt und verschwanden dann sang- und klanglos vom Spielplan. Selten nahm sich der Werke dann noch eine andere Bühne an.

Doch Gershwin wollte keine Oper für die Hautevolee von New York schreiben, sondern für alle Amerikaner. Und vor allem: es sollte ja eine Negeroper werden, und die mußte und sollte unbedingt von Negern aufgeführt werden. Das hätte er wegen der herrschenden Rassenvorurteile damals an der Metropolitan aber niemals durchsetzen können. Deshalb kam für ihn dieses berühmte, doch stockkonservative Institut nicht in Frage. Otto H. Kahn versuchte noch nachzuhelfen, indem er Gershwin eine Sonderprämie von 5000 Dollar anbot, wenn er den Vertrag mit der Metropolitan unterschriebe. Doch Gershwin unterschrieb nicht.

166

Am 26. Oktober 1933 kam vielmehr ein Kontrakt mit der Theatre Guild zustande, die sich verpflichtete, das Stück den Wünschen der Autoren gemäß zu inszenieren und auch auf Tournee damit zu gehen.

Jetzt war Gershwin glücklich. Zwar hatte er noch viele andere Arbeiten nebenbei zu erledigen, Dirigiergastspiele, Rundfunktätigkeit und anderes mehr – aber die Oper war nun das Thema Nummer eins all seines Denkens und Handelns. Er hatte den verständlichen Wunsch, Charleston, den Ort der Handlung, kennenzulernen, seine schwarze Bevölkerung vor allem und die Atmosphäre ihrer Fischergassen, wie sie der Catfish Row als Vorbild dienten. Als er im Dezember nach Florida in den Urlaub fuhr, machte er deshalb in Charleston Station und traf sich dort mit Heyward, um mit ihm weitere Einzelheiten zu besprechen. Nachdem er sich zwei Wochen in Florida erholt hatte (was die Arbeit an den *I Got Rhythm*-Variationen nicht ausschloß), kehrte er auf der Rückreise nach New York nochmals in Charleston ein.

Natürlich konnten auf den kurzen informatorischen Besprechungen zwischen dem Komponisten und dem Textautor längst nicht alle Fragen, die die Einzelheiten der Werkgestaltung betrafen, erörtert werden. Es entspann sich daher eine sehr intensive Korrespondenz zwischen Gershwin und Heyward über viele Monate hin, die interessante Einblicke in die Entstehungsgeschichte der Oper gewährt. Als Vorlage für das Libretto diente natürlich der Schauspieltext – doch eine Oper folgt grundsätzlich anderen dramaturgischen Gesetzen als ein Sprechstück. Viel, fast die Hälfte des Schauspieltextes, mußte deshalb gestrichen werden, an Stelle »unmusikalischer« Dialoge mußten neue Texte für rein musikalische Gebilde, wie Lieder, Duette und Ensembles, geschrieben werden. Für diese Arbeiten wurde der erfahrene Ira Gershwin hinzugezogen.

DuBose Heyward stammte aus einer aristokratischen Familie der Südstaaten, er wurde 1885 in Charleston geboren, verlor aber schon in der allerfrühesten Kindheit den Vater und mußte vom Knabenalter an für den Lebensunterhalt von Mutter und Schwester sorgen. Mit neun Jahren verkaufte er Zeitungen, mit vierzehn wechselte er von der Schule in ein Eisenwarengeschäft über. Doch der zarte Junge hielt die schwere Arbeit nicht aus. Zu allem Unglück erkrankte er nach zwei Jahren auch noch an der Kinderlähmung. Während der Genesungszeit daheim bildete er sich fleißig weiter, vor allem durch eifriges Lesen. Später war er dann

Kontrolleur in einem Baumwollager im Hafen von Charleston. Hier lernte er die arbeitenden Neger kennen und lieben, hier studierte er ihren Charakter und ihre Gewohnheiten. Mit 21 Jahren gründete er zusammen mit einem Freund ein Versicherungsgeschäft. Doch aus gesundheitlichen Rücksichten mußte er in die Berge Nord-Carolinas ziehen. In der Abgeschiedenheit begann er seine künstlerische Laufbahn als Maler und Schriftsteller. Im Ersten Weltkrieg kam er wieder in enge Berührung mit der Negerbevölkerung; er leistete unter den schwarzen Einwohnern seiner Gegend Organisationsarbeit.

Im Sommer 1922 lernte Heyward Dorothy Hartzell Kuhns kennen, eine Studentin der dramatischen Künste an der Harvard-Universität, die er im darauffolgenden Jahre heiratete. Er hatte sich mit zwei Gedichtbänden als Schriftsteller zu dieser Zeit schon einen Namen gemacht. Seine Frau überredete ihn, das Versicherungsgeschäft ganz aufzugeben und mit in die Great Smoky Mountains zu ziehen. In der Einsamkeit der Berge schrieb er seinen ersten Roman. Er erinnerte sich an einen verkrüppelten Neger aus der alten Fischergasse in Charleston, der auf einem kleinen Seifenkistenwägelchen bettelnd durch die Straßen fuhr, von einer Ziege gezogen. Heyward war ihm oft auf dem Wege zur Arbeit begegnet. Ihn erwählte er zum Helden seines Romans.

Porgy hatte in Wirklichkeit nicht Porgy geheißen. Sein richtiger Name war Sammy Small gewesen. Dorothy Heyward hat diese Tatsache erst später, nach dem Tod ihres Mannes, von einem jungen Wissenschaftler erfahren, der seine Doktorarbeit über die Ursprünge des *Porgy*-Stoffes schrieb. Das Wenige, was über Sammy überhaupt noch zu erfahren war, fand sich in einem Polizeiprotokoll, weil er einmal auf eine Frau geschossen hatte. Ungefähr zur Zeit der Romanveröffentlichung muß er gestorben sein.

Aber die von Heyward erdichtete Lebensgeschichte des Negerbettlers ist den Bewohnern Charlestons schließlich so vertraut geworden, daß sie heute ganz fest von der einstigen Existenz Porgys – so wie er in Roman, Schauspiel und Oper beschrieben wird – überzeugt sind. *Man hat mir versichert,* schrieb Dorothy Heyward später, *es sei völlig falsch zu glauben, daß erst DuBose den Helden seines Romans Porgy genannt habe: Sein Name, so sagte man mir, sei immer Porgy gewesen. Wer also heute nach Charleston kommt, wird mühelos etwas über ihn hören können ... Und wenn dann noch jemand fragt, was eigentlich aus ihm geworden sei – nun, dann scheinen sie sich sogar noch daran zu erinnern, daß er sich in sein Wägelchen setzte und nach New York fuhr, um Bess zu suchen . . .* Aber dieser Schluß fehlte selbst im Roman, er ist dem Ehepaar Heyward nämlich erst kurz vor der Schauspielpremiere eingefallen!

Heyward hat dann bei der Umwandlung des Sprechtextes in ein Opernlibretto auch noch manches andere abgeändert und neu eingefügt. So schreibt er zum Beispiel in einem Brief vom 6. Februar 1934 an Gershwin über die Picknickszene auf der Kittiwah-Insel im zweiten Akt[67]:

Ich habe das konventionelle Neger-Vaudeville-Zeug herausgeschnitten, das im ursprünglichen Stück war, und dafür Material eingefügt, das sowohl authentisch als auch recht »hot« ist. Ich habe dort zum erstenmal den Typ eines Säkulartanzes entdeckt, der geradewegs von einem afrikanischen Fruchtbarkeitstanz stammt und unzweifelhaft ein vollständiges Überbleibsel darstellt. Ich habe auch eine Eingeborenenkapelle mit Harmonikas, Kämmen etc. gesehen. Das wird sicherlich eine außerordentliche Einleitung abgeben zu der primitiven, leidenschaftlichen Auseinandersetzung zwischen Crown und Bess.

Man sieht, welche genauen musikalischen Vorstellungen sich der Librettist bereits machte. Das geht auch aus einem Brief Gershwins an Heyward hervor, in dem er am 8. März anfragt[68]:

Ich möchte gerne das Lied schreiben, das den zweiten Akt eröffnet, gesungen von Jake beim Netzeflicken, aber ich weiß nicht den Rhythmus, den Sie im Sinn haben – besonders für die Antworten des Chores, ich würde mich freuen, wenn Sie über die Worte Punkte und Striche setzen und mir zuschicken würden . . .

Gershwin meinte das Ruderlied Jakes und der Fischer, von dem ihm Heyward früher einmal geschrieben hatte, er hätte etwas ganz Bestimmtes dafür im Kopfe, das er nur nicht gut schriftlich zum Ausdruck bringen könnte.

Die weite Entfernung zwischen New York und Folly Beach in Süd-Carolina war überhaupt ein Hindernis für den oftmals kurzfristig nötigen Gedankenaustausch der beiden. Doch Heyward ließ

---

[67] zitiert nach Ewen I, S. 220
[68] zitiert nach ebda., S. 222

sich nicht dazu bewegen, den Süden für die Dauer der Opernarbeit zu verlassen. So gab Gershwin nach und zog den Sommer über, Juli und August 1934, in die Nähe von Charleston. Damit war er nahe bei Heyward und vor allem am Schauplatz seines Werkes. Mit seinem Vetter Henry Botkin, der damals gerade Negersujets malte, ließ er sich auf Folly Island nieder, einer schmalen Insel zehn Meilen vor Charleston, auf der sich viele Bräuche des afrikanischen Mutterlandes noch ziemlich rein erhalten hatten. Sie mieteten sich ein primitives Zimmer in der bescheidenen Hütte einer Fischersiedlung, in dem ein abgedroschenes Klavier stand. Das Trinkwasser mußte aus Charleston herbeigeholt werden.

Natürlich hat sich Heyward oft mit Gershwin getroffen. Beide gingen dann gemeinsam auf volkskundliche Entdeckungsreisen, auf die Plantagen, wo einfache Gullah-Neger arbeiteten, in ihre Kirchen, wo sie sich zum gemeinsamen Gebet trafen, auf ihre Dorfplätze, wo sie ihre Feste feierten. Heyward hat die Art, wie sie ihre Quellenstudien trieben, einmal sehr lebendig beschrieben[69]:

Es war für mich die interessanteste Entdeckung – wenn wir ihren Spirituals lauschten oder eine Gruppe beobachteten, die sich vor einer Hütte oder einem Landladen drängte –, daß dies für George mehr eine Heimkehr denn eine Erkundungsreise war. Die Befähigung, in der trügerischsten Stadt Amerikas die »Rhapsody in Blue« zu schaffen, fand ihr Gegenstück in den Impulsen, die von der Musik und der körperhaften Rhythmik der einfachen, bäurischen Neger des Südens ausstrahlen.

Der Gullah-Neger ist stolz auf das, was er »Shouting« nennt. Das ist ein kompliziertes rhythmisches Fußstampfen und Händeklatschen – zweifellos afrikanischen Ursprungs –, das als Begleitung der Spirituals dient. Ich werde nie die Nacht vergessen, als George bei einer Negerversammlung auf einer entlegenen Insel bei ihrem »Shouting« mitzumachen begann. Und am Ende übertrumpfte er zum größten Vergnügen aller sogar den besten »Shouter«. Ich glaube, er ist der einzige weiße Mann in Amerika, der das fertigbrachte.

An einem anderen Abend, als wir gerade eine baufällige Hütte betreten wollten, die als kirchlicher Versammlungsort diente, ergriff George meinen Arm und hielt mich zurück. Ich hatte dem Stimmengewirr, das ihn so fesselte, keine besondere

---

[69] zitiert nach Ewen I, S. 223 f.; deutsch auch in: Merle Armitage (Hrsg.): *George Gershwin: Wort und Erinnerung*, Zürich 1959, S. 46 f.

Bedeutung beigemessen, weil ich mit derartigen Klängen längst
vertraut war. Doch jetzt, da ich mit ihm lauschte und seine
Erregung bemerkte, begann ich das Außergewöhnliche und
Eigenartige zu begreifen. Etwa ein Dutzend Stimmen hatten
sich zu lautem rhythmischem Gebet erhoben. Das Sonderbare
daran war, daß sich – obwohl jede Stimme zu verschiedener
Zeit auf ein anderes Thema einsetzte – eine deutlich erkennbare
rhythmische Gestalt herauskristallisierte; und während sich die
Worte im unvermeidlichen Stampfen des Rhythmus verloren,
entstand eine Wirkung, die in ihrer ursprünglichen Kraft fast
erschreckend war. Von diesem unerhörten Effekt angeregt,
schrieb George sechs simultane Gebete, als urgewaltige Anru-
fung Gottes im Angesicht des Hurrikans.

So wie dieses vielstimmige Gebet – es wird in Serenas Stube im
zweiten Akt gesungen – aus dem Geiste der unmittelbaren Spiri-
tual-Überlieferung entstand, so wie sich hier eine kühne, neue
Form ganz natürlich aus dem Inhalt des Stoffes ergab, so hat
Gershwin auch in anderen Fällen die Anregungen aus der unmittelbaren Begegnung mit dem Brauch- und Volkstum der Südstaatenneger gewonnen. Doch hat er später kaum etwas Originales
verwandt, sondern die lebendigen Eindrücke stets in seiner künstlerischen Phantasie umgeschmolzen. Die religiösen Sitten, den
Alltag, das Spiel und den Tanz – alles, was für den Menschenschlag
dieser dunkelhäutigen Einheimischen typisch war, hat er in diesen
Sommermonaten mit wahrer Unersättlichkeit in sich aufgesogen.
Für die Bemühungen des Komponisten um eine realistische Oper
hatten diese Wochen entscheidende Bedeutung.

Gershwin hat sich insgesamt zwanzig Monate mit seiner Oper
beschäftigt, elf Monate davon nahm die eigentliche Komposition
in Anspruch. Kay Swift war während dieser Zeit seine ständige
Assistentin. Manch wichtigen Rat holte er sich bei Schillinger. Er
arbeitete an dem Werk außer in New York auch in Palm Beach und
Ocean Beach auf Long Island. Mitte April 1935 hatte er seine
größte Komposition im Rohbau fertig; damals hatte er auch schon
einen Teil instrumentiert, eine Arbeit, die nochmals acht Monate
dauerte. Als endgültiges Datum der Fertigstellung hat Gershwin
den 2. September 1935 auf die letzte Seite der Partitur geschrieben,
die 700 Seiten stark war. Heywards Titel *Porgy* änderte er in *Porgy*
and Bess ab. Nicht ohne einen gewissen Stolz wies er darauf hin, daß
es ja auch *Tristan und Isolde* oder *Pelléas et Mélisande* hieße!

Das *Porgy and Bess*-Ensemble

Die Theatre Guild, die früher schon Heywards Schauspiel herausgebracht hatte, verpflichtete wieder den damaligen *Porgy*-Regisseur Rouben Mamoulian. Er unterschrieb den Vertrag allein im Vertrauen auf den Stoff und auf die Berühmtheit des Komponisten. Gesehen oder gehört hatte er beim Abschluß des Kontrakts noch keine einzige Note der Oper! Als er von Hollywood nach New York herüberkam, führte ihn sein erster Weg zu Gershwin. Diesen Abend, den er zusammen mit George und Ira verbrachte und an dem ihm der Komponist die ganze Oper vorspielte, konnte er in seinem Leben nicht mehr vergessen. Seine ausführliche Schilderung dieser ersten Begegnung mit *Porgy and Bess* wirft auch auf Gershwins Charakter, auf sein fast kindlich begeistertes Verhältnis zu seiner eigenen Musik und auf die innig-brüderlichen Beziehungen Iras und Georges ein helles Licht [70]:

[70] Ewen I, S. 226f.; deutsch auch in Armitage, a. a. O., S. 52

Es war zu amüsant, wie wir drei an jenem Abend versuchten, uns lässig und gleichgültig zu geben, obwohl wir doch vor lauter Aufregung zitterten. Die Brüder stellten mir ein großes Glas Highball hin und komplimentierten mich in einen bequemen Ledersessel. George setzte sich ans Klavier, während Ira wie ein Schutzengel hinter ihm stand. Georges Hände erhoben sich, um in die glänzenden Tasten einzufallen. Mitten in der Bewegung hielt er aber noch einmal inne, drehte sich zu mir um und sagte: »Rouben, Sie müssen natürlich verstehen, daß es sehr schwer ist, diese Partitur auf dem Klavier zu spielen. Ja eigentlich ist es sogar unmöglich! Kann man denn Wagner auf dem Klavier spielen? Es ist tatsächlich wie bei Wagner!« Ich versicherte George, daß ich dies verstünde. Wieder fuhren seine nervösen Hände in die Höhe, und eine Sekunde später hörte ich die Eröffnungsmusik der Oper. Ich fand sie so erregend, so farbig und in ihren Rhythmen so aufreizend, daß ich – als der erste Teil vorbei war – aus meinem Lehnstuhl aufsprang und George unterbrach, um ihm zu sagen, wie sehr mich das begeisterte. Beide Brüder freuten sich wie die Kinder, Worte des Lobes zu hören, obgleich sie – weiß der Himmel! – damals doch längst daran gewöhnt sein mußten. Als mein Begeisterungsausbruch vorüber war und die beiden zum Klavier zurückgegangen waren, schlossen sie selig ihre Augen, ehe sie mit dem lieblichen »Summertime«-Lied fortfuhren. Während George spielte, lag ein überglückliches Lächeln auf seinem Gesicht. Er schien auf den Wogen seiner eigenen Musik zu treiben, während die Sonne des Südens über ihm strahlte. Ira sang – mit Hingabe warf er seinen Kopf zurück, die Augen immer noch geschlossen –, und er sang wie eine Nachtigall. In der Mitte des Liedes konnte sich George nicht mehr länger beherrschen und übernahm von ihm die Melodie. Georges Gesicht zu beschreiben, während er »Summertime« sang, übersteigt meine schriftstellerischen Fähigkeiten. »Nirvana« wäre vielleicht das richtige Wort.

Und so ging es weiter. George war das Orchester und sang die eine Hälfte der Partien, Ira die andere. Ira war auch häufig das »Publikum«! Es war rührend zu beobachten, wie er – während er sang – derartig von lauter Begeisterung über seinen Bruder überwältigt wurde, daß er immer wieder von ihm zu mir schaute, mit halbgeöffneten Augen, mit einem Gesichtsausdruck und einer zärtlichen Bewegung der Hand, als wollte er sagen: »Er schrieb es. Ist es nicht wundervoll? Ist er nicht wundervoll?« Gelegentlich wandte auch George seine Augen von der Partitur ab und beobachtete mich heimlich, wie ich auf die Musik reagierte – dabei tat er aber so, als kümmere er sich durchaus nicht um mich. Es war schon tief in der Nacht, als wir mit der Oper zu Ende kamen, und manchmal glaube ich fast, daß dies die beste Aufführung war, die ich jemals hörte. Wir alle fühlten uns überglücklich. Am nächsten Morgen waren George und Ira vollkommen heiser. Zwei Tage lang konnten sie nicht mehr sprechen, sondern nur noch flüstern. Ich werde diesen Abend niemals vergessen – den Enthusiasmus der beiden Brüder, ihr eifriges Bemühen um eine rechte Wiedergabe der Musik, ihre Freude über die verständnisvolle Aufnahme und all ihre rührende Anhänglichkeit zueinander. Es ist eine jener selten lieben Erinnerungen, die man sich lebenslang bewahrt.

Gershwin war in seine Oper vernarrt. Er liebte jeden Takt, jede Note. Noch niemals zuvor war er auf seine Musik so stolz. Er hatte das sichere Gefühl, daß ihm diesmal etwas Besonderes gelungen war. Ganz naiv war seine Freude, als er nach der ersten Probe zu Mamoulian sagte[71]: *Ich halte die Musik für so wunderbar, daß ich wirklich nicht glaube, daß ich sie schrieb.* Er konnte es überhaupt nicht begreifen, wie man noch an etwas anderes als an seine Musik denken konnte; er war fast beleidigt, als Mamoulian abends in der Theaterkneipe ein paar Takte von Rimskij-Korsakow leise vor sich hin pfiff. *Wie kannst du da eine russische Melodie summen, wenn du gerade den ganzen Tag meine Musik geprobt hast?* Aber dann merkte er wohl, daß er zu weit gegangen war und lenkte mit leiser Ironie ein: *Ich weiß schon, warum du diese russische Melodie gebrummt hast – weil meine Eltern von Rußland kamen.*[72]

Alle waren fürbaß erstaunt, als Gershwin mitten in der Probenarbeit den Vorschlag machte, übers Wochenende nach Long Island zu fahren, *um »Porgy and Bess« einmal ganz und gar zu vergessen*[73]. Mamoulian konnte nicht mitkommen und erkundigte sich deshalb am Montag bei einem Freund, der mit von der Partie war, was sie denn Schönes getrieben hätten. *Kannst du dir das nicht*

[71] Ewen I, S. 228
[72] ebda., S. 228
[73] ebda., S. 228

vorstellen? Von frühmorgens bis in die Nacht, alle drei Tage lang, saß George am Klavier und spielte uns Musik aus »Porgy«![74]

Als Dirigent für die Oper wurde Alexander Smallens verpflichtet. Er war in Rußland geboren, aber schon als Kind in die Vereinigten Staaten gekommen, hatte in New York und am Pariser Conservatoire studiert und wurde dann später Dirigent der Oper von Boston, leitete aber auch Konzerte in Philadelphia und New York. Bei der Besetzung der Gesangspartien achtete Gershwin streng darauf, daß nur Neger engagiert wurden. Hunderte kamen zum Vorsingen, und es war nicht immer leicht, die richtige Auswahl zu treffen. Denn so viele von ihnen herrliche Stimmen hatten, so wenige verfügten – weil es ihnen verwehrt war – über Opernerfahrung. Dem Solorepetitor Alexander Steinert stand eine harte Aufgabe bevor. Für die Partie des Sportin' Life war beispielsweise John W. Bubbles verpflichtet worden, von Beruf Steptänzer, der keine einzige Note lesen konnte! Doch weil er als Typ so recht für den verführerischen Rauschgifthändler paßte, weil auch seine Stimme hierfür charakteristisch war, hatte man ihn genommen. Aber welche Engelsgeduld war notwendig, ihm seine schwierige Gesangspartie beizubringen. Gershwin wollte schon verzweifeln und ihn wieder entlassen, weil er die Triolen von *It Ain't Necessarily So* absolut nicht begreifen konnte. Da kam Steinert auf die erlösende Idee, ihm den Rhythmus dieses Spottliedes vorzutanzen – das verstand er, und da er den Rhythmus nun in den Beinen hatte, konnte er ihn auch singen. Später war Bubbles sogar eine der Hauptattraktionen der ganzen Aufführung!

Besonders stolz war Gershwin natürlich auch auf die von ihm entdeckten Vertreter der beiden Titelrollen, auf Todd Duncan und Anne Brown. Oftmals griff der Komponist bei den Bühnenproben selbst ein, vor allem wenn er spürte, daß der Regisseur negerspezifische Züge unterdrücken wollte. Dann stürzte er von seinem Beobachtungssitz im dunklen Parkett nach vorn und spielte und sang vor, wie er es haben wollte – er schien sich dabei ganz in einen Gullah-Neger von Folly Island zu verwandeln!

Allmählich nahm die Aufführung eine immer geschlossenere Gestalt an. Gershwin war glücklich, daß die szenische und musikalische Interpretation seinen eigenen Vorstellungen, die er während der Niederschrift des Werkes gehabt hatte, laufend näher kam. Es

[74] ebda., S. 228

hatte ihn viel innere Kämpfe gekostet, einigen notwendig gewordenen Strichen zuzustimmen, um die Hauptdarsteller (sonderlich den Porgy) nicht zu überanstrengen und um den Ablauf zu konzentrieren; so fiel zum Beispiel gleich die als Einleitung gedachte große Chor- und Tanzszene dem Rotstift zum Opfer. Die letzte Probe – ohne Kostüme und Szenerie – verlegte man in die Carnegie Hall, um einmal einen vollkommenen akustischen Eindruck zu haben. Gershwin hatte dazu seine intimsten Freunde eingeladen. Danach ging es nach Boston, wo die ersten Aufführungen stattfanden.

Der 30. September 1935 war der Uraufführungstag von Gershwins Oper *Porgy and Bess*. Der Zuschauerraum des Bostoner Colonial-Theaters glich am Ende der Vorstellung einem Hexenkessel. Das Publikum raste fünfzehn Minuten lang, es rief und schrie wie losgelassen. Im Parkett wie auf der Bühne gab es vor lauter Erregung Tränen. Ein überwältigender Erfolg! Der Darsteller einer Nebenrolle sagte gerührt zu Gershwin[75]: *Du bist der Abraham Lincoln der Negermusik!* Welch ein lapidares, vielsagendes Lob! Serge Kussewitzky, der sich selten Musik anhörte, wenn er sie nicht selbst dirigierte, war überzeugt, daß er soeben einem historischen Augenblick beigewohnt hatte[76]: *Das ist ein großer Fortschritt in der amerikanischen Opernentwicklung, ja einer der größten.* Auch die Bostoner Presse war einhellig begeistert. Daß *Porgy and Bess* eine amerikanische Oper war und dazu noch eine echte Volksoper – das wurde mit besonderer Genugtuung festgestellt. *Der Komponist hat etwas zum Ausdruck gebracht,* schrieb der Theaterkritiker der Zeitung *Transcript*[77], *was dramatische Intensität und Kraft hat, in Liedern, Tänzen und mit einem Rassentemperament, das ganz natürlich dem Ort der Handlung und den Menschen dort entsprungen zu sein scheint.*

Anders war die Situation dann in New York, wo *Porgy and Bess* wenige Tage später, am 10. Oktober, im Alvin-Theater Premiere hatte. Das Publikum, einschließlich der gesamten musikalischen und schauspielerischen Prominenz, die zwischen Hollywood und Broadway Rang und Namen hatte, war zwar ebenso hingerissen wie in Boston, auch mancher Theaterkritiker ließ Worte des Lobes vernehmen, aber die Musikkritik wartete fast einhellig mit einem

[75] Ewen I, S. 232
[76] ebda., S. 232
[77] zitiert nach ebda., S. 232

regelrechten Verriß auf. Virgil Thomson, einer der bedeutendsten amerikanischen Musikfachleute (der sich in späteren Jahren begeistert zu Gershwins Oper bekannte), nannte die Komposition damals einen »ausgemachten Schwindel«. Er fand vor allem die folkloristischen Elemente »unehrlich« und das Ganze überhaupt nur eine »halbe Oper«. Dieser letzte Einwand kehrte überall wieder, selbst bei seinen bisher treuesten Anhängern, etwa bei Chotzinoff[78], der sich mit *dem ständigen Schwanken zwischen Musikdrama, Musical Comedy und Operette* nicht einverstanden erklären konnte. Broadway-Töne in einer Oper erschienen vielen geradezu als ein Verrat an der Oper. Daß hier ein ganz neuer und – wie sich erweisen sollte – sehr lebensfähiger Typus von musikalischem Theater entstanden war, der sich seine Form aus dem Stoff selbst schuf, wollte damals noch keiner erkennen. Gershwins ganze Stärke, nämlich volkstümliche Lieder, die auch in der Oper eines der wichtigsten Elemente sind, nannten sie des Komponisten »Kardinalschwäche«!

Trotz des Widerstandes der Fachpresse brachte es *Porgy and Bess* in New York zunächst auf 124 Vorstellungen. Danach folgte eine Drei-Monate-Tournee, die nach Detroit, Pittsburgh, Chicago und Washington führte. Hier, in der amerikanischen Hauptstadt, konnte Gershwin mit seiner Oper einen besonderen Triumph feiern, der ihm die allergrößte Genugtuung verschaffte und alle negativen Fachurteile im Handumdrehen aufwog: Er hatte erreicht, was er wollte. Sein Werk half, alte Rassenschranken niederzureißen, denn zum erstenmal durften Neger das Nationaltheater von Washington betreten! *Porgy and Bess* brachte es zuwege, daß die Neger wirklich einmal in den Besitz ihres Bürgerrechtes kamen und von der bei solchen Anlässen sonst durchaus üblichen, beleidigenden Absonderung befreit wurden. So brachte Gershwins Oper ihrem Komponisten die Erfüllung eines seiner sehnlichsten Wünsche: eine Brücke zu schlagen zwischen Schwarz und Weiß.

Eingedenk dieses großen Anliegens und der traurigen Tatsache, daß *Porgy and Bess* zu Gershwins Lebzeiten aus Rassegründen weit mehr bekämpft denn gefördert oder gar aufgeführt wurde, standen später im *Porgy and Bess*-Programmheft der Everyman Opera, die anfangs der fünfziger Jahre das Werk im Siegeszug

[78] ebda., S. 234

durch die ganze Welt führte, die einsichtsvollen Sätze, die auf die Jahre nach der Uraufführung Bezug nehmen: *Leider war aber zu jener Zeit das amerikanische Publikum noch nicht reif genug, um zu verstehen, daß Neger auch Menschen sind, und konnte es nicht verwinden, daß ein Weißer sich mit deren Problemen befaßte.* Nicht dem breiten Publikum lag etwas an einer Unterdrückung von Gershwins Werk, sondern nur jenen Kreisen, die starr an ihrer Theorie der Rassentrennung festhielten. Denn das hatte man schon 1935 klar erkannt, wenn auch nicht immer so ehrlich ausgesprochen wie John Mason Brown, der es trotz seiner »ungebildeten Ohren« als einen Vorteil empfand, daß *das Idiom dieser Musik das Idiom der Spirituals und das Idiom Harlems ist*[79].

Gershwin sollte es leider nicht mehr erleben, wie sein Werk nicht nur in den Vereinigten Staaten »salonfähig« wurde, sondern wie es sich die Herzen der Musikfreunde in aller Welt eroberte, wie es als die repräsentativste amerikanische Oper schlechthin Geltung erlangte.

Ich halte »Porgy and Bess« für eine der besten modernen Opern, schrieb der sowjetische Komponist Aram Chatschaturjan[80]. *Die Partitur liegt jetzt vor mir, da ich dies schreibe. Während ich die Seiten umwende, kehre ich immer wieder zu solchen herrlichen Stücken zurück wie Claras Wiegenlied, der Totenklage »My Man's Gone Now«, Porgys spöttischem Song »I Got Plenty o' Nuttin'«, dem bezaubernden Duett von Porgy und Bess, dem köstlichen kleinen Song »It Ain't Necessarily So« und den eindrucksvollen großen Chören, die mit viel polyphonem Geschick und feinem Gefühl für die Sprache des Volkes geschrieben sind. Diese Oper ist ein treffendes Beispiel für das zeitgenössische amerikanische Musikdrama [. . .].*

Gershwin selbst legte besonderes Gewicht darauf, daß man *Porgy and Bess* als eine Volksoper ansah. Er hat sich ausführlich in der *New York Times* darüber ausgeprochen, welche Methoden er diesbezüglich anwandte. *Als ich an der Musik zu arbeiten begann, entschloß ich mich, kein originales Volksmusikmaterial zu gebrauchen, weil die Musik aus einem Guß sein sollte. Deshalb schrieb ich meine eigenen Spirituals und Volkslieder. Diese sind aber dennoch Volksmusik – und folglich ist »Porgy and Bess«, da auch in der*

[79] Ewen I, S. 233
[80] in: *Masses and Mainstream* Vol. 9, No. 11, New York 1955, S. 25f.

Form opernhaft, eine Volksoper. Gershwin befaßte sich dann eingehend mit der Art seiner Studien im Gebiet der Charleston-Neger, wie er versuchte – dem Leben dieser Neger entsprechend –, ganz neue Elemente in seine Oper zu bringen, *um dem Drama den Humor, den Aberglauben, den religiösen Eifer, den Tanz und den unbezähmbaren Lebenswillen der Rasse nutzbar zu machen*[81]. Und so schuf er – seine Prinzipien aus dem Stoff entwickelnd – eine neue Form, in der sich Oper und Theater verbinden.

Mit unglaublich sicherem Instinkt für realistisches musikalisches Theater hat Gershwin in diesem Aufsatz (und natürlich in der Praxis in seiner Oper) Ideen propagiert, die überraschend genau der Methode ähneln, die wenig mehr als zehn Jahre später in Berlin von dem Regisseur Walter Felsenstein unter dem Begriff *Musiktheater* entwickelt wurden. *Ich habe meine Musik geschrieben,* sagte Gershwin[82], *damit sie zu einem vollkommenen Bestandteil der Handlung wird.* [. . .] *sie soll zusätzlich zu den Worten Ausdruck geben.* Er betonte, wie sehr ihm die Neger als eine ursprünglich-vitale Rasse bei der Verwirklichung seines Vorhabens entgegenkamen[83]: *Sie sind ideal für meine Absichten, weil sie sich selbst nicht allein durch das gesprochene Wort ausdrücken, sondern ebenso natürlich durch den Gesang und Tanz.* Gershwins Musik als zusätzlicher Ausdruck zum gesprochenen Wort entspricht dem Singen als gesteigertem, dramatisch überzeugendem Ausdruck bei Felsenstein. Die Personen in Gershwins Oper singen ihre Scherz- und Trauerlieder, ihre Songs und Spirituals, weil sie sich in ihnen ebenso natürlich (oder sogar noch deutlicher und vor allem intensiver) ausdrücken als mit dem gesprochenen Wort. Um die dafür erforderliche vollkommene Identifizierung des Sängers mit der darzustellenden Figur zu erreichen, hat Gershwin ausschließlich Neger für die Gesangsrollen seiner Oper verpflichten lassen, Menschen, die den Gesang wirklich noch als einen gesteigerten emotionalen Prozeß empfinden.

Es gibt wenige Stellen in Gershwins Opernpartitur, an denen die Lieder, Ensembles und Chöre nicht aus einer dramatischen Notwendigkeit heraus ihren Platz gefunden haben. Jede der in den durchkomponierten Gesamtablauf eingebauten »Nummern« dient

---

[81] zitiert nach Ewen I, S. 236
[82] ebda., S. 236f.
[83] ebda., S. 236

einer deutlichen Personen- und Situationscharakterisierung; meist aber treibt sie sogar die Handlung voran, ist also niemals im Sinne der alten, »betrachtenden« Arie ein retardierendes Moment. Das Milieu des Stoffes, die Negergemeinschaft in der Catfish Row, hat eine besondere Art des Sologesangs ergeben: das vom Chor begleitete oder zumindest von ihm unterstützte Lied. Gershwin hat diese Art des Gemeinschaftsmusizierens, bei dem einer das Wort führt, auf seiner Studienreise zu den Gullah-Negern kennengelernt und mit Geschick übernommen. Nicht nur in den Chören und Ensembles beteiligen sich deshalb alle am Geschehen, sondern auch die beiläufigste Bemerkung eines einzelnen findet ihr Echo in der Gemeinschaft. Es ist interessant, von diesem Gesichtspunkt aus einige Teile der *Porgy and Bess*-Partitur zu betrachten.

Wenn sich der Vorhang öffnet, singt die Fischersfrau Clara ihr Baby in den Schlaf. Das Wiegenlied *Summertime*, wohl die zarteste, poetischste Melodie, die Gershwin jemals schrieb, hat mit seinen sanften Synkopen, die den ruhigen Fluß der Melodie beleben, und mit seiner verschiedentlich von Ton zu Ton »gezogenen«, schleifenden Deklamation typisch negroiden Charakter. Der Text gibt die Jahreszeit und den Landschaftscharakter an: *Die Fische springen, und die Baumwolle steht hoch.* Auch musikalisch ist keine schönere Szenenexposition denkbar.

Summend fallen die anderen Frauen in Claras Gesang ein – ein
Zeichen, wie harmonisch und friedlich die Bewohner des armen
Negerquartiers zusammen leben. Doch die würfelspielenden Männer machen zuviel Lärm; das Kleine kann nicht einschlafen. Deshalb versucht der Vater sein Glück. Jake nimmt seiner Frau das
Kind vom Arm und singt ein Wiegenlied auf seine, auf Männerart.
Gershwin hat die lustige Ironie mit feinem musikalischem Humor
nachgezeichnet. Die Refrainzeile *A Woman Is A Sometime Thing*
reizt natürlich zum Mitsingen, zunächst die Männer, dann steckt
sie aber auch alle anderen an.

Porgy wird von seinem ersten Auftritt an mit einem quasi leitmotivischen Blues-Thema charakterisiert. In seiner ersten Szene, in ein paar ergreifenden ariosen Takten, bekennt er sein Schicksal: *Wenn Gott einen Krüppel macht, bestimmt er ihm, einsam zu sein. Zur Nachtzeit, zur Tageszeit – er muß seinen Weg ganz allein gehen* (*When Gawd make cripple, he mean him to be lonely. Night time, day time, he got trabble dat lonesome road*). Man muß diese Worte kennen, um später die grenzenlose Glückseligkeit seiner Liebe zu verstehen. Sie kommt in seinem berühmten Banjo-Song *I Got Plenty o' Nuttin'* zum Ausdruck.

Der Moskauer Musikkritiker Grigori Schnejerson nennt dieses so lebensecht komponierte Porträt Porgys des Titelhelden »ureigenstes musikdramatisches Credo«. Es ist die Lebensphilosophie eines Besitzlosen, in der leiser Spott mitklingt[84]:

[84] *Oh, I got plenty o' nuttin' | An' nuttin's plenty fo' me, | I got no car, got no mule, | I got no misery. | De folks with plenty o' plenty | got a lock on dey door, | 'Fraid | somebody's agoin' to rob 'em while dey's out | amakin' more. | What for? | Oh', I got plenty o' nuttin', | And nuttin's plenty fo' me. | I got my gal, got my song, | got Hebben de whole day long. | No use complainin'!*

Ich bin reich an Nichts,
und Nichts ist viel für mich.
Ich habe keinen Wagen, kein Maultier,
ich habe keine Schmerzen.
Die Leute mit Viel von Vielem
haben ein Schloß vor der Tür,
sie haben Angst,
daß jemand kommt und sie beraubt,
während sie unterwegs sind
auf der Jagd nach noch mehr.
Wozu? . . .
Oh, ich bin reich an Nichts,
und Nichts ist viel für mich.
Ich habe mein Mädel, habe mein Lied,
habe den Himmel den ganzen Tag lang.
Ich brauche mich nicht zu beklagen . . .

Alle um ihn Versammelten, die sein so tiefsinniges und hintergründiges Lied hören, freuen sich über sein junges Liebesglück. Oftmals unterbrechen sie ihn einfach. *Wie glücklich er ist!* rufen sie und weisen auf die strahlende Bess. Und als Porgy schließlich fortfährt, summen sie alle mit, fröhlich anteilnehmend.

Noch stärker hält die Gemeinschaft der Catfish Row natürlich im Leid zusammen. Eine erschütternde Atmosphäre beherrscht die Szene, in der Serena die schmerzliche Totenklage um ihren erschlagenen Mann anstimmt: *My Man's Gone Now.*

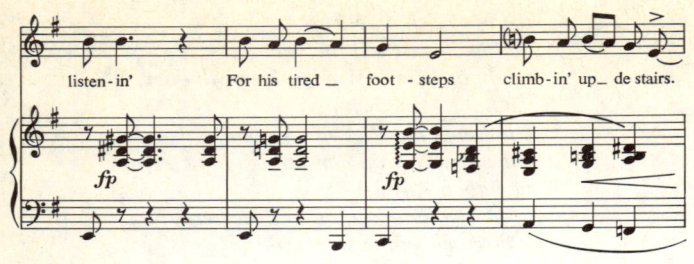

In dieser unvergeßlichen Gershwin-Melodie liegt Tragik. Die Synkopen der Orchesterbegleitung tragen ein erregendes Moment in diese Musik. Die quälend schluchzenden Glissandi Serenas und des ganzen Chores sind wiederum ein deutliches Charakteristikum des Vokalstils der Neger. Gershwin setzt diesen aufsteigenden Glissandi mit echtem Instinkt für den dramatischen Effekt chromatisch abfallende, parallele Akkordketten des Orchesters entgegen. Immer und immer wieder nimmt der Chor zu dem, was der einzelne zu sagen hat, unmittelbar und im Augenblick Stellung. Wenn während des schrecklich wütenden Orkans, der viele Menschenleben fordert, der Mörder Crown sein lästerliches Lied vom rothaarigen Weib singt (»berstend in Jazzmanier!«), dann kommt es flehend von den Lippen der anderen: *Gott, beschütz uns! Hör nicht auf Crown! (Oh, Lawd, Lawd, save us, don't listen to dat Crown.)* Doch vergeblich versuchen sie, ihn mit ihrem Gebet zu übertönen.

Der Rauschgifthändler Sportin' Life, eine von Grund auf amoralische Person, bringt das Volk durch seine teuflischen Überredungskünste zum Mitsingen. So wie er die Picknickgesellschaft mit seinem frechen Spottlied *It Ain't Necessarily So* aufputscht,

in dem er die allen wohlvertrauten Gestalten des Alten Testaments verdächtigt und lächerlich macht, so verführt er am Ende Bess mit seinem erotisch-schlüpfrigen Song von den »Freuden« der Großstadt (*There's A Boat Dat's Leavin' Soon for New York*).

Moderato (Tempo di Blues)

mf misterioso

Sporting Life *mf*

There's a boat dat's leav-in' soon for New York, _____ Come wid me, _____ dat's where we be - long, sis - ter. _____

Wie treffend und raffiniert hat Gershwin hier den Broadway-Stil benutzt! Da machte sich seine alte Vertrautheit mit den musikalischen Kniffen, wie er sie einst in der Tin Pan Alley gehört und gelernt hatte, einmal wirklich bezahlt.

Auf ganz natürliche Weise und am deutlichsten tritt das Chorlied mit ausgedehnten Soli des Vorsängers im Arbeitslied in Erscheinung. Das bedeutendste Beispiel dafür ist das schon im Briefwechsel zwischen Gershwin und seinem Librettisten DuBose Heyward erwähnte Ruderlied *It Take A Long Pull To Get There*, das Jake mit seinen Fischern beim Netzeflicken singt.

Das von allen im Refrain immer wieder dazwischengerufene *Huh!*
ist der stilisierte Ausdruck für die Anstrengung beim Heraufziehen
des schweren Netzes. Wenn es heißt: *Ich fahr' hinaus zur Black-*
fish-Bank, ... doch ankern will ich im Gelobten Land (*Oh, I'm*
agoin' out to de Blackfish Banks, ... but I'll anchor in de Promise'
Lan'), so weist diese Textverbindung deutlich darauf hin, wie sehr
die Folklore des Südstaaten-Negers vom Geiste des Spirituals
durchdrungen ist (Gilbert Chase hat an diesem Beispiel darauf
aufmerksam gemacht).

Die genialsten Partien in Gershwins Opernpartitur sind jedoch
die Chöre selbst, vor allem die chorischen Spirituals, mit deren
künstlerischer Nachbildung der Komponist am tiefsten in die
Negerseele eingedrungen ist. Das Negrospiritual ist das religiöse
Gegenstück zum Blues. Es wurde aber nicht nur bei religiösen
Versammlungen gesungen, sondern bei jeder Gelegenheit, wo die
Südstaaten-Neger nur zusammenkamen, natürlich auch bei der

Arbeit. Die Melodien stammen oft von methodistischen oder baptistischen Hymnen ab, doch durch die interpretatorischen Eigenarten wurden sie ganz zum Negervolksgesang umgeschmolzen, vor allem durch den markant geschärften, von Händeklatschen und Fußstampen unterstützten Rhythmus und das sehr differenzierte Frage-Antwort-Schema. Besonders vom Vorsänger wird die Melodie ganz frei, improvisatorisch vorgetragen. Die einfallenden Stimmen der anderen verflechten sich dann oftmals in kühner Vielfalt, so daß eine sehr eigenwillige Polyphonie entsteht. Diese aus dem Stegreif entwickelte, von schöpferischem Instinkt inspirierte Mehrstimmigkeit, deren kraftvolle rhythmische Gestaltung Heyward in seinem Bericht von Folly Island beschrieb, ist das wichtigste Merkmal des Negrospirituals.

Vor allem mit zwei Beispielen hat Gershwin in seiner Oper bewiesen, wie er das Spiritual kunstvoll zu stilisieren vermochte, ohne ihm etwas von der Vitalität seiner impulsiv-ursprünglichen Wirkung zu nehmen: in dem großen Trauergesang auf Robbins' Tod (*Gone, Gone, Gone*) und in dem gewaltigen kollektiven Gebet während des tobenden Hurrikans (*Oh, Doctor Jesus*). Eine im armen Negerviertel überlieferte Zeremonie ist der szenische Hintergrund des Trauergesangs: Man erweist dem aufgebahrten Toten, zu dessen Füßen die klagende Witwe sitzt, die letzte Ehre, indem man einen Obulus in den Teller wirft, der auf seiner Brust steht. Musikalisch hat Gershwin die Szene durch Glockenschläge feierlich eröffnet. Ein einzelner beginnt plötzlich zu singen: *Wo ist Bruder Robbins?* und alle antworten: *Tot, tot, tot – quasi marcia funebre* hat Gershwin über die Chorstelle geschrieben, »wie ein Trauermarsch«.

Come prima

Gone, gone, gone, gone, gone, gone, gone.

Gone, gone, gone, gone, gone, gone, gone.

Immer wieder hat ein einzelner etwas zu sagen, und immer wieder fallen die anderen mit ihrem *Gone, Gone, Gone* ein. Die Kontraste in diesem Spiritual zwischen den improvisiert wirkenden, bewegten Solostellen und der monoton sich wiederholenden Feststellung des Chores haben etwas Bezwingendes an sich. Ebenso typisch für die Neger ist dann der plötzliche Stimmungsumschwung. Mit einem Male machen sich die im Innern angestauten Energien in einem alles mitreißenden Temperamentsausbruch Luft; einer ruft mit fanatisch erhobener Stimme: *Komm her, Schwester, komm her, Bruder, füllt den Teller, bis er überfließt* (*Come on sister, come on brudder, fill up de saucer till it overflow*). Dieses letzte Wort, »overflow«, wirkt wie ein Signal, an ihm entzündet sich eine rhythmische Ekstase, die scheinbar gar nicht zu dem vorangegangenen Trauerton passen will: *Overflow, Overflow!* – als ob man mit dem gesammelten Geld, das kaum reicht, die Bestattungskosten zu decken, den Toten wieder lebendig machen könnte!

Subito con spirito
Sopr. Solo

Come on sis-ter, come on brud-der fill up de sau-cer till it

Eine solche ausgelassene Stimmung bedeutet für die Neger aber keineswegs ein Verlassen der religiösen Atmosphäre; im Gegenteil, gerade in ihr vermeinen sie Gott besonders wirkungsvoll anrufen zu können. Rein musikalisch betrachtet, besteht zwischen dem ekstatisch-flehenden Spiritualgesang, wie ihn die amerikanischen Neger auch in ihren Kirchen singen, und dem Blues, wie er im Jazzklub eines Negerviertels vorgetragen wird, kein Unterschied. Joachim Ernst Berendt zitiert in diesem Zusammenhang in seinem Jazzbuch die Blues-Sängerin Alberta Hunter[85]: *Die Blues sind wie Spirituals, fast heilig. Wenn wir Blues singen, singen wir aus unserem Herzen, wir singen alles heraus, was wir fühlen*, und den Blues Sänger T-Bone Walker[86]: *Den ersten Boogie-Woogie meines Lebens habe ich in der Kirche gehört. [. . .] Viele Leute denken, daß ich einmal Pfarrer werde, wenn ich als Sänger nichts mehr verdiene – wegen der Art, in der ich den Blues singe. Sie sagen, es klingt wie eine Predigt.* Wer dächte bei diesem Einssein des musikalischen Ausdrucks, ganz gleich, ob es sich um religiöse oder profane Inhalte handelt, nicht an Johann Sebastian Bach, der ja auch ohne stilistische Unterschiede seine weltlichen und geistlichen Werke komponierte.

Oh, Doctor Jesus ist ein Spiritual-Typ ganz anderer Art; es sind jene sechs simultanen Gebete, von deren Entstehung Heyward berichtete; Gershwin ließ sich damals von dem rhythmisch-aufreizenden Gebet der zwölf Gullah-Neger anregen, in dem jede Stimme zu verschiedener Zeit mit einem anderen Thema einsetzte. Er schrieb dieses Gebet für sechs Solostimmen, die sich *ad libitum* über einen durchgehend ausgehaltenen, vom Chor gesummten Akkord entfalten.

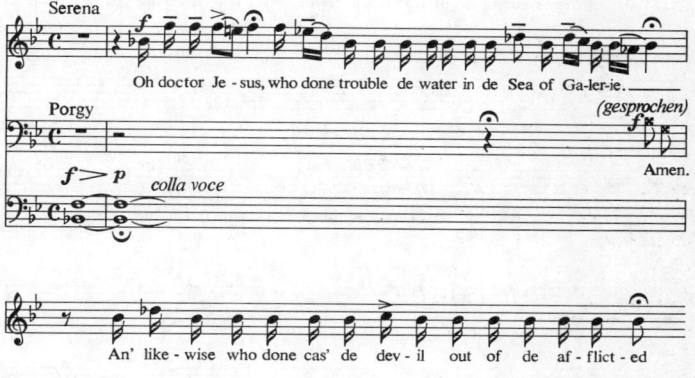

[85] Joachim Ernst Berendt: *Das Jazzbuch – von Rag bis Rock*, Frankfurt/Main ³1974, S. 144
[86] ebda., S. 144 f.

time__ an' time__ a - gain.

Porgy

Time__ an' time__ a - gain.

Peter

Oh, my Je - sus!

Oh, doctor Je - sus, what make you ain' lay yo' han' on dis po' sis-ter' head, __

Lily

Oh, my father!

An' chase de dev-il out of her down a steep place into de sea like you used to do

time__ an' time a - gain.

Porgy

Time__ an' time__ a - gain, Oh, my Je - sus!

Lif' dis po' crip-ple up out of de dus'. __

Al - le - lu - jah!

An' lif' up his wo-man an' make her well time__ an' time__ a - gain,

194

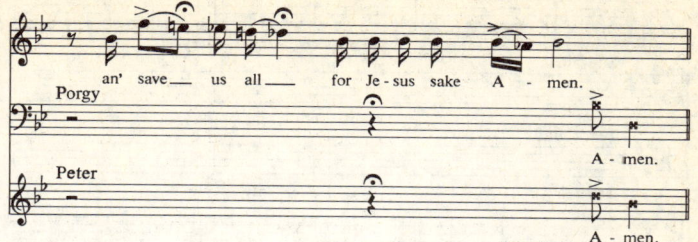

Schnejerson findet in diesem kraftvollen Spiritual Gershwins Meisterschaft besonders ausgeprägt, er bewundert vor allem, wie *das Element der freien Liedimprovisation als unmittelbarer Ausdruck der tiefsten seelischen Erlebnisse* seine ursprüngliche Bedeutung zurückgewonnen hat. Noch ausgeprägter ist das improvisatorische Element natürlich im Gebet eines einzelnen. Die freie und eigenwillige Melodieführung mit ihren ausschweifenden Melismen und großen Intervallsprüngen hat Gershwin mit ergreifend echtem Ausdruck in der Szene nachgestaltet, in der Serena für die kranke Bess betet, unterstützt von eifernden Zwischenrufen des besorgten Porgy.

In ihrem hymnisch-inbrünstigen Charakter sind auch andere Chöre der Oper vom Spiritual beeinflußt, vor allem der Schlußchor, den der nach New York aufbrechende Porgy anstimmt: *Oh Lawd, I'm On My Way*. Gershwin selbst gibt diesen Hinweis mit der Anmerkung: *quasi Spiritual*, »mit religiösem Eifer«.

In diesem Zusammenhang ist aber auch der *Marsch ins Gelobte Land* zu nennen, jener von Soli der Bess unterbrochene große Chor aus dem ersten Akt mit den im Hinblick auf den erschlagenen Robbins ausgesprochenen Trostworten: *Er ist vorausgegangen ins Gelobte Land* (*we meet our brudder in the Promise' Lan'*) – der Schweizer Kritiker Willi Schuh meint, daß Gershwin gerade in diesem Stück die triviale Atmosphäre religiöser Massenverzükkung faszinierend eingefangen hat. Das fröhliche Gegenstück ist der Marsch-Chor *Oh, I Can't Sit Down*, der beim Aufbruch zum Picknick gesungen wird, mit unwiderstehlichen Synkopen, begleitet von einer auf der Bühne mitmarschierenden Kapelle.

Wie intensiv Gershwin das bewegte Leben in einer Negersiedlung studiert hat, zeigt er auch an den unvergeßlichen, besonders eindrucksvollen Stellen seiner Partitur, an denen er die Rufe der Straßenhändler mit all ihren volkstümlichen Charakteristika und doch sehr feinen künstlerischen Mitteln imitiert, der Erdbeerfrau, des Honig- und des Krabbenmannes. Vor allem die kleine ariose Partie der Erdbeerverkäuferin, deren melismatische Auszierung den Interpreten vorbehalten bleibt, ist eine der reizendsten Passagen des ganzen Werkes. Die dicke Marktfrau läßt ihre Tochter mit süßem Sopran die Früchte anpreisen; sie selbst kräht mit fundamentaler Stimme bloß den Namen des Feilgebotenen dazwischen: *Strawberry!* Ein Effekt voll drastischer Komik!

Die beiden Duette Bess-Porgy gehören zwar zu den Glanznummern des Werkes, sind aber weit mehr dem traditionellen Opernstil verhaftet, sie stehen in ihrer Klangseligkeit den schönsten Kantilenen Puccinis in nichts nach. Der große melodische Atem von *Bess, You Is My Woman Now* (die Melodie ist das leitmotivische Liebesthema der Oper)

wird von Gershwin äußerst geschickt zu kontrapunktischer Arbeit ausgenutzt – wie im letzten Drittel des Duetts die Baritonstimme gegen den führenden Sopran gesetzt ist, das hat bei allem konventionellen Zuschnitt des Ganzen doch den Reiz des Neuen und Ursprünglichen. Hier ist Gershwins Handschrift unverkennbar. Das Duett im zweiten Akt *I Wants To Stay Here* hat eine schlichtere Melodie, ist aber nicht weniger leidenschaftlich und ausdrucksvoll.

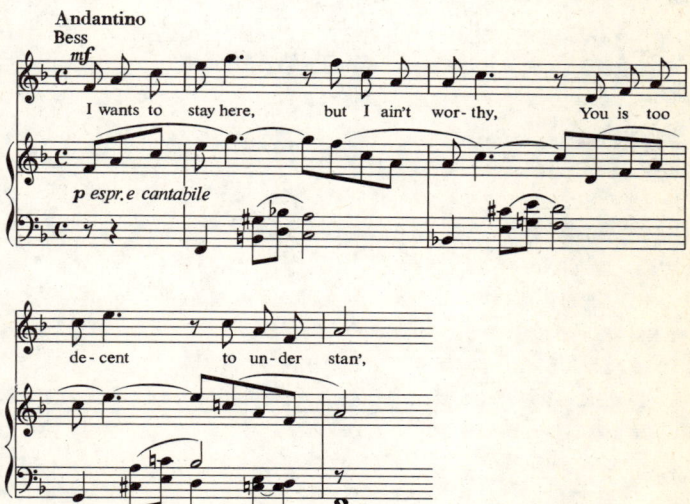

Starke Emotionen beherrschen das Duett Bess-Crown (auf Kittiwah-Island), in dem Einflüsse des Jazz spürbar werden, in der Art der melodischen Führung ebenso wie im rhythmischen Zuschnitt. Wieviel echtes Gefühl steckt in Bess' tapferem Bekenntnis zu Porgy, das Crown brutal mißachtet!

Duett Bess/Porgy im II. Akt, 1. Szene
Autographe Seite der Partitur

Porgy ist von Gershwin natürlich besonders reich bedacht worden, am typischsten und charakteristischsten im bereits beschriebenen Banjo-Song. Zu welch erregt-pathetischem Gefühlsausbruch er fähig ist, beweist sein Schlußgesang *Oh, Bess, Oh, Where's My Bess?*

Das eigentümlichste Stück aber, das er zu singen hat, ist der einst gestrichene, später aber wieder aufgenommene *Buzzard-Song*. Die Bezeichnung als »Song« ist zwar eingebürgert, aber falsch. Denn hier handelt es sich um eine echte Opernarie. Ein Bussard taucht über der Catfish Row auf und erfüllt Porgy mit bösen Ahnungen. An solcher Stelle steht eine Arie dieses Stils gerade recht: Mit ihren derben Akzenten im trägen melodischen Fluß, ihren dissonanten Akkorden läßt sie kommendes Unglück vorausahnen. *Con espressione dramatica* hat Gershwin vorgeschrieben.

Moderato energico
Porgy

Buz- zard keep on fly- in' o- ver, take a - long yo' shad- ow.

mf *con espr. dramatica*

Die musikalische Kraft in den formal geschlossenen Teilen, den Liedern, Arien, Ensembles und Chören, vermißt man bei einigen Rezitativen. Hier hatte Gershwin noch keine Erfahrung, denn in seinen Musicals wurden die Dialoge ja gesprochen. Erstaunlich sind aber die dramatischen Effekte, die Gershwin an wenigen Stellen der Gegenüberstellung von gesprochenem und rezitativisch gesungenem Dialog abgewinnt: Das gesprochene Wort bleibt dem Detektiv vorbehalten, dem einzigen in dieser Oper, der kein Neger ist!

Sehr erfahren zeigt sich Gershwin in der Behandlung des Orchesters, nicht nur in bezug auf die Instrumentation, die ungemein farbig und abwechslungsreich ist, sondern auch in der Anlage der reinen Instrumentalstücke der Oper, den Vor- und Zwischenspielen. Es gibt keine Ouvertüre im traditionellen Sinne, sondern nur eine relativ kurze Introduktion, die in ihrer rhythmischen Vehemenz ein Abbild des turbulent-fröhlichen Lebens in der Catfish Row ist.

Die von Gershwins Librettisten brieflich beschriebene Negermusik auf Mundharmonikas, Kämmen, Knochen, Waschbrett und Zuber hat der Komponist als »Bühnenmusik« im ausgelassenen Picknick-Bild verwandt; er leitet diese Szene mit einem rhythmisch komplizierten Duett von zwei afrikanischen Trommeln ein, dessen Vortragsbezeichnung er mit *Allegretto barbaro* angibt.

Das empfindungstiefste Instrumentalstück der Oper ist das Vorspiel zum dritten Akt, ein in der Stimmung fein gezeichnetes *Andantino dolente*. In einen zarten Holzbläsersatz hinein wird vom Cello (und der Oboe als Echo) ein Klagemotiv gesponnen,

das gegen Ende des Vorspiels die Hörner übernehmen. Es ist das Hauptthema des folgenden Trauerchores, mit dem der Opfer des Hurrikans gedacht wird. Die Sturmmusik selbst ist ihrer effektvollen Wirkung wegen sehr berühmt geworden, obwohl die unentwegten dramatischen Passagen mit ihren chromatisch und parallel geführten, von Sekunden und Quarten strotzenden Akkorden recht stereotyp aneinandergereiht sind. Überhaupt ist Gershwins Harmonik wenig differenziert. Die Wirkung angehäufter dissonanter Akkorde ist bald abgenutzt. Üppige Chromatik und ungeniert massives Durmoll sind weitere Kennzeichen seiner Partitur. Ein altes Übel, das Gershwin leider niemals ganz abgelegt hat, sind seine häufig schlechten Modulationen.

Soviel man jedoch im einzelnen an dieser Opernpartitur kompositionstechnisch auch aussetzen kann – ihrer ursprünglichen Wirkung wird sich niemand entziehen können. Die oft bemängelte Mischung von Opern- und Musical-Elementen ist so geglückt, daß sie recht eigentlich den dramaturgischen Wert von *Porgy and Bess* ausmacht; man kann sagen, daß sie hier zum Stil wurde.

Tödlicher Pakt mit Hollywood

Kein anderer Komponist Amerikas konnte sich mit Gershwins Popularität messen. Wenn sich *Porgy and Bess* auch damals als Oper nicht durchsetzte, so wurden doch einzelne Songs daraus so bekannt und beliebt wie echte Volkslieder. Man sang sie auf der Straße. Gershwin machte das sehr glücklich. Kein Wunder, daß seine Freunde ihn stets fröhlich und unternehmungslustig fanden. Nach wie vor endete jedes gesellige Beisammensein mit ausgedehnten Klaviervorträgen Gershwins; noch mehr als früher schien er nicht nur Musik zu machen, sondern selbst ein Teil der Musik zu sein. Wenn er so spielte und schöpferisch improvisierte, strahlte reine Lebensfreude von ihm aus. Seine tänzerischen Rhythmen und launigen Melodien ließen nichts Böses oder gar Schmerzliches ahnen.

Und doch fühlte er sich jetzt oftmals einsam und krank. Seit mehreren Jahren wohnte er allein. Von seinem Wolkenkratzer-Appartement am Riverside Drive, das mit Iras Wohnung unmittelbar verbunden war, hatte er 1933 Abschied genommen. Seit dieser Zeit lebte er in der East 72nd Street, in einer riesigen Wohnung des Hauses Nummer 132; sie war noch eleganter als die vorige, aber nicht mehr so modernistisch eingerichtet. Natürlich hatte auch sie wieder eine kleine Turnhalle und ein Atelier. Das große Wohnzimmer war ein Anziehungspunkt für Kunstkenner; denn Gershwins wertvolle Gemäldesammlung hatte jetzt ein stattliches Ausmaß angenommen. Aber aller Komfort, alle Behaglichkeit konnte ihm oftmals über seine Niedergeschlagenheit nicht hinweghelfen. *I can't eat, I can't sleep, I can't fall in love – Ich kann nicht essen, kann nicht schlafen, kann mich nicht verlieben!*[87] war eine seiner

---

[87] Ewen I, S. 267

Arnold Schönberg,
1937 von Gershwin porträtiert

deprimierten Äußerungen, die er in der Zeit der Opernarbeit machte. Er hatte kein rechtes Zutrauen mehr zu den Ärzten, die er seit 1933 regelmäßig konsultierte. Wegen seiner akuten gastrischen Schmerzen hatte er sich auch psychiatrisch behandeln lassen. Das Untersuchungsergebnis lautete auf chronische Neurose. Die Behandlung half ihm nur hin und wieder, im Grunde hielten die Beschwerden bis an sein Lebensende an – trotz ausgedehnter Perioden, in denen er streng diät lebte und sogar das Zigarrenrauchen aufgab.

Da man ihm sein Leiden äußerlich kaum ansah, wollte ihm keiner seiner Freunde glauben, daß er ernsthaft krank sei – zumal er selbst in Zeiten vorübergehender Bettlägerigkeit beim Stichwort »Klavierspiel« aus dem Bett sprang und ohne Rücksicht auf seinen Zustand drauflosmusizierte. Ende 1935 ging es ihm aber doch so schlecht, daß er eine vierwöchige Erholungsreise nach Mexiko unternahm. Als er Mitte Dezember nach New York zurückkehrte, wurde er im Hafen vom gesamten *Porgy and Bess*-Ensemble abgeholt!

Ohne Arbeit konnte Gershwin nicht leben. Er griff deshalb unbedenklich zu, als ihm die Filmgewaltigen in Hollywood ihre Angebote machten. Er kannte die Stadt bei Los Angeles seit 1930, als er die Musik zu dem Fox-Film *Delicious* schrieb (aus der sich danach noch die *Second Rhapsody* entwickelte). Damals ließ er sich bereits einige Monate in Beverly Hills nieder, in einem Haus, das kurz zuvor die Garbo bewohnt hatte. Er war also mit den Praktiken in Amerikas geschäftiger Filmmetropole schon etwas vertraut, als er jetzt abermals nach Kalifornien aufbrach. Zusammen mit dem Ehepaar Ira Gershwin mietete er sich eine komfortable Villa, zu deren Garten ein Schwimmbassin und ein Tennisplatz gehörten. Sie richteten sich für einen längeren Aufenthalt ein, der sich dann tatsächlich noch über das ganze Jahr 1936 bis weit in das verhängnisvolle folgende Jahr hinein erstreckte.

Zunächst nahm sich alles recht günstig aus. Gershwin fühlte sich gesundheitlich wohl, mit seinem Foxterrier machte er täglich längere Spaziergänge, traf viele alte Bekannte und Freunde und lernte neue kennen und schätzen. Zu ihnen gehörte Arnold Schönberg, der 1933 – beschimpft als Vertreter »entarteter Kunst« und Jude – aus Deutschland emigriert war, wo er eine Kompositions-Meisterklasse an der Berliner Akademie der Künste geleitet hatte. Er wohnte jetzt in Beverly Hills unweit von Gershwin und kam wöchentlich einmal zum Tennisspielen. Obwohl als Musiker so grundverschiedener Natur, hatten beide eine hohe Achtung voreinander, nicht nur menschlich, sondern auch künstlerisch. Schönberg schätzte besonders die *Rhapsody in Blue*. Gershwin, der noch immer gern malte, porträtierte seinen vierundzwanzig Jahre älteren, ihm freundschaftlich zugetanen Kollegen.

Die Filmarbeit machte ihm vorläufig ebenfalls Spaß. Er schrieb zunächst die Musik für den Musicalstreifen *Shall We Dance*, der später auch in Deutschland unter dem Titel *Darf ich bitten?* gelaufen ist und erst jüngst (1983) wieder im Fernsehen ausgestrahlt wurde. Die Hauptdarsteller waren das berühmte Tanzpaar Fred Astaire und Ginger Rogers, die bereits in Filmen mit Musik von Berlin und Kern Welterfolge errungen hatten. In diesem Film nun spielte er einen Tänzer des berühmten russischen Balletts, sie eine kleine Ballsaaltänzerin; beide lernten sich auf der Überfahrt nach Amerika kennen und lieben. Der Höhepunkt war Astaires Maschinenraumtanz zu den Lauten und Geräuschen der gewaltigen Schiffsmaschinen, in deren hartnäckigem Rhythmus er mit einem Wirbel rasanter Bewegungen paradierte. Gershwins Filmpartitur enthielt viel reizvolle, tänzerische Musik und einige Lieder – darunter den Titelsong – von altgewohnter Qualität.

Gershwin schrieb anschließend die Musik für einen zweiten Astaire-Film: *A Damsel in Distress* (er erhielt später in Deutschland den sinnigen Titel *Wie einst im Mai*), in dem unter anderem die recht zweifelhaften Publicity-Methoden Hollywoods aufs Korn genommen wurden; Astaire mußte nämlich einen beim Publikum sehr beliebten Tänzer darstellen, einen zurückhaltenden, fast scheuen Menschen, der von seinen Presseagenten aber als Schwerenöter und Don Juan gemanagt wurde! Astaire hatte in diesem Film eine neue Partnerin, Joan Fontaine. Das Drehbuch machte aus ihr ein englisches Adelsfräulein, das sich in den Tänzer zu verlieben hatte – woraus sich selbstredend Komplikationen ergaben. Der Erfolg des Films begründete sich auf Astaires Tanzkunst und Gershwins Musik – zwei Faktoren, die wie nie zuvor ein untrennbares Ganzes bildeten, obwohl Astaire doch immerhin schon seit mehr als zehn Jahren, seit *Lady, Be Good!*, ein lang erprobter und bewährter Gershwin-Interpret war.

Diese beiden Filmmusiken schrieb Gershwin 1936. Im Jahr darauf kam dann noch ein dritter Hollywoodauftrag hinzu. Samuel Goldwyn erbat sich von George und Ira Gershwin die Songs für seine monströse Leinwand-Show *The Goldwyn Follies*. Als Choreographen engagierte er keinen Geringeren als Georges Balanchine, den berühmten Ballettmeister des »Ballet Russe de Monte Carlo«, der 1934 nach Amerika kam und sich hier zum bedeutendsten und einflußreichsten Choreographen des ganzen Kontinents entwickelte. Gershwin ahnte gewiß nicht, daß die Arbeiten für diesen Film die letzten seines Lebens sein würden. Nach dem Song *Love Is Here to Stay* mußte er den Federhalter für immer aus der Hand legen.

Gershwin war erschöpft. Die Arbeit für Hollywood enttäuschte ihn zutiefst. Der dort herrschende Geschmack erschütterte ihn, die Sucht nach groben, gigantischen Effekten stieß ihn ab. Was man von ihm wünschte, stand in krassem Gegensatz zu dem, was er wollte und was er – längst über den Broadway-Geschmack hinausgewachsen – in seiner Oper bereits erreicht hatte. Er war jetzt auf Einfachheit aus, auf einen ökonomischen Einsatz der musikalischen Mittel. Und was forderte man? Große »Aufmachung«, effektvoll-bunte Instrumentation! Gershwin verzweifelte.

Ginger Rogers und Fred Astaire in *Shall We Dance*

Ewen hat in seiner Biographie die Meinung von Gershwins intimsten Freunden mitgeteilt, die ihm mehrfach bekundeten, wie sehr der Komponist unter der verhaßten Verbindung mit der in Superlativen schwelgenden, geschäftigen Filmindustrie Hollywoods litt. Gershwin war völlig deprimiert. *Ich bin achtunddreißig, berühmt und reich, aber zutiefst unglücklich. Warum?* [88] Er hatte nur einen Wunsch: allein zu sein, Ruhe zu haben. Alle Pläne einer Heirat waren fehlgeschlagen. Seine letzte große Liebe galt Paulette Goddard, die damals mit Chaplin verheiratet war; Gershwin glaubte fest, daß sie sich seinetwegen scheiden lassen würde. Ihre Weigerung ließ ihn noch mehr verzweifeln.

Nun packte ihn Heimweh nach New York. Nach seiner geplanten Rückkehr wollte er sich ganz der ernsten Musik zuwenden – ein Streichquartett und eine Sinfonie gehörten zu seinen Plänen, auch Chöre, die auf amerikanischer Volksmusik basieren sollten, wollte er schreiben (zu diesem Zweck plante er eine Studienreise nach Europa, um dort die verschiedenen nationalen Stile von Chorkompositionen kennenzulernen), und natürlich wollte er auch wieder für die Bühne komponieren, ein Ballett und eine neue Oper.

Doch diese Zukunftspläne gingen nicht in Erfüllung, denn seine seelische Erschöpfung hatte auch physische Ursachen.

Die ersten ernsten Anzeichen kommenden Unheils brachte der Jahresbeginn 1937. Zusammen mit dem Philharmonischen Orchester von Los Angeles musizierte Gershwin am 11. Februar als Klaviersolist sein *Konzert in F*. Mitten im Spiel verlor er für wenige Sekunden das Bewußtsein, so daß er einige Takte verfehlte. Dann spielte er zu Ende, als sei nichts gewesen. Später erzählte er, er hätte in jenem schrecklichen Augenblick das Gefühl gehabt, verbrannten Gummi zu riechen. Kurze Bewußtlosigkeit mit derselben Geruchsempfindung überkam ihn nochmals im April, als er in Beverly Hills beim Friseur saß.

Heftige Kopfschmerzen kamen jetzt häufig hinzu. Allzu grelles Licht störte ihn, so daß er oftmals am Tage die Vorhänge schloß. Es machte ihm Mühe, eine Treppe hinabzusteigen. Die ständige Aufsicht eines Arztes war jetzt unerläßlich. Er war auch ungewöhnlich reizbar und vermochte sich selbst in Gesellschaft nur noch schlecht zu beherrschen. Bei einem politischen Gespräch über Hitler erregte er sich derart über den wahnwitzigen Tyran-

[88] Ewen I, S. 277

Gershwin 1936

nen, daß er nach einer scharfen Bemerkung seinerseits vom Tisch aufsprang, den Raum verließ und sich für zwei Tage ins Bett legen mußte.

Ein kurzer Urlaub im Juni in Coronado, auf den ihn sein Freund und Agent Arthur Lyons begleitete, brachte ihm nur vorübergehende Besserung. Die starken Kopfschmerzen kehrten bald wieder. Sogar die Freunde waren ihm jetzt gleichgültig. Ihm selbst wurde es nun immer klarer, daß ihm von Grund auf etwas fehlen mußte. Er stimmte deshalb einer dreitägigen Generaluntersuchung im Krankenhaus zu. Das Ergebnis: Es bestand Verdacht auf Gehirntumor. Doch weitere umfassende Untersuchungen ergaben nichts. Allerdings hatte Gershwin den Haupttest, eine Rückenmarkpunktion, als zu schmerzhaft abgelehnt. Deshalb konnte nichts Endgültiges gesagt werden. Am Tag nach seiner Rückkehr aus dem Krankenhaus, am 27. Juni, wurde Gershwins Erkrankung im Radio bekanntgegeben. Besorgte Anfragen, telefonisch und brieflich, häuften sich sowohl in Gershwins Villa in Beverly Hills als auch bei seiner Mutter in New York, die sofort von Reportern bestürmt wurde, aber nichts weiter sagen konnte als: *Er hat schreckliches Heimweh nach New York* [89].

Gershwin stand jetzt unter ständiger Beobachtung eines Psychoanalytikers. Ein Pfleger wurde engagiert, denn sein Zustand verschlimmerte sich von Tag zu Tag. Die Krankheitssymptome wurden immer deutlicher. Schmerzen und der Geruch verbrannten Gummis machten ihn halb wahnsinnig. Einmal verlor er beim Essen sein Messer aus der Hand, ein andermal brachte er die Gabel kaum hoch, ein drittes Mal floß ihm Wasser aus dem Glas, als er es an den Mund setzte, um zu trinken.

Sein Arzt ordnete völlige Ruhe an. Gershwin zog deshalb am 4. Juli von seiner Villa in das Haus eines Freundes, der zur Zeit in New York war. Dort war er mit seinem Pfleger allein. Ira und Leonore besuchten ihn stets nur für wenige Minuten. Er fühlte sich bald besser und hatte sogar den Wunsch, Klavier zu spielen. Er versuchte es im Beisein seines Arztes, verlor aber dabei sein Gleichgewicht. Am 9. Juli schlief er fast den ganzen Tag. Als er gegen Abend baden wollte, war er so schwach, daß sein Pfleger ihm helfen mußte. Im Bad brach er zusammen und verfiel in einen Dämmerzustand. Der Anfall war schlagähnlich. Es war nun kaum noch zu bezweifeln, daß Gershwin an einem Gehirntumor litt.

Er wurde sofort ins Lebanon Hospital eingeliefert. Auf der Bahre liegend wollte er seinem Bruder Ira noch einiges sagen, konnte aber nicht mehr deutlich artikulieren; Ira verstand nur noch den Namen »Astaire«. Der Chirurg in Los Angeles, Dr. Carl Rand, schlug vor, einen der hervorragendsten Gehirnspezialisten Amerikas, Dr. Walter E. Dandy, herbeizurufen. Man telefonierte nach ihm und erfuhr, daß er im Osten der Staaten in der Chesapeake Bay (nahe Washington) auf einer Privatjacht segele und unerreichbar sei. Man gab aber deshalb nicht auf und setzte sich mit dem Weißen Haus in Verbindung. Die Regierung sandte unverzüglich zwei Zerstörer aus, Dandys Jacht zu suchen. Sie wurde gefunden, und man brachte Dandy mit einer Motorradeskorte nach Cumberland. Von hier aus führte er ein langes Telefongespräch mit der Klinik in Los Angeles. Zwei Privatflugzeuge wurden bereitgestellt, um ihn an die Westküste zu bringen.

Dort hatte man sich vorsorglich noch mit dem berühmten kalifornischen Chirurgen Dr. Howard Nafziger in Verbindung gesetzt, den man aber ebenfalls erst vom Urlaub zurückholen mußte. Zum

---

[89] Ewen I, S. 280

Glück war er nicht so weit entfernt, so daß er noch am selben Tage, dem 10. Juli, abends halb zehn Uhr in der Klinik eintraf. Er fand Gershwins Puls derart schwach, daß er riet, sofort mit der Operation zu beginnen und keinesfalls noch auf Dandy zu warten. Eine Stunde später machte man den ersten chirurgischen Eingriff; ein Fenster in der Schädeldecke sollte es ermöglichen, die genaue Position des Tumors festzustellen. Die Operation dauerte bis Mitternacht. Eine zweieinhalbstündige Röntgenuntersuchung ergab dann die genaue Lage: Der Tumor saß am rechten Schläfenlappen des Hirns. Nun konnte die Hauptoperation vorbereitet werden. Unterdessen war Dr. Dandy bei seiner Zwischenlandung in Newark mitgeteilt worden, daß die chirurgische Behandlung Gershwins bereits weit fortgeschritten und somit sein Weiterflug Richtung Westen unnötig sei.

Dr. Rand begann drei Uhr morgens – es war nun der 11. Juli – zu operieren, Dr. Nafziger und zwei weitere Ärzte assistierten ihm. Von den Freunden wohnte Arthur Lyons der vierstündigen Operation bei. Die anderen warteten draußen, unter ihnen Ira und Leonore Gershwin, Henry Botkin und Oscar Levant. Leonore erfuhr nach der Operation, daß man es mit der zystischen Degeneration eines Tumors gerade an dem Teil des Hirns zu tun hatte, der nicht berührt werden darf, und daß deshalb nicht viel Hoffnung auf eine Genesung bestand. Sollte George es doch überstehen, müßte man mit Lähmungen und Blindheit rechnen. Leonore brachte nicht den Mut auf, ihrem Mann diese grausame Wahrheit zu sagen. Sie ließ ihn in dem Glauben, daß die Operation geglückt sei.

Aber schon wenige Stunden später kam aus der Klinik die erschütternde Nachricht, daß George zehn Uhr fünfunddreißig – ohne nochmals das Bewußtsein erlangt zu haben – gestorben sei. Ira teilte es telefonisch seiner Mutter und seinem jüngeren Bruder Arthur nach New York mit. Seiner Schwester Frances telegraphierte er die Trauerbotschaft nach Wien. Millionen Menschen stockte der Atem, als sie an diesem 11. Juli 1937 aus ihrem Radio die traurige Kunde vernahmen[90]:*Der Mann, der sagte, er habe mehr Melodien in seinem Kopf, als er in hundert Jahren aufs Papier bringen könnte, ist heute in Hollywood gestorben. George Gershwin ging im Alter von achtunddreißig Jahren von uns.*

Eine der höchsten Auszeichnungen, die einem Musiker überhaupt zuteil werden kann, erhielt Gershwin noch wenige Stunden

---

[90] ebda., S. 283

vor seinem Tode. Als er bereits bewußtlos in der Klinik lag, traf die Nachricht ein, daß ihn die Accademia di Santa Cecilia in Rom zu ihrem Ehrenmitglied ernannt habe. Er war der erste Amerikaner, dem diese hohe Würde angetragen wurde. Tatsächlich verkörperte er ja das musikalische Schöpfertum dieses Landes erfolgreicher als irgendeiner neben ihm. Kein Wunder, daß jetzt die ganze Nation um ihn trauerte – nicht nur die weiße Bevölkerung, sondern erst recht die Menschen mit dunkler Hautfarbe, die amerikanischen Neger, denen Gershwin mit seiner Oper ein künstlerisches Denkmal gesetzt hatte.

Zwei Tage nach seinem Tode sprachen in einer großen Gedenksendung des Rundfunks Männer der Popular Music wie Irving Berlin, Richard Rodgers und Cole Porter, Interpreten wie Leopold Stokowski und auch ein so bedeutender Komponist wie Arnold Schönberg, der seinem jungen Freunde folgende Worte widmete[91]:

George Gershwin war einer jener seltenen Musiker, für die Musik nicht ein Produkt mehr oder weniger großer Geschicklichkeit ist. Musik war für ihn die Luft, die er atmete, die Speise, die ihn nährte, der Trank, der ihn erfrischte. Musik war das, was sein Gefühl erweckte, und Musik war das Gefühl, das er ausdrückte. Unmittelbarkeit dieser Art ist nur großen Männern zu eigen, und es kann kein Zweifel darüber bestehen, daß er ein großer Komponist war. Was er vollbrachte, kam nicht nur der amerikanischen Musik zugute, sondern es war ein Beitrag zur Musik der ganzen Welt.

Serge Kussewitzky, der große Dirigent aus Boston, schrieb folgende Huldigung[92]: *Gleich einer seltenen Blume, die nur eine kurze Zeit blüht, war Gershwin eine einzigartige Erscheinung und ein unvergleichliches Phänomen.* Es wäre noch Seite um Seite zu füllen, wenn man die ebenso erschütternden wie bewundernden Äußerungen nur von den besten Freunden und größten Verehrern hier anfügte.

Gershwins Leichnam wurde von Los Angeles mit der Eisenbahn in dreitägiger Fahrt nach New York übergeführt. Am 15. Juli wurde er zunächst einige Stunden in der Riverside-Gedenkkapelle

---

[91] hier zitiert nach Willi Reich: *Schönberg oder Der konservative Revolutionär*, Wien – Frankfurt – Zürich 1968, S. 260
[92] Ewen II, S. 167f.

aufgebahrt und dann in den Tempel Emanu-El gebracht, wo mittags die Trauerfeier stattfand. Viertausend Menschen, darunter seine Freunde und Interpreten, seine Kollegen vom Broadway und der Tin Pan Alley, füllten die große Kirche. Draußen in der 5th Avenue drängten sich noch weitere Tausend; der Verkehr stockte, so daß die Polizei eingreifen mußte.

Die Feier begann mit Bachs *Air* und schloß mit Händels *Largo* – beide Stücke wurden auf der Orgel gespielt. Zwischen Psalmenlesungen und dem Nachruf des Rabbiners, in dem er Gershwin als den »Sänger der Lieder der amerikanischen Seele« würdigte, erklangen noch Schumanns *Träumerei* und das einleitende *Adagio* aus Beethovens cis-Moll-Streichquartett op. 131. Nach dem Schlußgebet wurde der blumengeschmückte Sarg unter den Klängen des Mittelteils der *Rhapsody in Blue*, den die Orgel intonierte, aus dem Tempel getragen. Auf dem Weg zum Mount-Hope-Friedhof erwiesen die trotz des Regens beharrlich wartenden New Yorker ihrem größten Komponisten die letzte Ehre.

Zur gleichen Zeit fand im jüdischen Tempel von Hollywood eine Trauerfeier statt, für die Oscar Hammerstein die Gedenkworte verfaßt hatte. Wenig später wurden – ebenfalls in New York und in Hollywood – große Gershwin-Gedächtniskonzerte veranstaltet. Im Lewison-Stadion, in dem Gershwin selbst so oft seine Musik interpretiert hatte, erhoben sich über zwanzigtausend Menschen in stillem Gedenken. Alexander Smallens, der Gershwins Oper uraufgeführt hatte, und Ferde Grofé waren die Dirigenten. Zu den Solisten gehörten der erste Porgy und die erste Bess, Todd Duncan und Anne Brown. In der Hollywood Bowl war Otto Klemperer unter den Dirigenten des denkwürdigen Abends, der über sieben Kurzwellenfrequenzen vom Rundfunk direkt in alle Welt übertragen wurde. Fred Astaire und Oscar Levant traten auf, und Al Jolson intonierte das Lied, mit dem er vor beinahe zwanzig Jahren Gershwin in die Herzen der Amerikaner gesungen hatte: *Swanee*.

Nachspiel:
Triumphzug durch die Welt

Auf mannigfache Art wurde Gershwin ein treues Andenken bewahrt; nicht nur, daß man seine Musik spielte – das war selbstverständlich; sondern man bemächtigte sich auch seines Namens gleich einem Symbol. Organisationen, Theater und Wettbewerbe nannten sich nach ihm, sogar ein Schiff wurde auf seinen Namen getauft. Ein großer Gershwin-Gedenkpreis wurde 1945 gestiftet und von da an jährlich für das beste amerikanische Orchesterwerk verliehen, das möglichst kurz sein sollte, vergleichbar also Gershwins Rhapsodien oder dem *Amerikaner in Paris*. Dem Preisträger wurde die Uraufführung seines Werkes durch die New Yorker Philharmoniker garantiert; zur Jury gehörten die Dirigenten Serge Kussewitzky und Leonard Bernstein sowie die Komponisten Aaron Copland und William Schuman. Einer der Gershwin-Preisträger war Robert Kurka, ein hochbegabter Amerikaner tschechischer Herkunft, der – noch jünger als Gershwin – 1957 starb (aus seinem Nachlaß wurde die Oper *Der brave Soldat Schwejk* ein Jahr nach seinem Tode in New York uraufgeführt, die erfolgreiche europäische Erstaufführung brachte die Staatsoper Dresden im Herbst 1959). So lebt Gershwins Name auch in Verbindung mit der zeitgenössischen Musik Amerikas fort.

Gershwins eigene Musik breitete sich aus, wie es wohl niemand zuvor geglaubt hätte. Da ließ sich natürlich auf die Dauer auch ein Werk wie *Porgy and Bess* trotz manchen Widerstandes nicht unterdrücken. Lieder wie *Summertime* und *I Got Plenty o' Nuttin'*, die von Mund zu Mund gingen und im ganzen Land gesungen wurden, erinnerten immer wieder an die Oper; und auch die großen Erfolge der anderen Werke Gershwins legten es nahe, *Porgy and Bess* neu zu inszenieren. Den ersten Versuch unternahm man ein Jahr nach Gershwins Tode, also drei Jahre nach der Uraufführung. Das war 1938 in Los Angeles. Die Besetzung der

Solo-Partien glich fast der der Bostoner Premiere; nur Bubbles, der sensationelle Sportin' Life von einst, wurde wegen zu hoher Gagenforderungen durch den hochtalentierten Negertenor Avon Long ersetzt, den Gershwin selbst noch in einem Harlemer Nacht-klub entdeckt und für eine eventuelle Neubesetzung der Partie in Aussicht genommen hatte. Der einstige Solo-Repetitor Alexander Steinert wurde jetzt als Dirigent verpflichtet. Regie führte wie bei der ersten Aufführung Mamoulian. Die Garantie für eine gute, ja authentische Interpretation war also gegeben. Und der große Erfolg blieb deshalb auch nicht aus.

1941 wurde *Porgy and Bess* ohne die Mitwirkung Mamoulians neu inszeniert. Dabei strich man aus der Partitur einiges heraus und ließ eine Reihe von Rezitativen sprechen. Insgesamt war der Eindruck deshalb aber kaum weniger stark, zumal die Besetzung von Los Angeles beibehalten wurde. In dieser Inszenierung kam Gershwins Oper am 22. Januar 1942 auch erstmalig wieder nach New York. Sie wurde dort acht Monate lang im Majestic-Theater gezeigt – ein Beweis, daß man in zunehmendem Maße die Bedeu-tung des Werkes erkannte; auch viele Kritiker revidierten jetzt ihre negative Einschätzung von Gershwins Partitur, die sie vor sieben Jahren nach der Uraufführung geäußert hatten. Ist es nicht ein Merkmal aller echten Meisterwerke, daß sich ihre Wirkung nach mehrmaligem Hören nicht abschwächt, sondern vertieft?

Nach diesem sensationellen Erfolg am Broadway ging das En-semble auf eine fünfmonatige Tournee durch sechsundzwanzig Städte, um im Februar 1943 nochmals für vierzehn Tage nach New York zurückzukehren, diesmal auf die Bühne des City Center. Drei Jahre nach dem Tod von DuBose Heyward, dem Schöpfer des Porgy-Stoffes, und sechs Jahre nach dem Ableben des Komponi-sten hatte sich *Porgy and Bess* als die erste wirklich bedeutende amerikanische Volksoper im Lande ihrer Entstehung endgültig durchgesetzt.

Wie alle große Kunst mit einem ausgeprägt nationalen Charak-ter fand auch Gershwins Oper bald internationale Anerkennung. Eigenartigerweise war es kein typisches Musikland, keine ausge-sprochene musikalische Metropole, die sich die Lorbeeren der außeramerikanischen Erstaufführung eroberte: Sie fand am 27. März 1943 in dänischer Sprache im Königlichen Opernhaus von Kopenhagen statt. Diese europäische Premiere war zugleich eine heroische Tat, die nur unter schwierigsten Verhältnissen zustande kam; denn Hitlers Gestapo hatte damals in Dänemark die Macht in

Händen. Die Okkupanten wollten natürlich die Aufführung einer amerikanischen Oper, also einer Oper aus Feindesland nicht dulden. Trotzdem gingen im ersten Jahr zweiundzwanzig Aufführungen über die Bühne. Das stets ausverkaufte Haus wurde jedesmal von dänischer Polizei abgeschirmt, um Störmanöver der Nazis zu verhindern. Schließlich erzwang die Gestapo aber doch die Absetzung vom Spielplan: Sie drohte, das Theater zu bombardieren...

Der dänische Opernsänger Frans Andersson, später ein in ganz Europa als Heldenbariton begehrtes Mitglied der Berliner Staatsoper, der Kölner Oper und der Wagner-Festspiele in Bayreuth – sang damals in Gershwins Werk die Partie des Crown. Er erinnert sich[93]:

> Die Porgy-and-Bess-Aufführungen von 1943 gehören zu meinen aufregendsten Bühnenerlebnissen. Unvorstellbare Nervosität herrschte schon während der Proben; denn täglich kamen anonyme Anrufe, die Premiere werde durch ein Attentat zunichte gemacht. Drei Tage vorher stand ein drohender Artikel in der von den Nazis gestützten Zeitung »Foedrelandet«, in dem die Bevölkerung aufgerufen wurde, gegen diese »Schweinerei im Kgl. Theater« zu protestieren. Es läßt sich denken, welche Aufregung am Premierentage im Theater herrschte, auf und hinter der Bühne, aber auch im Publikum. Um so größer war dann aber der Triumph für uns und das Werk.

Den besagten Artikel in der Zeitung, die sich – welch Hohn und Spott! – ausgerechnet *Vaterland* nannte, hatte ein Mann namens Thorkil Barford verfaßt. Er bezeichnet *Porgy and Bess* darin als eine *jüdische Negeroper mit Urwaldgeschrei und Bauchtanz*, als eine *armselige Repräsentation der amerikanischen Kultur*. Von großdeutscher Rassenpolitik angesteckt, fragte er schließlich: *Gehört Gershwin, der Sohn eines russischen Juden, ins Programm des Kgl. Theaters? Ist das nicht eine beleidigende Provokation des heutigen Deutschland, mit dem Dänemark einen Antikominternpakt abgeschlossen hat und im gemeinsamen Kampf auf Leben und Tod gegen den jüdisch-russischen Bolschewismus steht? Ist das nicht eine blutige Verhöhnung der dänischen Jugend?*

Doch die Dänen ließen sich durch diese gelenkte Agitation nicht irremachen. Vielmehr wurde die Negeroper *Porgy and Bess* in

---

[93] aufgeschrieben im Anschluß an ein Gespräch mit dem Sänger

Dänemark damals zum Symbol des nationalen Widerstandes, beinahe vergleichbar den Werken des jungen Verdi in der Zeit der italienischen Freiheitsbewegung. Bei jeder Radio-Sondermeldung, in der Hitler stolz seine Siege verkünden ließ, blendete sich ein geheimer dänischer Widerstandssender mit Sportin' Lifes Spottlied ein: *It Ain't Necessarily So* – »es ist nicht unbedingt wahr!«

Gleich nach dem Kriege nahm die Kopenhagener Oper *Porgy and Bess* wieder in den Spielplan auf. Für einige Vorstellungen holte man sich sogar Todd Duncan und Anne Brown als die damals berühmtesten Vertreter der Titelrollen. Fast fünfzigmal wurde Gershwins Werk noch wiederholt. Von dem großen Erfolg in Kopenhagen ermuntert, studierten bald auch einige schwedische Theater Gershwins Oper ein: Göteborg (1948), Stockholm (1949) und Malmö (1952).

Bereits am 18. April 1945 wurde in Moskau eine konzertante Aufführung mit Kräften des Opernensembles der Allunions-Theatergesellschaft im Haus der Schauspieler gegeben. Gershwins Musik fand in der sowjetischen Hauptstadt begeisterten Widerhall. Schon einen Monat später, am 14. Mai, brachte die Stanislawski-Truppe eine szenische Aufführung heraus, der Regisseur war Konstantin Popow. Für die musikalische Begleitung begnügte man sich allerdings mit einem Klavier und einer Trommel. Doch das Temperament der Akteure auf der Bühne machte die fehlenden Orchesterfarben vergessen. Der Erfolg der Inszenierung war sensationell. Kein Geringerer als Dmitrij Schostakowitsch äußerte sich begeistert und verglich Gershwins Negeroper mit den großen russischen Volksopern von Borodin, Mussorgskij und Rimskij-Korsakow.

Im Juni 1945 lernte die Schweiz *Porgy and Bess* kennen, während des alljährlichen Zürich-Festivals. Der bekannte Schweizer Musikwissenschaftler und Kritiker Willi Reich nannte die Aufführung eine »Ehre für das Züricher Stadttheater und einen Triumph für Gershwins inspiriertes Werk«. Der Züricher Musikschriftsteller und Richard-Strauss-Biograph Willi Schuh schrieb damals eine ausführliche kritische Würdigung, in der er vor allem darauf hinwies, wie sehr es Gershwin in den Volksszenen gelungen sei, dem Gefühlsleben des amerikanischen Negers einer bestimmten Zone und sozialen Schicht Ausdruck zu verleihen.

Im Herbst 1950 wurde *Porgy and Bess* ins normale Opernrepertoire des Züricher Stadttheaters aufgenommen. Den Porgy sang damals Manfred Jungwirth. In Zürich wurde Gershwins Werk übrigens erstmalig in deutscher Sprache gesungen. Ralph Benatzky, der Komponist des *Weißen Rößl* und vieler anderer Operetten, der seit 1940 in New York lebte, besorgte die Übersetzung aus dem Englischen. Es war klar, daß durch eine solche sprachliche Verfremdung viel vom ursprünglichen Fluidum der Oper verlorenging, weil viele Wendungen des Charlestoner Negerdialekts natürlich unübersetzbar sind. Amerikanische Besucher der Züricher Aufführung, unter ihnen Alexander Smallens, Dirigent der Uraufführung, berichteten auch, daß die Aufführung zu sehr in Richtung »große Oper« angelegt und deshalb zu langsam und zu humorlos geraten war.

Die eigentliche Glücksstunde sollte für *Porgy and Bess* erst 1952 schlagen, als die Amerikaner Blevins Davis und Robert Breen die Everyman Opera Company gründeten. Das war in dem Lande, in dem es so gut wie keine festen Opernensembles gibt, geradezu eine Pioniertat.

Sie stellten ein erstrangiges Negerensemble zusammen, das mit Gershwins Oper auf große Tournee gehen sollte. Zu der Truppe gehörten so hervorragende Künstler wie William Warfield und Leontyne Price als Titelpaar, Lorenzo Fuller und John McCurry als die Gegenspieler Sportin' Life und Crown, Helen Thipgen und Helen Colbert als Serena und Clara. Breen selbst führte Regie, Smallens wurde wieder als Dirigent verpflichtet, die Ausstattung schuf Wolfgang Roth, einer der bekanntesten amerikanischen Bühnenbildner, der vor 1933 in Berlin Schüler von Erwin Piscator war und viel später weiter in Europa arbeitete, so 1980 als Bühnenbildner von Götz Friedrichs Zürcher *Lulu*-Inszenierung. Robert Breen, als Regisseur und Schauspieler eigentlich Shakespeare-Spezialist, stellte sich eine dramatisch gestraffte Fassung von *Porgy and Bess* her, in der er Längen herausstrich, aber auch wieder einige Teile in die Partitur einfügte, die man früher herausgenommen hatte (etwa den *Buzzard Song*, den er jetzt in den dritten Akt hineinstellte). Der Hauptvorteil seiner Inszenierung, die er allerdings nur mit einem so ausgesuchten, an charakteristischen Typen überreichen Negerensemble zustande bringen konnte, war ihre dramatische Dichte, ihre milieuechte Realistik, ihr in den Stimmungen erregender Kontrastreichtum, ihr unerhörtes Tempo und ihre fast fiebernde Vitalität. (Man erzählte sich, daß die Akteure schließlich so sehr in diesem Stück lebten, daß sie zwischen Spiel und Wirklichkeit nicht mehr unterscheiden konnten, so

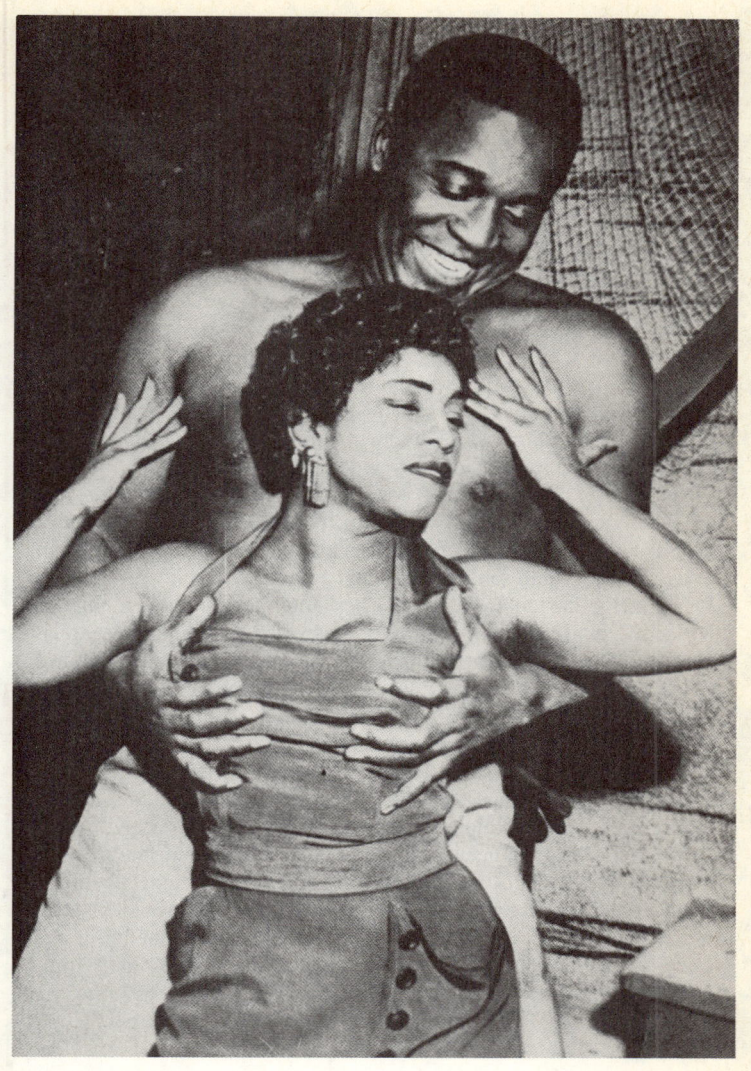

Die Everyman Opera 1956 auf ihrer Tournee

daß es echte Tränen und sogar Knochenbrüche gab und daß man denen, die »totgeschlagen« wurden, lieber ein Panzerhemd unterzog . . .)

Alle, die eine frühere Aufführung kannten, bestätigten, daß Breens Inszenierung im Ausdruck weitaus stärker war als jede andere zuvor. Und wer *Porgy and Bess* in dieser szenischen Gestalt erstmalig kennenlernte – und das sollten bald Tausende und Abertausende in aller Welt sein –, wurde von der mitreißenden Kraft und Ursprünglichkeit dieses Werkes vollends überwältigt.

Die Premiere fand am 9. Juni 1952 in Dallas/Texas statt. Ira und Leonore Gershwin waren als Ehrengäste geladen. Das Ensemble fuhr den Sommer über durch die Vereinigten Staaten und gastierte in New York, Chicago und Pittsburgh. Ehe die Truppe nach Europa reiste, trat sie in Washington noch vor Präsident Truman, hohen Regierungsbeamten und ausländischen Diplomaten auf. An eine größere finanzielle Unterstützung war allerdings nicht zu denken, obwohl man die kommende Europareise ausdrücklich als »Mission des guten Willens« bezeichnete.

Es war beinahe ein Wagnis, die Tournee in der Alten Welt in einer konservativen Stadt glanzvoller Operntradition zu beginnen: in Wien. Doch es gab schließlich nichts zu befürchten, im Gegenteil: Die Eintrittskarten für die fünf geplanten Vorstellungen in der Volksoper waren bei Ankunft der Amerikaner bereits restlos ausverkauft, einzelne Billetts wurden zu Höchstpreisen nur noch auf dem Schwarzen Markt gehandelt! Mit unbeschreiblichen Ovationen feierten die Wiener das Negerensemble nach jeder Aufführung.

Noch im gleichen Monat, im September 1952, reiste die *Porgy and Bess*-Truppe nach Westberlin, wo sie dreizehnmal auftrat. Das atemberaubend temperamentvolle Singen und Spielen auf der Bühne des Titania-Palastes (die zu klein war, um das Kittiwah-Bühnenbild aufzubauen) schlug blitzartig beim deutschen Publikum ein und entfachte Beifallsstürme, wie sie das theaterfreudige Berlin noch ganz selten erlebt hatte. Nach nicht minder sensationellen Aufführungen in Paris folgte dann ein fast halbjähriges Gastspiel in London. Der *Daily Herald* überschrieb seine hymnische Besprechung[94]: *It Was Worth Waiting 17 Years for Porgy – Es hat sich gelohnt, 17 Jahre auf Porgy zu warten!*

Im März 1953 traf die Everyman Opera Company wieder in New York ein, um für einige Monate im Ziegfeld-Theater zu gastieren.

---

[94] Ewen I, S. 254

Vom Dezember bis in den September des folgenden Jahres hinein spielte man in neunzehn verschiedenen nordamerikanischen Städten. Die Gershwin-Begeisterung erreichte in der Heimat des Komponisten ihren Höhepunkt. Es gab kein anderes musikalisches Werk, das vom amerikanischen Volk derart als nationale Repräsentation anerkannt wurde. Zu dem Stolz, mit dem man jetzt auf Gershwin blickte, hatte der Sieg seiner Oper in Europa nicht wenig beigetragen. War damit doch endgültig der Beweis erbracht, daß es eine amerikanische Volksoper von internationaler Geltung und dauerhafter Wirkung gab. Tausend gute Wünsche begleiteten deshalb das Negerensemble, als es Ende September abermals nach Europa aufbrach.

Die Tournee begann diesmal in Venedig, während der Biennale für Zeitgenössische Musik. Es folgten dann zehn Wochen in Paris, wo man die Wiederbegegnung mit *Porgy and Bess* und den Meisterinterpreten dieser Negeroper seit dem ersten Gastspiel heiß herbeisehnte. Die Reise ging dann nach Zagreb und Belgrad – *ganz Jugoslawien singt Gershwins Songs*, kabelte ein Berichterstatter an die *New York Times*. Dann wurde das Mittelmeer überquert: in Alexandria und Kairo ließen sich die Ägypter von Gershwins Musik hinreißen. Athen, Tel Aviv, Casablanca und Barcelona waren die nächsten Stationen.

Das Jahr 1955 war unterdessen angebrochen. Längst kam man natürlich nicht mehr mit einer einzigen Sängerbesetzung für die Hauptrollen aus. Mit Warfield als Porgy alternierten LaVern Hutcherson, Leslie Scott und Irving Barness; Leontyne Price wurde als Bess wechselweise von Urylee Leonardos, Martha Flowers und Ethel Aylor ersetzt; und neben Fuller war oftmals Cab Calloway der Sportin' Life. Sie alle haben sich durch die Aufführungen in der ganzen Welt schnell einen geachteten Namen gemacht. Ihr sängerisches und darstellerisches Niveau veranlaßte die Kritiker in der Neuen und Alten Welt zu Berichten, die aus lauter Superlativen bestanden.

Die Tourneeroute führte nun abermals nach Italien, wo man unter anderem im altehrwürdigen Teatro San Carlo in Neapel auftrat, in Rom und in Florenz. Als Höhepunkt aller bisherigen Reisen empfand die *Porgy and Bess*-Truppe aber das einwöchige Gastspiel in der Mailänder Scala. Zur Premiere im berühmtesten Opernhaus der Welt am 22. Februar 1955 reiste Dorothy Heyward, die Witwe des Librettisten, eigens aus New York herbei. Auch Leonore Gershwin, die Frau Iras (der auch nach dem Tode seines

Bruders einer der führenden amerikanischen Songtexter blieb), wohnte der denkwürdigen Aufführung in der Scala bei. Italienische Opernfanatiker, die mit Entsetzen eine Entweihung des »heiligen Ortes« befürchteten, ein würdeloses Durchbrechen der in diesem traditionsreichen Hause waltenden Gesetze, sahen sich bereits während der Aufführung eines Besseren belehrt, ja – mit dem Überschwang ihres südlichen Temperaments zögerten sie nicht, Gershwins Oper als ein Werk anzuerkennen und zu feiern, das »ihrer« Scala nicht schadete, sondern deren Ruhm nur noch vermehrte. Selbst Giuseppe Verdi und Giacomo Puccini schauten höchst befriedigt vom Musikerolymp herab!

Von Italien ging es dann nach Marseille, anschließend in die Schweiz, nach Belgien und in die Niederlande. Im Sommer folgte eine Vier-Monate-Reise durch Südamerika, im Herbst ein Zwei-Wochen-Gastspiel in Mexico City. Ende des Jahres führte die gewaltige Tournee abermals um die halbe Welt, zurück nach Europa. Nach einer Zwischenstation in Deutschland reiste die Everyman Opera Company von Berlin aus erstmalig nach Warschau, Prag und in die Sowjetunion. In Leningrad und Moskau wurden die Gäste stürmisch gefeiert. Der Galavorstellung am 13. Januar 1956 im Moskauer Stanislawski-Nemirowitsch-Dantschenko-Musiktheater wohnten außer Vertretern der Regierung und des Diplomatischen Corps die hervorragendsten Künstler der sowjetischen Hauptstadt bei. Das Gastspiel wurde nicht nur als musiktheatralisches Ereignis von höchstem Rang gelobt, sondern auch als eine eindrucksvolle Demonstration für die Verständigung und Freundschaft zwischen den Völkern der Sowjetunion und Amerikas. Ungewöhnlich ausführlich waren die begeisterten Besprechungen in der Tages- und Fachpresse. In der *Sowjetskaja Musyka*, dem Organ des sowjetischen Komponistenverbandes, würdigte W. Konen in einem vielseitigen Beitrag nicht nur die Aufführung des amerikanischen Negerensembles, sondern auch die Musik Gershwins, mit derem speziellen, von der Volksmusik der Südstaatenneger beeinflußten Charakter er sich positiv auseinandersetzte. An der Aufführung bewunderte er vor allem, wie die szenische Gestaltung in Form und Tempo und selbst die farblich-dekorative Komposition der Inszenierung vollkommen aus dem Geiste der Musik erwuchsen. Die Beisetzungsszene in nächtlich-blauer Finsternis, in der sich nur Silhouetten bewegen, verglich er mit der Inszenierungskunst der großen Isadora Duncan, die um die Jahrhundertwende als Reformatorin des Tanzes weltberühmt war.

Nach diesem Höhepunkt der langjährigen Tournee, auf der die *Porgy and Bess*-Truppe fast die ganze Welt bereiste, wurde der endgültige Heimweg nach Amerika angetreten. Dort löste sich die Everyman Opera Company auf. Im Riesenreich der Vereinigten Staaten gab es keinen Ort, an dem sich das berühmte Negerensemble hätte niederlassen können, gab es keine Stelle, die ihm eine Existenz als ständige Körperschaft garantieren wollte. Gewiß: man kennt feste Ensembles dieser Art in Amerika nicht; aber wäre hier eine Ausnahme nicht richtig, ja nötig gewesen? Eine Truppe, die wie noch keine andere zuvor in aller Welt für die amerikanische Kunst geworben und ihr unzählige Bewunderer und Freunde erobert hatte, mit so viel Undank zu belohnen, bleibt eine unverständliche, traurige Tatsache der amerikanischen Kulturgeschichte. Mit Befremden erfuhr die Welt, die der Everyman Opera eben noch zugejubelt hatte, daß die meisten Mitglieder des Ensembles gezwungen waren, sich anderweitig einen Lebensunterhalt zu verdienen, der nichts mit Oper oder Theater zu tun hatte; denn noch immer machten es die Rassenvorurteile einem amerikanischen Neger schwer, ein normales, sei es auch nur zeitlich begrenztes Bühnenengagement zu finden. Nur in spezifischen, selten benötigten Negerrollen waren sie am Broadway oder auch in Hollywood erwünscht. Und nur Stars wie Leontyne Price konnten sich auch die Metropolitan Opera erobern. So endete eines der aufsehenerregendsten Kapitel in der Geschichte des Welttheaters mit einem bitteren Nachspiel ausgerechnet für die, über die es geschrieben wurde.

Längst hatte sich auch Hollywood um die Verfilmungsrechte von *Porgy and Bess* bemüht. Ira Gershwin hatte bereits mit neunzig Interessenten verhandelt, als er sich 1957 entschloß, dem alten Samuel Goldwyn die Rechte zu überlassen. Dieser ebenso ehrgeizige wie schlaue Herrscher in der amerikanischen Filmmetropole scheute keine Kosten – man sprach von sieben Millionen Dollar –, Gershwins Oper mit aller Raffinesse in Farbe auf eine Superbreitleinwand mit vielkanaliger, stereophoner Tonübertragung zu bringen. Den *Porgy*-erfahrenen Regisseur Rouben Mamoulian wechselte er kurzfristig gegen Otto Preminger aus, der schon mit der Inszenierung des Negerfilms *Carmen Jones* – einer kühn modernisierten Abwandlung von Bizets *Carmen*-Oper – einen Welterfolg errungen hatte.

Aber etwas sehr Merkwürdiges sollte Goldwyn bei der Verpflichtung der Hauptdarsteller widerfahren: Keiner von den

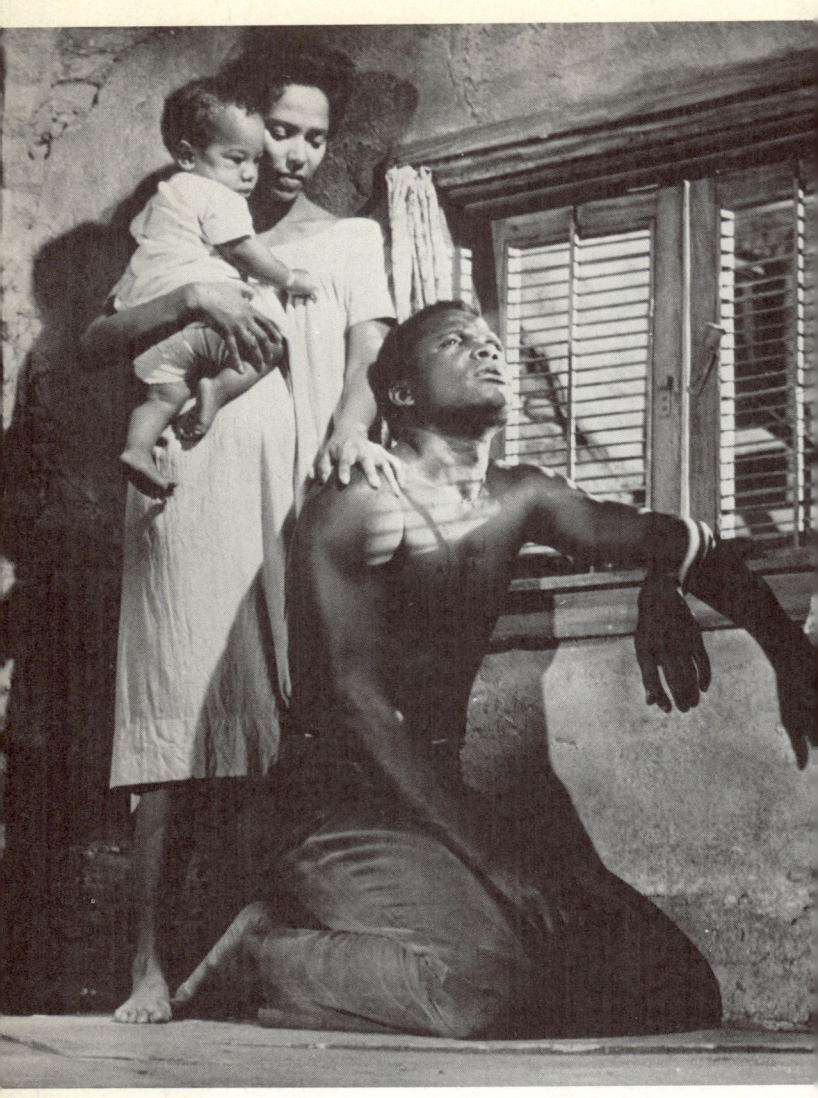

Ausschnitt aus dem *Porgy and Bess*-Film mit Dorothy Dandridge (Bess) und Sidney Poitier (Porgy)

bedeutenden Negerschauspielern Hollywoods wollte zunächst mitwirken. Harry Belafonte zum Beispiel – nicht nur einer der erfolgreichsten Leinwandhelden Amerikas, sondern auch ein leidenschaftlicher Kämpfer für die Gleichberechtigung der Neger – lehnte die ihm angebotene *Porgy*-Rolle rundweg ab. Die Oper, mit der Gershwin Mitte der dreißiger Jahre sein tiefes soziales Sympathie-Empfinden mit den Negern auf so unmißverständliche Weise zum Ausdruck brachte, daß man sein Werk deshalb anfeindete und vielfach sabotierte, erschien den um ihre Rechte fanatisch streitenden Negern jetzt, Ende der fünfziger Jahre, wenig dazu geeignet, ihre kämpferische Gesinnung zu demonstrieren. Wenngleich es Heyward und Gershwin in ihrer Oper auch gelang, die Neger in der Catfish Row als einfache Männer und Frauen lebensecht darzustellen, so war es eben doch nur eine ganz spezielle Menschengruppe, die in *Porgy and Bess* auf die Bühne kam: Neger in einem Armenviertel, in dem man primitiven Slang sprach, in dem man nicht nur liebte und fröhlich war, sondern auch mordete und mit Rauschgift handelte, in dem man sich mit seinem Schicksal abgefunden hatte. Es waren also nicht jene amerikanischen Neger, die auch damals schon um ihre Menschen- und Bürgerrechte kämpften – und insofern blieben die Autoren der Oper (wenn man den Blick auf die amerikanische Gesamtsituation richtet) hinter der Wirklichkeit zurück.

Deshalb wollten Belafonte und die anderen Negerschauspieler zunächst auch nicht an der Verfilmung dieser Oper durch Hollywood mitarbeiten. Sie übersahen dabei allerdings den bereits historisch gewordenen Wert von Gershwins Oper, ihren Hauptwert vor allem: die Musik.

Aber es gelang Goldwyn schließlich doch, die Elite der Negerschauspieler für seinen Film zu erwärmen. In Sidney Poitier und Dorothy Dandrige (der Carmen Jones) fand er ein ideales Titelpaar, um das sich dann ein grandioses Ensemble scharte. Als der Zweieinhalb-Stunden-Film *Porgy and Bess* Ende Juni 1959 in New York uraufgeführt wurde, überschlug sich die Presse vor Begeisterung. Man räumte dem sich eng an die Oper haltenden Film sofort einen Platz unter den Klassikern der Leinwand ein und meinte sogar, daß der Film das Medium sei, für das *Porgy and Bess* allezeit bestimmt gewesen wäre.

Wenn dieses Urteil auch nicht stimmt, kann man in diesem Leinwand-Opus doch den bedeutendsten aller Gershwin-Filme sehen. Und das waren bis dahin nicht wenige. Abgesehen von den

Filmen, für die Gershwin zu Lebzeiten selbst die Musik schrieb, verfilmte man später mehrere seiner Musicals, so *Strike Up the Band* (1940), *Lady, Be Good!* (1941) und gar zweimal *Girl Crazy* (1932 und 1943). Bedeutender waren zwei andere Streifen: *Rhapsody in Blue* (1945) und *An American in Paris* (1951). Der erstere könnte auch »Gershwin-Story« heißen; er zeigt Gershwins Lebensgeschichte, wobei allerdings zur Wahrheit ebensoviel Erfundenes hinzugetan wurde. Gershwins künstlerisches Wollen kommt besser zum Ausdruck als der äußere Gang seines Lebens, der durch eine Liebesgeschichte nur mühsam »interessant« gemacht wird. Der Film enthält eine reiche Auswahl aus seiner Musik, etwa zwanzig verschiedene Lieder, die *Rhapsody in Blue* als »Titelschlager« und Auszüge aus dem *Amerikaner* und dem *Konzert in F.* Gershwin wurde von Robert Alda gespielt, einige porträtierten sich selbst, etwa Whiteman und Mamoulian; Ravel, Strawinsky und andere wurden dagegen von Schauspielern dargestellt.

Weit besser gelang der *Amerikaner in Paris*, ein humorvoller Tanzfilm in der Choreographie von Gene Kelly, der auch gleichzeitig der Hauptdarsteller – ein amerikanischer Maler in Paris – ist, der sich in ein Pariser Mädchen verliebt, das mit viel Charme von Leslie Caron getanzt wird. Der Höhepunkt des Films ist ein auf die ungekürzte *Amerikaner*-Partitur hinreißend choreographiertes Ballett, in dem leuchtende Farbwirkungen eine große Rolle spielen. Dieser Streifen, der auch einige Gershwin-Songs und Teile des Klavierkonzerts enthält, wurde von der amerikanischen Filmakademie als »bester Film des Jahres 1951« ausgezeichnet.

Bis in die jüngste Zeit hinein wurden immer wieder Gershwin-Kompositionen für Filmmusiken verwendet. So benutzte zum Beispiel Woody Allen für seinen berühmt gewordenen Film *Manhattan* (1978) ausschließlich Gershwin-Musik, die *Rhapsody in Blue* und einige Songs, deren Orchester-Arrangements Tom Pierson besorgte; als Dirigent wurde kein Geringerer als Zubin Mehta gewonnen.

Doch nicht nur im Film wurde zu Gershwin-Musik getanzt. Die beliebteste Vorlage war seit eh und je die *Rhapsody in Blue*, aus der man schon 1926 in London ein Ballett gemacht hatte. Zwei Jahre später sah Gershwin selbst in Paris die von Anton Dolin entworfene Tanzhandlung, im selben Jahr folgten in Monte Carlo mit der *Rhapsody in Blue* noch die berühmten »Ballets Russes« des großen Diaghilew und viel später, 1940 auf einer Amerika-Tournee, zeigten die »Ballet Russe de Monte Carlo« (die Nachfolger der Diaghilew-Truppe) ein aus verschiedensten Werken zusammengestelltes Ballett, *The New Yorker*. Die Choreographie dieses letzteren Balletts stammte von dem genialen Tänzer Leonid Massine, der unter anderem auch die Uraufführungs-Choreographien von de Fallas *Dreispitz*, Strawinskys *Pulcinella* und Hindemiths *Nobilissima Visione* geschaffen hatte.

Selbst zum *Klavierkonzert in F* erfand man eine Tanzhandlung (1954 in Göteborg). Eine neuartige Kombination hatte 1957 im Berliner Metropoltheater Premiere: Die Choreographin Anni Peterka fügte die *Cuban Overture* und den *Amerikaner in Paris* zu einer geschlossenen Ballettmusik zusammen und nannte das Ganze *Episoden*. Während der Ouvertüre erfährt man die Liebesgeschichte eines jungen kubanischen Paares, die in einem Pas de deux unter Palmen verdeutlicht wird. Den jungen Mann verschlägt es aber in eine verführerische Großstadt (*Amerikaner*-Musik). Doch das Heimweh treibt ihn zurück zu seiner Geliebten – die *Cuban Overture* kehrt am Ende wieder.

Auch in jüngster Zeit werden immer noch Ballette auf Gershwin-Musik choreographiert, etwa von Mario Pistoni eine *Gershwiniana* (Mailänder Scala 1965), vom großen Balanchine eine *Who Cares?* genannte Arbeit (New York 1970) zu einer Reihe von Songs, die im Nachlaß von Gershwin gefunden wurden, oder von John Clifford ein Ballett zum *Konzert in F* (Berlin 1972). Ebenfalls zum Klavierkonzert hat auch der nach Balanchine wichtigste amerikanische Choreograph, Jerome Robbins, ein Ballett geschaffen: *The Gershwin Concerto* (New York 1982). Die Liste ließe sich beliebig verlängern.

Gershwins Musik sei *the only real American music*[95], äußerte der große Toscanini desöfteren. Im Alter von 75 Jahren begeisterte er sich mit jugendlichem Temperament für Gershwins Musik und brachte in seinen weltberühmten Konzerten mit dem New Yorker NBC Symphony Orchestra alljährlich eines seiner großen Werke: Er begann 1942 mit der *Rhapsody in Blue*, Earl Wild war der Klaviersolist, Benny Goodman spielte die Soloklarinette; 1943 folgte der *Amerikaner*, 1944 das *Konzert in F* mit Oscar Levant am Klavier. Mit diesen Toscanini-Aufführungen war nun auch das letzte Eis gebrochen; Gershwins Musik hatte sich endgültig den großen, »seriösen« Konzertsaal erobert.

[95] Ewen I, S. 310

George Gershwin war nun der meistaufgeführte amerikanische Komponist. In der Breitenwirkung ist er bis zum heutigen Tage allen anderen zeitgenössischen Tonsetzern der Vereinigten Staaten bei weitem voraus. Die *Neue Zeitschrift für Musik*, Mainz, veröffentlichte eine amerikanische Konzertstatistik von 1956, in der es unter anderem heißt[96]:

> *Durchweg sind amerikanische Komponisten der Gegenwart der breiten amerikanischen Öffentlichkeit immer noch wenig bekannt. Ausnahmen bilden George Gershwin mit all seinen Kompositonen, Samuel Barber mit einigen Werken und Aaron Copland, besonders mit seinem »Appalachian Spring«. Die Orchesterwerke der drei markantesten Vertreter des heutigen musikalischen Amerika, Roy Harris, William Schuman, Walter Piston, dagegen haben nur ein kleines Publikum.*

Auch in Europa vertritt Gershwin nach wie vor die amerikanische Musik an erster Stelle. Keines seiner größeren Werke ist hier unbekannt. Die prominentesten Orchester des Kontinents haben seine Kompositionen in ihrem Repertoire. Ein Klangkörper vom Rang der Tschechischen Philharmonie hatte zum Beispiel 1946 in die Reihe der Festkonzerte aus Anlaß des fünfzigjährigen Bestehens des Orchesters die *Rhapsody in Blue* aufgenommen (dirigiert von dem amerikanischen Gast Leonard Bernstein). Wenn die Berliner Philharmoiker 1959 in einem ihrer Konzerte Prokofiews *Symphonie classique* und Strawinskys *Feuervogel* der Gershwin-Werke folgen ließen, nämlich die *Cuban Overture*, das Klavierkonzert und die von Russel Bennet zusammengestellte sinfonische Suite aus *Porgy and Bess*, so empfand man das durchaus nicht mehr als ein nur interessantes Experiment. Im Gegenteil: wie anderswo auf der Welt ist es auch in Berlin selbstverständlich geworden, Konzerte mit ganzen Gershwin-Programmen zu veranstalten.

Natürlich ist auch *Porgy and Bess* auf vielen europäischen Bühnen heimisch geworden, zwischen Wien und Stockholm, Graz und Oslo, Zürich, Mannheim und Brünn. Und wieder einmal war es Berlin, das mit einem besonders starken interpretatorischen Akzent aufwarten konnte: als Götz Friedrich 1970 an der Komischen Oper in Ost-Berlin im Bühnenbild von Reinhart Zimmermann *Porgy and Bess* inszenierte – in einer eigenen, mit Horst

[96] *Neue Zeitschrift für Musik* 2/1957, S. 108, Sp. 1

Seeger verfaßten deutschen Übertragung. Damit hielt das Werk in dem Haus Einzug, in dem Walter Felsenstein seinen realistischen Musiktheaterstil formte, den nun ein Jüngerer weiter ausprägte – wozu Gershwins realistische Volksoper geradezu musterhafte Voraussetzungen bot. Götz Friedrich: *Catfish Row ist ein ganz bestimmter Platz, in einer ganz bestimmten Umwelt, und seine Bewohner sind natürlich Neger. Zugleich ist aber Catfish Row Mikrokosmos einer Welt: Darin sind Glück, Schmerz, Liebe, Verbrechen, Tod, Hoffnung wie überall in der Welt und doch zugleich nackter wahrnehmbar, weil ästhetisch in einem vom Musiktheater nicht abgenutzten Milieu spielend.* Und diesen Mikrokosmos in der Welt der Unterprivilegierten zeigte Friedrichs Inszenierung auf spannendste und anrührendste Weise. In seinen Notizen zur Aufführungskonzeption fährt der Regisseur fort: *Am liebsten hätte ich im Ensemble neben Weißen und den beiden schwarzen Hauptdarstellern Cullen Maiden und Carolyn Smith-Meyer auch noch Indianer, Asiaten gehabt, um gleich zu zeigen, daß dieser Slum auch in Rio de Janeiro liegen könnte, in Hongkong oder Neapel – mit dem einen Unterschied: daß Amerikas Farbige mit ihrer von Gershwin genial nachempfundenen Musik ihre eigene unverwechselbare Sprache haben.* Innerhalb weniger Spielzeiten brachte es diese Inszenierung auf hundertzwanzig Vorstellungen.

Wir haben heute, bald 50 Jahre nach dem Tode des Komponisten, Abstand genug gewonnen, um Wert und Bedeutung von Gershwins Musik recht einschätzen zu können. Wir sind dabei erstaunt, mit welcher Sicherheit Arnold Schönberg auch ohne diese Distanz schon 1938 in Merle Armitages Gershwin-Gedenk-Anthologie eine Bewertung vornahm, die von ihrer Gültigkeit nichts verloren hat. Seine Worte, die hier nur auszugsweise wiedergegeben werden, gehören darüber hinaus zum Schönsten, was je über Gershwin geschrieben wurde[97]:

Viele Musiker halten George Gershwin nicht für einen ernsthaften Komponisten. Aber sie sollten erkennen, daß er, ernsthaft oder nicht, doch ein Komponist ist, d. h. ein Mann, der in der Musik lebt und alles, ernsthaft oder nicht, gründlich oder oberflächlich, durch das Medium Musik ausdrückt, weil es die ihm angeborene Sprache ist. Es gibt eine Reihe von Komponisten, ernsthaft (wie sie glauben) oder nicht (wie

---

[97] hier zitiert nach Morgenstern, a. a. O., S. 324 f.

ich weiß), die gelernt haben, Noten zusammenzufügen.
Doch sie sind nur ernsthaft wegen des völligen Fehlens
von Humor und Seele. [...]

Mir scheint es unbezweifelbar, daß Gershwin ein Neuerer
war. Was er mit Rhythmus, Harmonie und Melodie getan hat,
ist nicht nur Stil. Es unterscheidet sich grundsätzlich von dem
Manierismus mancher ernsthafter Komponisten. [...] *der Ein-*
druck ist der einer Improvisation mit all den Vorzügen und
Mängeln einer solchen Schaffensweise. In dieser Hinsicht
könnte man ihre Wirkung mit der einer Rede vergleichen,
die einen vielleicht enttäuscht, wenn man sie liest und wie
mit der Lupe untersucht [...]. *Man muß wahrscheinlich*
etwas von Eigenem hinzutun, um die erste Wirkung wie-
derzuerhalten. Aber so ist es mit der Kunst immer: Man erhält
von einem Werk etwa ebensoviel, wie man ihm selbst zu ge-
ben in der Lage ist. [...]

Schönberg schließt seine Ausführungen mit der Frage ab (ohne sie
zu beantworten), ob Gershwin in der Geschichte als eine Art
Johann Strauß oder Debussy, Offenbach oder Brahms, Lehár oder
Puccini fortleben wird. Diese Frage können wir heute mit
Bestimmtheit beantworten: Gershwin lebt allein als Gershwin. In
der »Art« ist er mit keinem der Vorgenannten zu vergleichen. Er
hat vielmehr eine nationale Bedeutung, er ist für Amerika etwa
das, was in früheren Zeiten künstlerisch-nationaler Selbstbesin-
nung die Komponisten des »Mächtigen Häufleins« für Rußland
bedeuteten, Chopin für Polen oder Grieg für Norwegen.

Natürlich muß man im einzelnen bei der Einschätzung seiner
Musik sehr differenzieren. Gershwin hat vieles geschrieben, was
nur Tagesbedeutung hatte. Hierhin gehört die meiste Musik, die er
für die Broadway-Revuen schrieb. Auch die besten seiner Musicals
können heute nicht mehr den Anspruch erheben, als Ganzes
gehört zu werden – trotz manchen geglückten Versuchs, etwa mit
Girl Crazy 1963 in Düsseldorf. Doch losgelöst aus dem meist
nichtigen Zusammenhang (wenn man von den bedeutenderen
späten Satiren absieht) haben sich im Bewußtsein nicht nur der
amerikanischen Welt eine kostbare Reihe herrlichster Lieder
erhalten, die nahezu den Rang echter Volkslieder erlangten.
Obwohl man gewiß sein kann, daß Gershwins Name für immer in
Verbindung mit der *Rhapsody in Blue,* dem *Amerikaner in Paris*
und *Porgy and Bess* genannt und gerühmt werden wird, hat er

wohl doch das Unvergleichlichste und deshalb Eigenste in seinen kleinen Liedern und Songs zum Ausdruck gebracht, von denen ja nicht zuletzt auch die Oper ein gut Teil zehrt. Sie sind als unverkennbarer Ausdruck Amerikas nicht minder typisch als die *Rhapsody in Blue.*

Wenn Gershwin den Jazz als das musikalische Symptom Amerikas achtete und ausdrucksmäßig zu erfassen suchte, ist es dann nicht eine Bestätigung für die Richtigkeit seines Glaubens, wenn der Jazz heute Gershwins Melodien aufgreift? Hier ergeben sich innere Zusammenhänge, die auch viel mit Schönbergs Definition vom Charakter der Musik Gershwins zu tun haben, mit dem Eindruck der Improvisation, den sie vermittelt, und der Möglichkeit, Eigenes hinzuzufügen.

Aram Chatschaturjan, der große Verehrer Gershwins, betrachtete das Verwurzeltsein des Komponisten in seiner amerikanischen Heimat als den entscheidenden Faktor seiner Musik[98]: *Gershwins Kraft als Künstler lag in seiner leidenschaftlichen Liebe zu seinem Geburtsland, zum amerikanischen Volk, dem seine Kunst so viel verdankt.* Ein berufener Amerikaner, Gilbert Chase, bestätigt das[99]: *Gershwin war ein Komponist aus dem Volk und für das Volk, und seine Musik wird vom Volke lebendig erhalten werden.*

Denn: Er komponierte Amerika.

[98] a.a.O., S. 25
[99] a.a.O., S. 563

Schlußwort
mit Literaturhinweisen

Dieses Büchlein wurde schon in den fünziger Jahren gedacht und geschrieben, schließlich 1960 herausgegeben im Ostberliner Buchverlag Der Morgen. An der im gleichen Haus erscheinenden Tageszeitung dieses Namens war der Autor seinerzeit ein junger Musikkritiker, der sich besonders für Neues begeisterte. Und neu war für ihn damals auch Gershwins Musik. *Porgy and Bess* lernte er im September 1952 durch die in Berlin gastierende Everyman Opera kennen – was zunächst allerdings mehr Begeisterung für die unwiderstehliche Vitalität und Theaterbesessenheit dieses exzellenten Negerensembles auslöste als für das Werk selbst. Erst die Wiederbegegnung mit der gleichen Inszenierung im Winter 1955 hinterließ dann auch einen so starken musikalischen Eindruck, daß die Lust zu eingehender Beschäftigung mit dieser Oper und dann auch mit dem Gesamtwerk Gershwins entstand.

Allein die Frage, wie es dem sensiblen, nervösen Großstädter weißer Hautfarbe gelingen konnte, diese Volksoper der Neger zu komponieren, hatte etwas Faszinierendes an sich. Gershwins Verhältnis zum Jazz, also zu jenem Musizierstil, der seine Energien ja auch zum großen Teil aus dem Reservoir der Musik der amerikanischen Neger speiste, ist oft mißverstanden worden. Es zeigte sich, daß manche Irrtümer bereinigt werden mußten, die sich in der Gershwin-Literatur eingenistet hatten und immer wieder in der Behauptung gipfelten, Gershwin habe den Jazz verfeinert und auf eine »höhere« Ebene gehoben. Gerade in der damals verbreitetsten Gershwin-Biographie wurde diese Meinung vertreten: in dem kleinen Buch, das der Amerikaner David Ewen 1943 geschrieben hatte (*The Story of George Gershwin*) und das 1955 in Wien in deutscher Sprache erschienen war (*George Gershwin, Leben und Werk*). Für diese deutsche Ausgabe hatte Friedrich Gulda, der Klassiker-Pianist und Jazz-Enthusiast, ein Vorwort geschrieben, das eine verlegerische Kuriosität darstellt; denn es steht in krassem Gegensatz zum Inhalt des Buches – und schuf damit noch mehr Verwirrung: Gulda lehnte die von Ewen so hochgepriesenen großen Instrumentalwerke als den *bedauernswerteste*[n] *Teil des Kulturkapitels Gershwin* ab (weil sie *dem Jazz einen schlechten Dienst erwiesen* hätten[100]) und ließ unseren Komponisten nur als den Schöpfer unsterblicher Liedmelodien gelten. Ewen selbst hat später einige seiner Anschauungen und Urteile revidiert, und zwar in seiner großen Gershwin-Biographie (*A Journey to Greatness*, New York 1956), die 1970 ein weiteres Mal überarbeitet und unter dem Titel *George Gershwin: His Journey to Greatness* in Englewood Cliffs, N. J., aufgelegt wurde.

Weniger in der musikalischen und künstlerischen Einschätzung Gershwins als vielmehr in der ausführlichen, exakten Darstellung der Biographie und Werkgeschichte sind Ewens Bücher von 1956 und 1970 bis heute die verläßlichste Quelle. Sie dienen auch der vorliegenden Beschreibung in biographischen Einzelheiten als Grundlage. Auszugsweise wurden den Büchern auch einige Aussprüche Gershwins, ebenso einiger seiner Freunde und Mitarbeiter (etwa Heywards, Mamoulians) entnommen und – wie einige zitierte Pressekritiken – aus dem Amerikanischen ins Deutsche übertragen. Weitere benutzte Literatur ist im Text und in den Fußnoten belegt. Aus *Sowjetskaja Musyka* sind die Ausführungen von G. Schnerjerson (Jg. 1946) und W. Konen (Jg. 1956) entnommen. Einige Anregungen gab auch das französische Gershwin-Buch von René Chalupt (*Le musicien de la Rhapsody in Blue*, Paris 1948). Für musikhistorische Fragen wurde *Die Musik Amerikas* von Gilbert Chase (deutsch: Berlin 1958) zu Rate gezogen, ein umfassendes Werk, das drei Jahre zuvor in New York erschienen war (*America's Music*), für die Entwicklung des Jazz die einschlägigen Darstellungen von Ulanov, Berendt und Finkelstein. Die Gershwin-Literatur ist seitdem weiter angewachsen, bis hin zu dem Gershwin-Buch von Alain Lacombe (Paris 1980).

Um die spontane Zuneigung zum Menschen Gershwin und zu seiner Musik so ungebrochen zum Ausdruck kommen zu lassen, wie sie vor nahezu fünfundzwanzig Jahren für dieses Buch niedergeschrieben wurde, ist der Text von damals weithin unverändert in die hier vorgelegte neue Ausgabe übernommen worden. Im Eröff-

[100] auf S. 8

nungskapitel wurde einiges sprachlich verändert und auch im weiteren Verlauf sind Einzelheiten verbessert worden; im letzten Kapitel schließlich mußten einige Fakten zur Vervollständigung hinzugeschrieben werden.

Bereits beim ersten Erscheinen des Buches hatte der Verfasser wertvolle Hilfe erhalten, etwa von Sidney Finkelstein (Brooklyn, N. Y.), dem für wertvolle Anregungen ebenso zu danken ist wie Kammersänger Frans Anderson für seine Mitteilungen zur dramatischen dänischen *Porgy and Bess*-Aufführung des Jahres 1943, Rolf Aldus und Karl Schinsky für Übersetzungshilfen aus dem Englischen und Russischen. Für die neue Ausgabe danke ich den Mitarbeitern in den Lektoraten beider Verlage, die sich vor allem um die entschieden erweiterten Notenbeispiele, die neue Bildauswahl, das umfangreiche Werkverzeichnis, die Fußnoten, die Zeittafel und das Register verdient gemacht haben.

Gershwin war von Anbeginn ein Mann der Popular Music, und er ist dies bei aller Sensibilität im Melodischen und dem mehr und mehr erworbenen Raffinement im Klanglichen auch bis zuletzt geblieben. Sein Leben und vor allem seine Musik verlangten daher nach einer populären Darstellung. Es wurde deshalb versucht, musikalische Dinge möglichst allgemeinverständlich, ohne viele Fachausdrücke zu beschreiben. Das schließt nicht aus, daß auch ein solch volkstümliches Musikbuch im wissenschaftlichen Sinne stichhaltig sein muß; denn Volk ist nie tümlich – wie der gute alte Brecht schon festgestellt hat.

Stetten im Remstal, 1983   W. S.

Zeittafel

1898 George (eigentlich Jacob) Gershwin wird am 26. September
als zweites der vier Kinder des russischen Emigranten Morris
Gershwin (zuvor mit Nachnamen Gerschowitz) und seiner
Frau Rose, geb. Bruskin, im New Yorker Stadtteil Brooklyn
geboren.
Der amerikanische Komponist Roy Harris wird geboren.
Im Verlauf von kriegerischen Auseinandersetzungen verliert
Spanien die Philippinen und Kuba an die Vereinigten Staaten. Die USA annektieren die Hawaii-Inseln.
Marie und Pierre Curie entdecken die radioaktiven Grundsubstanzen Radium und Polonium.

1899 Johann Strauß (Sohn) stirbt. Der Schriftsteller Ernest
Hemingway und der später berühmte Tänzer Fred Astaire,
mit dem Gershwin oft zusammenarbeiten wird, werden geboren.
In den USA registriert man das erste Auto-Opfer.

1900 Gershwins zweiter Bruder Arthur wird geboren.
Geburt der Komponisten Aaron Copland und George
Antheil sowie Kurt Weill und Ernst Křenek. Puccinis Oper
Tosca erlebt in Rom ihre Uraufführung. Die Romane *Sister
Carrie* (*Schwester Carrie,* Theodore Dreisers Erstling) und
The Son of the Wolf (*Wolfsblut)* von Jack London werden
veröffentlicht.

1901 Der Geiger Jascha Heifetz und Walt Disney werden geboren. Giuseppe Verdi stirbt. Mahler tritt mit seiner 4. Sinfonie
G-Dur vor die Öffentlichkeit.
Der 25. Präsident der USA, William McKinley, wird ermordet, seine Nachfolge tritt Theodore Roosevelt an.
Drahtlose Überbrückung des Atlantik durch Marconi;
Nobelpreise an Wilhelm Röntgen für die Entdeckung der
nach ihm benannten Strahlen und an Emil von Behring für
die Entwicklung des Diphtherie-Serums.

1902 Geburt des amerikanischen Unterhaltungskomponisten Richard Rodgers (*Oklahoma*) und des Schriftstellers John Steinbeck. Pariser Uraufführung von Debussys *Pelléas et Mélisande*.

Das 1901 beschlossene Urheberrechtsgesetz für Werke der Literatur und der Tonkunst wird rechtskräftig.

Auer von Welsbach stellt Metall-(Osmium-)fadenlampe her.

1903 Tod Hugo Wolfs. Jack Londons *The Call of the Wild* (*Ruf der Wildnis*, Roman) erscheint.

Den Brüdern Orville und Wilbur Wright gelingt der erste Motorflug.

Das neugegründete Panama tritt den USA die Hoheitsrechte an der Kanalzone ab.

1904 Der später durch sein Musical *My Fair Lady* berühmt gewordene Frederick Loewe wird geboren. Antonín Dvořák und der Wiener »Kritikerpapst« Eduard Hanslick sterben. Die Opern *Madame Butterfly* von Puccini und *Jenufa* von Leoš Janáček erleben ihre Premiere, ebenso Mahlers 5. Sinfonie cis-Moll. Jack London veröffentlicht erneut einen Roman: *The Sea Wolf* (*Der Seewolf*).

New York bekommt eine U-Bahn.

1905 Richard Strauss' *Salome* und die Operette *Die lustige Witwe* von Franz Lehár haben Premiere.

1906 Der Pianist Oscar Levant, häufiger Interpret von Gershwins Musik (auch bei Uraufführungen) wird geboren, ebenso Gershwins Schwester Frances. Mahlers 6. Sinfonie a-Moll wird aus der Taufe gehoben. Upton Sinclairs sozialkritischer Roman *The Jungle* (*Der Sumpf*) erscheint.

Utah wird 45. Staat der USA. Ein Erdbeben erschüttert den San-Andreas-Graben in Kalifornien und macht San Francisco nahezu dem Erdboden gleich.

1907 Geburt des Musikschriftstellers und Gershwin-Biographen David Ewen. Edvard Grieg stirbt. Mahler kommt als Kapellmeister an die Metropolitan Opera New York.

Oklahoma wird 46. Bundesstaat der USA. Gründung der Presseagentur United Press Association (UP).

1908 Gershwin hört aus einem Fenster das Geigenspiel des kleinen Maxie Rosenzweig und erhält damit einen entscheidenden Impuls im Hinblick auf seine musikalische Zukunft.

Rimskij-Korsakow stirbt. Uraufführung von Mahlers 7. Sinfonie e-Moll.

Wilbur Wright erzielt mit 110 m einen Weltrekord im Höhenflug. Sven Hedin entdeckt auf einer Expedition das Transhimalaja-Gebirge. Nach zweijähriger Bauzeit Abschluß der Arbeiten an der Roosevelt-Talsperre; sie faßt 2020 Mill. m^3 (zum Vergleich die Eder-Talsperre: 202 Mill. m^3), der Staudamm ist 87 m (42 m) hoch.

1909 Uraufführung von *Elektra* (Richard Strauss) und *Der Graf von Luxemburg* (Franz Lehár). – Sergej Diaghilew gründet in Paris die »Ballets Russes«.

In Kalifornien macht man sich bereits die Sonnenenergie nutzbar: eine Pumpanlage mit einem Mosaikspiegel von 11 m Durchmesser nimmt den Betrieb auf.

1910 Die Gershwins bekommen ein Klavier.

Samuel Barber, amerikanischer Komponist, wird geboren. Uraufführung von Strawinskys Ballett *Der Feuervogel* und Mahlers »Sinfonie der Tausend« (8. Sinfonie in Es-Dur). Jack London veröffentlicht *Burning Daylight* (*Lockruf des Goldes*).

Fertigstellung der Manhattan Bridge über den East River in New York.

1911 Die Tänzerin Ginger Rogers geboren.

Gustav Mahler stirbt. Der *Rosenkavalier* von Richard Strauss und Strawinskys Ballett *Petruschka* haben Premiere. Schönberg veröffentlicht *Harmonielehre*.

Amundsen erreicht als erster den Südpol.

1912 Nach dem Klavierunterricht bei verschiedenen Lehrern kommt Gershwin zu Charles Hambitzer.

Der Komponist John Cage wird geboren. Mahlers 1909 komponierte 9. Sinfonie D-Dur wird posthum uraufgeführt. Schönberg beendet die Arbeit am *Pierrot lunaire*.

Neu-Mexiko und Arizona werden US-Bundesstaaten Nr. 47 und 48. Untergang der *Titanic*.

1913 Gershwin komponiert seinen ersten Song: *Since I Found You*.

Benjamin Britten und der amerikanische Schriftsteller Irving Shaw werden geboren. Strawinskys Ballett *Le sacre du printemps* verursacht anläßlich der Pariser Premiere einen Skandal. Jack London vollendet seinen letzten Roman *John Barleycorn* (*König Alkohol*).

Ford führt in seinen Automobilwerken die Fließbandarbeit ein.

1914 Gershwin verdingt sich als Song Plugger in der Tin Pan Alley. Reger komponiert *Variationen und Fuge über ein Thema von Mozart*.

In den Vereinigten Staaten wird der Muttertag anerkannter Feiertag. Die Schüsse von Sarajewo fallen: Der Mord an Franz Ferdinand, dem österreichischen Thronfolger, löst den Ersten Weltkrieg aus. Konflikt zwischen den USA und Mexiko. Der Panamakanal wird eröffnet.

1915 Gershwin erhält weiterführenden Unterricht von Edward Kilenyi.

Arthur Miller wird geboren. Emmerich Kálmáns *Czardasfürstin* erlebt ihre Uraufführung.

1916 Erste Drucklegung eines Gershwin-Liedes: *When You Want 'Em You Can't Get 'Em*.

Max Reger und Jack London sterben. Albert Einstein veröffentlicht allgemeine Relativitätstheorie.

1917 Gershwin kündigt seine Stellung als Song Plugger bei Remick und macht sich selbständig.

Pfitzner vollendet seine Oper *Palestrina*. Max Reinhardt, Hugo von Hofmannsthal und Richard Strauss gründen Salzburger Musikfestspiele.

Die USA erklären Deutschland den Krieg. Oktober-Revolution in Rußland.

1918 Geburtsjahr des Pianisten, Dirigenten und Komponisten Leonard Bernstein. Claude Debussy stirbt.

Ende des Ersten Weltkrieges. Zwischen New York und Washington wird die erste Fluglinie eingerichtet.

1919 Mit dem Lied *Swanee* gelingt Gershwin der erste große Wurf. Der amerikanische Schriftsteller David Salenger wird geboren.

In Paris konstituiert sich die Groupe des Six.

Prohibition in den USA.

1920 Max Bruch stirbt. Strawinsky komponiert das Ballett *Pulcinella* auf Musik von Pergolesi.

1921 Camille Saint-Saëns stirbt. Erste Donaueschinger Musiktage für Neue Musik.

In Pittsburgh nimmt der erste Unterhaltungssender der USA seinen Betrieb auf.

1922 Gershwin schreibt mit *Blue Monday* (spätere Neu-Präsentation als *135th Street*) eine einaktige Negeroper. Schönberg arbeitet an der Entwicklung der Zwölftontechnik.

1923 Musik von Gershwin erklingt erstmals in London; er nimmt Theoriestunden bei Rubin Goldmark und bestreitet am 1. November mit der Sängerin Eva Gauthier sein erstes Konzert.

György Ligeti geboren. Arthur Honegger schreibt die »Lokomotivenmusik« *Pacific 231*.

1924 Am 12. Februar wird unter der Leitung von Paul Whiteman in der New Yorker Aeolin Hall Gershwins *Rhapsody in Blue* uraufgeführt. Am 1. Dezember geht *Lady, Be Good!* über die Bühne.

Geburt Luigi Nonos. Tod Puccinis und des amerikanischen Komponisten Victor Herbert. Ottorino Respighi komponiert die sinfonische Dichtung *I Pini di Roma*, Emmerich Kálmán *Gräfin Mariza*; Mahlers 10. Sinfonie wird posthum aufgeführt. Mark Twains Autobiographie erscheint ebenfalls posthum.

Tod Lenins. Die USA schränken durch ein Gesetz, das Chinesen und Japaner betrifft, die Möglichkeiten zur Einwanderung ein. In den Ford-Werken läuft das zehnmillionste Auto vom Band.

1925 Am 3. Dezember führt Walter Damrosch mit George Gershwin am Klavier das *Concerto in F* erstmals auf.

Alban Bergs Oper *Wozzek* erlebt die Uraufführung, ebenso Aaron Coplands 1. Sinfonie. Vincent Youmans schreibt Broadway-Musical *No, No, Nanette*, Franz Lehár die Operette *Paganini*. Veröffentlichung der Romane *An American Tragedy* (*Eine amerikanische Tragödie*) von Theodore Dreiser und *The Great Gatsby* (*Der große Gatsby*) von F. Scott Fitzgerald sowie einer Sammlung von Negro Spirituals durch James Johnson. Louis Armstrong gründet seine Combo »Hot Five«.

1926 Neues Gershwin-Musical: *Oh, Kay!*

Hans Werner Henze wird geboren, Paul Whitemans Autobiographie *Jazz* erscheint.

Kodak bringt 16mm-Schmalfilm auf den Markt.

1927 Großer Erfolg für Jerome Kerns Musical *Show Boat*.

Strawinsky beendet Arbeit am szenischen Oratorium *Oedipus Rex*.

Křeneks Jazzoper *Johnny spielt auf* und Lehárs *Zarewitsch* haben Premiere. Edward Hopper, Vertreter des amerikanischen Realismus, malt *An der Manhattan-Brücke*.

Charles A. Lindbergh überfliegt als erster nonstop den Atlantik und landet in Paris.

1928 Europareise Gershwins: sie führt ihn nach London, Paris und Wien, und er trifft Ravel, Strawinsky, die Witwe Strauß, Alban Berg und die Operettenkomponisten Lehár und Kálmán. Angeregt von Paris-Eindrücken entsteht der *Amerikaner in Paris*, der unter Walter Damrosch am 13. Dezember erstmals erklingt.

Ravels *Bolero* und Kurt Weills *Dreigroschenoper* haben Uraufführung. Walt Disney arbeitet an ersten *Mickey-Mouse*-(Stumm-)Filmen.

Alexander Fleming entdeckt das Penicillin.

1929 Gershwin tritt nun auch als Dirigent (des *Amerikaners*) auf. Uraufgeführt werden Lehárs *Land des Lächelns* und Weills Jazzoper *Mahagonny*. Thomas Wolfes *Look Homeward, Angel* (*Schau heimwärts, Engel*) und Hemingways *A Farewell to Arms* (*In einem anderen Land*) erscheinen. Arturo Toscanini emigriert in die Staaten. Diaghilew stirbt. Mit dem »Ballet Russe de Monte Carlo« formiert sich eine neue Truppe.

New Yorker Börsenkrach durch Kursstürze löst Weltwirtschaftskrise aus.

1930 Gershwin-Erfolge mit *Strike Up The Band* und *Girl Crazy*. George Antheil: Oper *Transatlantic*; Ralph Benatzky: *Im Weißen Rößl*.

1931 *Of Thee I Sing* ist das letzte erfolgreiche Musical Gershwins. Strawinskys *Psalmensinfonie* wird uraufgeführt. Charlie Chaplin dreht *Lichter der Großstadt*. Tod von Thomas Alva Edison. In New York entsteht das Empire-State-Building mit einer Höhe von 381 m.

1932 Am 29. Januar erlebt die im Jahr zuvor komponierte *Second Rhapsody* die Uraufführung, Kussewitzky dirigiert das Boston Symphony Orchestra. Gershwin macht im Frühjahr eine Urlaubsreise nach Kuba, was ihn zur Komposition der *Cuban Overture* anregt. Neben seinen sonstigen Tätigkeiten studiert er bei Joseph Schillinger; sein Vater stirbt.

Uraufführung von Schönbergs Oper *Moses und Aron*.

Die vierjährige Shirley Temple beginnt, als Wunderkind tituliert, zu filmen. Höhepunkt der Weltwirtschaftskrise; erste Anstrengungen der Japaner, durch Preisunterbietung auf dem Weltmarkt Vorteile zu erringen. Das Lindbergh-Baby,

Kind des Atlantik-Überfliegers, wird entführt und kommt um. Fertigstellung der 1067 m überspannenden George-Washington-Brücke über den Hudson-River in New York. Zehnte Olympische Spiele der Neuzeit in Los Angeles.

1933 Gershwin schreibt während eines Florida-Urlaubes die *I Got Rhythm*-Variationen.
Der amerikanische Komponist Roy Harris schreibt die 1. Sinfonie. Arnold Schönberg wandert in die USA aus. Georges Balanchine und Lincoln Kirstein gründen die »School of American Ballett«. Der Streifen *King-Kong* wird gedreht.
Aufhebung der Prohibition. Franklin D. Roosevelt wird Präsident der USA. Nationalsozialistische Machtergreifung in Deutschland.

1934 Achtundzwanzigtägige Tournee Gershwins durch die USA. Uraufführung von Paul Hindemiths Sinfonie *Mathis der Maler*. Henry Millers Roman *Tropic of Cancer* (*Wendekreis des Krebses*) erscheint.
USA nehmen diplomatische Beziehungen zur UdSSR auf.

1935 Im September ist *Porgy and Bess* fertig komponiert und wird am 30. September in Boston sowie am 10. Oktober in New York aufgeführt.
Tod von Alban Berg und Paul Dukas. Die Hammondorgel wird entwickelt. Die *Meuterei auf der Bounty* wird gefilmt. Gründung des Gallup-Institutes in den USA, es soll demoskopische Untersuchungen durchführen.

1936 Gershwin zieht nach Beverly Hills, Kalifornien, um. Tod Respighis. Margaret Mitchells Roman *Gone With the Wind* (*Vom Winde verweht*) erscheint. Chaplin dreht *Moderne Zeiten*. Eugene O'Neill erhält Nobelpreis für Literatur. Wiederwahl Roosevelts als Präsident der USA. Bürgerkrieg in Spanien. Olympische Spiele in Berlin.

1937 George Gershwin stirbt am 11. Juli bei einer Gehirnoperation.
Ravel stirbt. Carl Orff komponiert *Carmina Burana*. John Steinbeck veröffentlicht *Of Mice and Men* (*Von Mäusen und Menschen*), Hemingway *To Have and Have Not* (*Haben und Nichthaben*).
Die Golden Gate Bridge in San Francisco wird erbaut.

1983 Am 17. August, 46 Jahre nach seinem Bruder, stirbt Ira Gershwin 86jährig in Beverly Hills.

Werkverzeichnis

Dem folgenden Verzeichnis liegen die Aufstellungen von Ewen (II) und Lacombe (siehe Literaturverzeichnis) zugrunde. Die genannten Uraufführungsdaten sollen eine ungefähre Vorstellung über die Entstehungszeit vermitteln, da nicht immer genaue Kompositionsdaten bekannt sind.

I. Instrumentalwerke

Rialto Ripples, Piano Rag, 1917 mit Will Donaldson komponiert
Lullaby für Streichquartett, 19. Dezember 1967 Washington D. C. (komponiert 1919)
Figured Chorale für Klarinette, 2 Fagotte, 2 Hörner, Violoncello und Kontrabaß, 1921
Rhapsody in Blue für Klavier und Orchester, 12. Februar 1924 New York
Concerto in F für Klavier und Orchester, 3. Dezember 1925 New York
Short Story für Violine und Klavier, aus zwei frühen Klavierstücken zusammengestellt
  von Samuel Dushkin, 8. Februar 1925 New York
Drei Préludes für Klavier, 4. November 1926
Ein Amerikaner in Paris für Orchester, 13. Dezember 1928 New York
Second Rhapsody für Klavier und Orchester, 29. Januar 1932 Boston
Klavier-Transkriptionen von 18 eigenen Songs, 1932 in New York erschienen: *Swanee*; *Nobody But You*; *Stairway to Paradise*; *Do It Again*; *Fascinating Rhythm*; *Oh, Lady Be Good!*; *Somebody Loves Me*; *Sweet and Low-Down*; *That Certain Feeling*; *The Man I Love*; *Clap Yo' Hands*; *Do, Do, Do*; *My One and Only*; *'S Wonderful*; *Strike Up the Band*; *Liza*; *I Got Rhythm*; *Who Cares?*
Cuban Overture für Orchester, 16. August 1932 New York
Variationen über *I Got Rhythm* für Klavier und Orchester, 14. Januar 1934 Boston
Catfish Row, Sinfonische Suite aus *Porgy and Bess*, 21. Januar 1936 Philadelphia:
  Catfish Row; *Porgy Sings*; *Fuge*; *Hurricane*; *Good Morning, Brother*

II. Opern

Blue Monday, Oper in einem Akt, 28. August 1922 New York (einzige Aufführung),
  Wiederaufnahme als *135th Street* 29. Dezember 1925
Porgy and Bess, Oper in drei Akten, 30. September 1935 Boston

III. Musical Comedies und Revuen mit Musik Gershwins*

Half-Past Eight, 9. Dezember 1918 Syracuse, N. Y.
La, La, Lucille, 26. Mai 1919
Capitol Revue, 24. Oktober 1919, darin *Swanee*
The Morris Gest Midnight Whirl, 27. Dezember 1919
George White's Scandals of 1920, 7. Juni 1920
Broadway Brevities of 1920, 29. September 1920
A Dangerous Maid, 21. März 1921 Atlantic City
George White's Scandals of 1921, 11. Juli 1921
George White's Scandals of 1922, 28. August 1922, darin *Stairway to Paradise*
Our Nell, 4. Dezember 1922
The Rainbow Revue, 13. April 1923 London**
George White's Scandals of 1923, 18. Juni 1923
Sweet Little Devil, 21. Januar 1924
George White's Scandals of 1924, 30. Juni 1924, darin *Somebody Loves Me*
Primrose, 11. September 1924 London
Lady, Be Good!, 1. Dezember 1924
Tell Me More, 13. April 1925
Tip-Toes, 28. Dezember 1925
Song of the Flame, 30. Dezember 1925
Oh, Kay!, 8. November 1926
Strike Up the Band (1. Fassung), 5. September 1927 Philadelphia
Funny Face, 22. November 1927
Rosalie, 10. Januar 1928
Treasure Girl, 8. November 1928
Show Girl, 2. Juli 1929
Strike Up the Band (2. Fassung), 14. Januar 1930
Girl Crazy, 14. Oktober 1930
Of Thee I Sing, 26. Dezember 1931
Pardon My English, 20. Januar 1933
Let 'Em Eat Cake, 21. Oktober 1933

IV. Musical Comedies mit eingeschobenen Gershwin-Titeln

The Passing Show of 1916, 22. Juni 1916
Sinbad, 24. Februar 1918, darin *Swanee*
Hitchy Koo of 1918, 6. Juni 1918, darin *You-oo Just You*
Good Morning Judge, 6. Februar 1919
The Lady in Red, 12. Mai 1919
Dere Mabel, 2. Februar 1920 Baltimore
Look Who's Here, 2. März 1920
Ed Wynn's Carnival, 5. April 1920
The Sweetheart Shop, 31. August 1920
The Perfect Fool, 7. November 1921
For Goodness Sake, 20. Februar 1922
The French Doll, 20. Februar 1922, darin *Do It Again*

* Uraufführung, wenn nicht anders angegeben, in New York
** An der Entstehung des Textbuches war Edgar Wallace beteiligt!

Spice of 1922, 6. Juli 1922
The Dancing Girl, 24. Januar 1923
Little Miss Bluebeard, 28. August 1923
Nifties of 1923, 25. September 1923
Americana, 26. Juli 1926
The Show Is On, 25. Dezember 1936, darin *By Strauss*

V. Einzelne Songs

Since I Found You, 1913
Ragging the Traumerei, 1913
When the Armies Disband, 1916
When You Want 'Em You Can't Get 'Em, 1916
You've Got What Gets Me, 1932, komponiert für die Film-Version von *Girl Crazy*
King of Swing, 1936
Strike Up the Band for U.C.L.A., 1936

VI. Filmmusiken

Delicious (Fox Corporation, 1931), Regie: David Butler, mit Janet Gaynor und Charles Farrell

A Damsel in Distress (Radio Keith Orpheum Corporation [RKO], 1937), Regie: George Stevens, mit Fred Astaire und Joan Fontaine

Shall We Dance (Radio Keith Orpheum Corporation [RKO], 1937), Regie: Mark Sandrich, mit Fred Astaire und Ginger Rogers

The Goldwyn Follies (United Artists, 1938), Regie: George Marshall, mit Vera Zorina, Adolphe Menjou, Andrea Leeds

Rhapsody in Blue (Warner Brothers, 1945), mit Robert Alda als Gershwin, Joan Leslie, Alexis Smith, Charles Coburn, Oscar Levant u. a.

The Man I Love (Warner Brothers, 1946), Regie: Raoul Walsh, mit Ida Lupino, Robert Alda, Andrea King, Martha Vickers

The Shocking Miss Pilgrim* (20th Century Fox, 1946), Regie: George Seaton, mit Betty Grable und Dick Haymes

An American in Paris (Metro-Goldwyn-Mayer, 1951), Regie: Vincente Minelli, mit Gene Kelly, Leslie Caron, Oscar Levant und Nina Foch

Kiss Me, Stupid (Phalanx Productions Inc./The Mirisch, Company of Delaware, Hollywood/Claude Productions, Inc., 1964), Regie: Billy Wilder, mit Dean Martin und Kim Novak

Manhattan (United Artists Corporation, 1979), Regie: Woody Allen, mit Woody Allen, Diane Keaton, Michael Murphy, Mariel Hemingway, Meryl Streep, Anne Byrne u. a.

VII. Musical-Filme

Girl Crazy (Radio Keith Orpheum Corporation [RKO], 1932), Regie: William Seiter, mit Bert Wheeler und Robert Woolsey

Strike Up the Band (Metro-Goldwyn-Mayer, 1940), Regie: Busby Berkeley, mit Mickey Rooney, Judy Garland sowie Paul Whiteman mit seinem Orchester

* Der erste Film, dessen Musik nach hinterlassenen Manuskripten Gershwins von seinem Bruder Ira und von Kay Swift zusammengestellt wurde

Lady, Be Good! (Metro-Goldwyn-Mayer, 1943), Regie: Norman Z. McLeod, mit Mickey Rooney und Judy Garland

Girl Crazy (Metro-Goldwyn-Mayer, 1943), Regie: Norman Taurog, mit Mickey Rooney und Judy Garland

Funny Face (Paramount, 1957), Regie: Stanley Donen, mit Fred Astaire und Audrey Hepburn

When the Boys Meet the Girls (zweite Metro-Goldwyn-Mayer-Produktion von *Girl Crazy,* 1965), Regie: Alvin Ganzer, mit Connie Frances, Hervé Presnell und der Gruppe Herman's Hermits

Porgy and Bess (Metro-Goldwyn-Mayer, 1959), Regie: Otto Preminger, mit Sidney Poitier, Dorothy Dandridge, Leslie Scott und Sammy Davis jr.

Alphabetisches Verzeichnis der Gershwin-Songs*

According to Mr. Grimes (aus *Treasure Girl*, Text: Ira Gershwin)
Across the Sea (aus *George White's Scandals of 1922*, Text: E. Ray Goetz und
    B. G. De Sylva)
A Hell of a Hole (aus *Let 'Em Eat Cake*, Text: Ira Gershwin)
A Man of High Degree (aus *Strike Up the Band* – 2. Fassung, Text: Ira Gershwin)
The American Boy of Mine (aus *The Dancing Girl*, Text: Ira Gershwin)
Any Little Tune (aus *The Rainbow Revue*, Text: Clifford Grey)
Argentina (aus *George White's Scandals of 1922*, Text: B. G. De Sylva)
At Half-Past Seven (aus *Nifties of 1923*, Text: B. G. De Sylva)
A Typical Self-Made American (aus *Strike Up the Band* – 2. Fassung,
    Text: Ira Gershwin)
A Wonderful Party (aus *Lady, Be Good!* Text: Ira Gershwin)

The Babbitt and the Bromide (aus *Funny Face*, Text: Ira Gershwin)
Baby (aus *Tell Me More*, Text: B. G. De Sylva und Ira Gershwin)
Baby Dolls (aus *The Morris Gest Midnight Whirl*, Text: B. G. De Sylva und John
    Henry Mears)
Barbary Coast (aus *Girl Crazy*, Text: Ira Gershwin)
Beau Brummel (aus *Primrose*, Text: Desmond Carter)
Because, Because (aus *Of Thee I Sing*, Text: Ira Gershwin)
Beneath the Eastern Moon (aus *The Rainbow Revue*, Text: Clifford Grey)
Berkeley Square and Kew (aus *Primrose*, Text: Desmond Carter)
The Best of Everything (aus *La, La, Lucille*, Text: Arthur Jackson und B. G. De Sylva)
Bidin' My Time (aus *Girl Crazy*, Text: Ira Gershwin)
Birthday Party (aus *Funny Face*, Text: Ira Gershwin)
Black and White (aus *Show Girl*, Text: Ira Gershwin und Gus Kahn)
Blue, Blue, Blue (aus *Let 'Em Eat Cake*, Text: Ira Gershwin)
Boy Wanted (aus *A Dangerous Maid*, Text: Arthur Frances/Ira Gershwin)
Boy Wanted (aus *Primrose*, Text: Ira Gershwin und Desmond Carter)
Boy! What Love Has Done to Me! (aus *Girl Crazy*, Text: Ira Gershwin)
Bride and Groom (aus *Oh, Kay!*, Text: Ira Gershwin)
Broncho Busters (aus *Girl Crazy*, Text: Ira Gershwin)
But Not for Me (aus *Girl Crazy*, Text: Ira Gershwin)

* zusammengestellt aus sämtlichen Musicals und Revuen; nicht berücksichtigt sind
    hierbei die Titel, die für einzelne Produktionen bestimmt waren, aus unterschiedli-
    chen Gründen aber wieder zurückgezogen wurden.

By and By (aus *Our Nell*, Text: Brian Hooker)
By Strauss (aus *The Show Is On*, Text: Ira Gershwin)

Can We Do Anything? (aus *Primrose*, Text: Desmond Carter und Ira Gershwin)
Cinderelatives (aus *George White's Scandals of 1922*, Text: B. G. De Sylva)
Clap Yo' Hands (aus *Oh, Kay!*, Text: Ira Gershwin)
Climb Up the Social Ladder (aus *Let 'Em Eat Cake*, Text: Ira Gershwin)
Cloistered from the Noisy City (aus *Let 'Em Eat Cake*, Text: Ira Gershwin)
Come Along, Let's Gamble (aus *Funny Face*, Text: Ira Gershwin)
Come to the Moon (aus *Capitol Revue*, Text: Lou Paley und Ned Wayburn)
Comes the Revolution (aus *Let 'Em Eat Cake*, Text: Ira Gershwin)
The Coney County Fair (aus *Our Nell*, Text: Brian Hooker)
Cossack Love Song (aus *Song of the Flame*, Text: Otto Harbach und Oscar Hammerstein II)
Could You Use Me? (aus *Girl Crazy*, Text: Ira Gershwin)
The Country Side (aus *Primrose*, Text: Ira Gershwin und Desmond Carter)
Cupid (aus *Half-Past Eight*, Text: Arthur Jackson und Ira Gershwin)

Dance Alone with You (aus *Funny Face*, Text: Ira Gershwin)
Dancing in the Streets (aus *Pardon My English*, Text: Ira Gershwin)
Dancing Shoes (aus *A Dangerous Maid*, Text: Arthur Frances/Ira Gershwin)
Dear Little Girl (aus *Oh, Kay!*, Text: Ira Gershwin)
Dearie, Blues (aus *Lady, Be Good!*, Text: Ira Gershwin)
The Dimple on My Knee (aus *Of Thee I Sing*, Text: Ira Gershwin)
Dixie Rose (aus *Sinbad*, Text: Irving Caesar und B. G. De Sylva)
Do, Do, Do (aus *Oh, Kay!*, Text: Ira Gershwin)
Do It Again (aus *The French Doll*, Text: B. G. De Sylva)
Do What You Do! (aus *Show Girl*, Text: Ira Gershwin und Gus Kahn)
Don't Ask! (aus *Oh, Kay!*, Text: Ira Gershwin)
Double Dummy Drill (aus *Let 'Em Eat Cake*, Text: Ira Gershwin)
Doughnuts (aus *The Morris Gest Midnight Whirl*, Text: B. G. De Sylva und John Henry Mears)
Down With Everything that's Up (aus *Let 'Em Eat Cake*, Text: Ira Gershwin)
The Dresden Northwest Mounted (aus *Pardon My English*, Text: Ira Gershwin)
Drifting Along with the Tide (aus *George White's Scandals of 1921*, Text: Arthur Jackson)

Embraceable You (aus *Girl Crazy*, Text: Ira Gershwin)
The End of a String (aus *Lady, Be Good!*, Text: Ira Gershwin)
Everybody Swat the Profiteer (aus *George White's Scandals of 1920*, Text: Arthur Jackson)
Ev'rybody Knows I Love Somebody (aus *Rosalie*, Text: Ira Gershwin)

Far Away (aus *Song of the Flame*, Text: Otto Harbach und Oscar Hammerstein II)
Fascinating Rhythm (aus *Lady, Be Good!*, Text: Ira Gershwin)
Fidgety Feet (aus *Oh, Kay!*, Text: Ira Gershwin)
The Finest of the Finest (aus *Funny Face*, Text: Ira Gershwin)
First There Was Fletcher (aus *Strike Up the Band* – 2. Fassung, Text: Ira Gershwin)
The Flapper (aus *Spice of 1922*, Text: B. G. De Sylva)
Fletcher's American Cheese Choral Society (aus *Strike Up the Band* – 1. Fassung, Text: Ira Gershwin)

Fletcher's American Chocolate Choral Society Workers (aus *Strike Up the Band*, –
   2. Fassung, Text: Ira Gershwin)
Follow the Minstrel Band (aus *Show Girl*, Text: Ira Gershwin und Gus Kahn)
Follow Little Sirens (aus *Primrose*, Text: Ira Gershwin)
From Now On (aus *La, La, Lucille*, Text: Arthur Jackson und B. G. De Sylva)
Funny Face (aus *Funny Face*, Text: Ira Gershwin)

Garçon, S'il Vous Plaît (aus *Of Thee I Sing*, Text: Ira Gershwin)
The Girl I Love (aus *Strike Up the Band* – 1. Fassung, Text: Ira Gershwin)
Goldfarb! That's I'm! (aus *Girl Crazy*, Text: Ira Gershwin)
Good-Night, My Dear (aus *The Rainbow Revue*, Text: Clifford Grey)
Got a Rainbow (aus *Treasure Girl*, Text: Ira Gershwin)

Hail the Happy Couple (aus *Pardon My English*, Text: Ira Gershwin)
The Half Of It (aus *Lady, Be Good!*, Text: Ira Gershwin)
Hangin' Around You (aus *Strike Up the Band* – 2. Fassung, Text: Ira Gershwin)
Hanging Throttlebottom in the Morning (aus *Let 'Em Eat Cake*, Text: Ira Gershwin)
Hang on to Me (aus *Lady, Be Good!*, Text: Ira Gershwin)
Happy Birthday (aus *Show Girl*, Text: Ira Gershwin und Gus Kahn)
Harbor of Dreams (aus *Tip-Toes*, Text: Ira Gershwin)
Harlem Serenade (aus *Show Girl*, Text: Ira Gershwin und Gus Kahn)
Heaven on Earth (aus *Oh, Kay!*, Text: Ira Gershwin und Howard Dietz)
He Knows Milk (aus *Strike Up the Band* – 2. Fassung, Text: Ira Gershwin)
He Loves and She Loves (aus *Funny Face*, Text: Ira Gershwin)
Hello, Good Morning (aus *Of Thee I Sing*, Text: Ira Gershwin)
He's not Himself (aus *Pardon My English*, Text: Ira Gershwin)
Here's a Kiss for Cinderella (aus *Of Thee I Sing*, Text: Ira Gershwin)
Hey, Hey, Let 'Er Go (aus *Sweet Little Devil*, Text: B. G. De Sylva)
High Hat (aus *Funny Face*, Text: Ira Gershwin)
Home Blues (aus *Show Girl*, Text: Ira Gershwin und Gus Kahn)
Homeward Bound (aus *Strike Up the Band* – 1. Fassung, Text: Ira Gershwin)
Hong-Kong (aus *Half-Past-Eight*, Text: Arthur Jackson und Ira Gershwin)
Hooray for the U.S.A. (aus *Sweet Little Devil*, Text: B. G. De Sylva)
Hoping that Someday You'll Care (aus *Strike Up the Band* – 1. Fassung,
   Text: Ira Gershwin)
How About a Boy Like Me? (aus *Strike Up the Band* – 2. Fassung, Text: Ira Gershwin)
How About a Man Like Me? (aus *Strike Up the Band* – 1. Fassung, Text: Ira Gershwin)
How Could I Forget (aus *Show Girl*, Text: Ira Gershwin und Gus Kahn)
How Long Has This Been Going On? (aus *Rosalie*, Text: Ira Gershwin)
How've-You-Been (aus *George White's Scandals of 1923*, Text: B. G. De Sylva)

I Can't Tell Where They're From When They Dance (aus *George White's Scandals of*
   1922, Text: E. Ray Goetz und B. G. De Sylva)
I Don't Think I'll Fall in Love Today (aus *Treasure Girl*, Text: Ira Gershwin)
I Found a Four-Leaf Clover (aus *George White's Scandals of 1922*,
   Text: B. G. De Sylva)
I Got Rhythm (aus *Girl Crazy*, Text: Ira Gershwin)
I Know a Foul Ball (aus *Let 'Em Eat Cake*, Text: Ira Gershwin)
I Love You (aus *George White's Scandals of 1921*, Text: Arthur Jackson)
I Love You, My Darling (aus *George White's Scandals of 1924*, Text: B. G. De Sylva)
I Make Hay When the Moon Shines (aus *Primrose*, Text: Desmond Carter)

Laugh Your Cares Away (aus *George White's Scandals of 1923*, Text: B. G. De Sylva, E. Ray Goetz und Ballard MacDonald)
The League of Nations (aus *The Morris Gest Midnight Whirl*, Text: B. G. De Sylva und John Henry Mears)
Let Cutie Cut Your Cuticle (aus *The Morris Gest Midnight Whirl*, Text: B. G. De Sylva und John Henry Mears)
Let 'Em Eat Cake (aus *Let 'Em Eat Cake*, Text: Ira Gershwin)
Let 'Em Eat Caviar (aus *Let 'Em Eat Cake*, Text: Ira Gershwin)
Let Me Be a Friend To You (aus *Rosalie*, Text: Ira Gershwin)
Let's Be Lonesome Together (aus *George White's Scandals of 1923*, Text: B. G. De Sylva und E. Ray Goetz)
Let's Kiss and Make Up (aus *Funny Face*, Text: Ira Gershwin)
The Life of a Rose (aus *George White's Scandals of 1923*, Text: B. G. De Sylva)
Limehouse Nights (aus *The Morris Gest Midnight Whirl*, Text: B. G. De Sylva und John Henry Mears)
Linger in the Lobby (aus *Lady, Be Good!*, Text: Ira Gershwin)
Little Jazz Bird (aus *Lady, Be Good!*, Text: Ira Gershwin und Arthur Jackson)
Little Scandal Dolls (aus *George White's Scandals of 1923*, Text: B. G. De Sylva, E. Ray Goetz und Ballard MacDonald)
Liza (aus *Show Girl*, Text: Ira Gershwin und Gus Kahn)
Lo-La-Lo (aus *George White's Scandals of 1923*, Text: B. G. De Sylva)
Lolita (aus *Show Girl*, Text: Ira Gershwin und Gus Kahn)
The Lonesome Cowboy (aus *Girl Crazy*, Text: Ira Gershwin)
Look in the Looking Glass (aus *George White's Scandals of 1923*, Text: B. G. De Sylva, E. Ray Goetz und Ballard MacDonald)
Looking for a Boy (aus *Tip-Toes*, Text: Ira Gershwin)
The Lorelei (aus *Pardon My English*, Text: Ira Gershwin)
Love Is In the Air (aus *Tell Me More*, Text: B. G. De Sylva und Ira Gershwin)
Love Is Sweeping the Country (aus *Of Thee I Sing*, Text: Ira Gershwin)
Lovers of Art (aus *George White's Scandals of 1924*, Text: B. G. De Sylva)
Luckiest Man in the World (aus *Pardon My English*, Text: Ira Gershwin)
Lu Lu (aus *Broadway Brevities of 1920*, Text: Arthur Jackson)

Mademoiselle in New Rochelle (aus *Strike Up the Band* – 2. Fassung, Text: Ira Gershwin)
Mah Jongg (aus *George White's Scandals of 1924*, Text: B. G. De Sylva)
Mah Jongg (aus *Sweet Little Devil*, Text: B. G. De Sylva)
Making of a Girl (aus *The Passing Show of 1916*, Text: Harold Atteridge)
The Man I Love (aus *Strike Up the Band* – 1. Fassung, Text: Ira Gershwin)
The Matrimonial Handicap (aus *Sweet Little Devil*, Text: B. G. De Sylva)
Maybe (aus *Oh, Kay!*, Text: Ira Gershwin)
Meadow Serenade (aus *Strike Up the Band* – 1. Fassung, Text: Ira Gershwin)
Midnight Bells (aus *Song of the Flame*, Text: Otto Harbach und Oscar Hammerstein II)
Military Dancing Drill (aus *Strike Up the Band* – 1. Fassung, Text: Ira Gershwin)
Military Dancing Drill (aus *Strike Up the Band* – 2. Fassung, Text: Ira Gershwin)
Mine (aus *Let 'Em Eat Cake*, Text: Ira Gershwin)
Moonlight in Versailles (aus *The Rainbow Revue*, Text: Clifford Grey)
The Mophams (aus *Primrose*, Text: Desmond Carter)
Mother Eve (aus *George White's Scandals of 1921*, Text: MacDonald und Hanley)
Mr. and Mrs. Sipkin (aus *Tell Me More*, Text: B. G. De Sylva und Ira Gershwin)

My Cousin in Milwaukee (aus *Pardon My English*, Text: Ira Gershwin)
My Fair Lady (aus *Tell Me More*, Text: B. G. De Sylva und Ira Gershwin)
My Lady (aus *George White's Scandals of 1920*, Text: Arthur Jackson)
My Log Cabin Home (aus *The Perfect Fool*, Text: Irving Caesar und B. G. De Sylva)
My Old New England Home (aus *Our Nell*, Text: Brian Hooker)
My One and Only (aus *Funny Face*, Text: Ira Gershwin)
My Sunday Fella (aus *Show Girl*, Text: Ira Gershwin und Gus Kahn)

Nashville Nightingale (aus *Nifties of 1923*, Text: Irving Caesar)
Naughty Baby (aus *Primrose*, Text: Ira Gershwin und Desmond Carter)
Never Was There a Girl So Fair (aus *Of Thee I Sing*, Text: Ira Gershwin)
The New-Fangled Mother of Mine (aus *Primrose*, Text: Desmond Carter)
New York Serenade (aus *Rosalie*, Text: Ira Gershwin)
Nice Baby! Come to Papa (aus *Tip-Toes*, Text: Ira Gershwin)
Nightie Night (aus *Tip-Toes*, Text: Ira Gershwin)
Night Time in Araby (aus *George White's Scandals of 1924*, Text: B. G. De Sylva)
No Better Way to Start a Case (aus *Let 'Em Eat Cake*, Text: Ira Gershwin)
No Comprenez, No Capish (aus *Let 'Em Eat Cake*, Text: Ira Gershwin)
No One Else But That Girl of Mine (aus *The Perfect Fool*, Text: Irving Caesar)
Nobody But You (aus *La, La, Lucille*, Text: Arthur Jackson und B. G. De Sylva)

Of Thee I Sing (aus *Of Thee I Sing*, Text: Ira Gershwin)
Oh Gee! Oh Joy! (aus *Rosalie*, Text: Ira Gershwin und P. G. Wodehouse)
Oh, Kay (aus *Oh, Kay!*, Text: Ira Gershwin und Howard Dietz)
Oh, Lady Be Good (aus *Lady, Be Good!*, Text: Ira Gershwin)
Oh! Nina (aus *The Rainbow Revue*, Text: Clifford Grey)
Oh, What She Hangs Out (aus *George White's Scandals of 1922*, Text: B. G. De Sylva)
Oh, So Nice (aus *Treasure Girl*, Text: Ira Gershwin)
O Land of Mine, America (aus *Good Morning Judge*, Text: Michael O'Rourke)
O, This Is Such a Lovely War (aus *Strike Up the Band* – 1. Fassung,
    Text: Ira Gershwin)
Once (aus *Funny Face*, Text: Ira Gershwin)
One Man (aus *Show Girl*, Text: Ira Gershwin und Gus Kahn)
On an On an On (aus *Let 'Em Eat Cake*, Text: Ira Gershwin)
On My Mind The Whole Night Long (aus *George White's Scandals of 1920*,
    Text: Arthur Jackson)
On That Matter No One Budges (aus *Of Thee I Sing*, Text: Ira Gershwin)
Oo, How I Love To Be Loved By You (aus *Ed Wynn's Carnival*, Text: Lou Paley)
Our Little Captain (aus *Tip-Toes*, Text: Ira Gershwin)
Oyez, Oyez, Oyez (aus *Let 'Em Eat Cake*, Text: Ira Gershwin)

Pardon My English (aus *Pardon My English*, Text: Ira Gershwin)
Patriotic Rally (aus *Strike Up the Band* – 1. Fassung, Text: Ira Gershwin)
Pepita (aus *Sweet Little Devil*, Text: B. G. De Sylva)
Place in the Country (aus *Treasure Girl*, Text: Ira Gershwin)
The Poetry of Motion (aus *Tell Me More*, Text: B. G. De Sylva und Ira Gershwin)
Poppyland (aus *The Morris Gest Midnight Whirl*, Text: B. G. De Sylva und John
    Henry Mears)
Posterity is Just Around the Corner (aus *Of Thee I Sing*, Text: Ira Gershwin)

Quite a Party (aus *Sweet Little Devil*, Text: B. G. De Sylva)

Ragging the Traumerei (Text: Leonard Praskins)
The Real American Folk Song (aus *Ladies First*, Text: Ira Gershwin)
Ring a Ding a Ding-Dong Bell (aus *Strike Up the Band* – 2. Fassung,
   Text: Ira Gershwin)
The Roll Call (aus *Of Thee I Sing*, Text: Ira Gershwin)
Rose of Madrid (aus *George White's Scandals of 1924*, Text: B. G. De Sylva)
Roses of France (aus *Primrose*, Text: Desmond Carter)

Sam and Delilah (aus *Girl Crazy*, Text: Ira Gershwin)
Say So (aus *Rosalie*, Text: Ira Gershwin und P. G. Wodehouse)
Scandal Walk (aus *George White's Scandals of 1920*, Text: Arthur Jackson)
Seeing Dickie Home (aus *Lady, Be Good!*, Text: Ira Gershwin)
Seventeen and Twenty-One (aus *Strike Up the Band* – 1. Fassung, Text: Ira Gershwin)
She's Just a Baby (aus *George White's Scandals of 1921*, Text: Arthur Jackson)
Shirts by the Millions (aus *Let 'Em Eat Cake*, Text: Ira Gershwin)
Show Me the Town (aus *Rosalie*, Text: Ira Gershwin)
The Signal Music (aus *Song of the Flame*, Text: Otto Harbach und Oscar
   Hammerstein II)
The Simple Life (aus *A Dangerous Maid*, Text: Arthur Frances/Ira Gershwin)
Since I Found You (Text: Leonard Praskins)
Skull and Bones (aus *Treasure Girl*, Text: Ira Gershwin)
Snow Flakes (aus *Broadway Brevities of 1920*, Text: Arthur Jackson)
So Am I (aus *Lady, Be Good!*, Text: Ira Gershwin)
So Are You! (aus *Show Girl*, Text: Ira Gershwin und Gus Kahn)
So What? (aus *Pardon My English*, Text: Ira Gershwin)
Some Far-Away Someone (aus *Primrose*, Text: Ira Gershwin und B. G. De Sylva)
Some Girls Can Bake a Pie (aus *Of Thee I Sing*, Text: Ira Gershwin)
Some Rain Must Fall (aus *A Dangerous Maid*, Text: Arthur Frances/Ira Gershwin)
Some Wonderful Sort of Someone (aus *The Lady in Red*, Text: Schuyler Greene)
Some Wonderful Sort of Someone (aus *Look Who's Here*, Text: Schuyler Greene)
Somebody Loves Me (aus *George White's Scandals of 1924*, Text: Ballard MacDonald
   und B.G. De Sylva)
Somehow It Seldom Comes True (aus *La, La, Lucille*, Text: Arthur Jackson und
   B. G. De Sylva)
Someone (aus *For Goodness Sake*, Text: Ira Gershwin)
Someone Believes in You (aus *Sweet Little Devil*, Text: B. G. De Sylva)
Someone to Watch Over Me (aus *Oh, Kay!*, Text: Ira Gershwin)
Something About Love (aus *The Lady in Red*, Text: Lou Paley)
Song of the Flame (aus *Song of the Flame*, Text: Otto Harbach und Oscar Hammer-
   stein II)
The Songs of Long Ago (aus *George White's Scandals of 1920*, Text: Arthur Jackson)
Soon (aus *Strike Up the Band* – 2. Fassung, Text: Ira Gershwin)
South Sea Isles (aus *George White's Scandals of 1921*, Text: Arthur Jackson)
Spanish Love (aus *Broadway Brevities of 1920*, Text: Irving Caesar)
Stairway to Paradise (aus *George White's Scandals of 1922*, Text: B. G. De Sylva und
   Ira Gershwin)
Strike Up the Band! (aus *Strike Up the Band* – 1. Fassung, Text: Ira Gershwin)
Strike Up the Band! (aus *Strike Up the Band* – 2. Fassung, Text: Ira Gershwin)
Strike Up the Band for U.C.L.A. (Text: Ira Gershwin)
Strike, Strike, Strike (aus *Sweet Little Devil*, Text: B. G. De Sylva)
Strut Lady with Me (aus *The Rainbow Revue*, Text: Clifford Grey)

Sunday in London Town (aus *The Rainbow Revue*, Text: Clifford Grey)
The Sunshine Trail (Text: Ira Gershwin)
Swanee (aus *Capitol Revue*, Text: Irving Caesar)
Swanee (aus *Sinbad*, Text: Irving Caesar)
Swanee Rose (aus *The Perfect Fool*, Text: Irving Caesar und B. G. De Sylva)
Sweet and Low-Down (aus *Tip-Toes*, Text: Ira Gershwin)
Sweetheart, I'm So Glad I Met You (aus *The Rainbow Revue*, Text: Clifford Grey)
'S Wonderful (aus *Funny Face*, Text: Ira Gershwin)

Tar-Tar (aus *Song of the Flame*, Text: Otto Harbach und Oscar Hammerstein II)
Tee-Oodle-Um-Bum-Bo (aus *La, La, Lucille*, Text: Arthur Jackson und
    B. G. De Sylva)
Tell Me More (aus *Tell Me More*, Text: B. G. De Sylva und Ira Gershwin)
Tell the Doc (aus *Funny Face*, Text: Ira Gershwin)
That Certain Feeling (aus *Tip-Toes*, Text: Ira Gershwin)
That Lost Barber Shop Chord (aus *Americana*, Text: Ira Gershwin)
That's What He Did (aus *Let 'Em Eat Cake*, Text: Ira Gershwin)
The Ten Commandments to the Moon (aus *Half-Past Eight*, Text: Arthur Jackson und
    Ira Gershwin)
The Ten Commandments of Love (aus *La, La, Lucille*, Text: Arthur Jackson und
    B. G. De Sylva)
There Is Nothing Too Good for You (aus *George White's Scandals of 1923*, Text:
    B. G. De Sylva und E. Ray Goetz)
There's Magic in the Air (aus *Half-Past Eight*, Text: Ira Gershwin)
There's More to the Kiss than the Sound (aus *La, La, Lucille*, Text: Irving Caesar)
There's More to the Kiss than the X-X-X (aus *Good Morning Judge*, Text: Irving
    Caesar)
These Charming People (aus *Tip-Toes*, Text: Ira Gershwin)
This Could Go On for Years (aus *Strike Up the Band* – 2. Fassung, Text: Ira Gershwin)
This Is The Life For Arman (aus *Primrose*, Text: Desmond Carter)
Those Eyes (aus *Funny Face*, Text: Ira Gershwin)
Three Cheers for the Union (aus *Strike Up the Band* – 2. Fassung, Text: Ira Gershwin)
Three Times a Day (aus *Tell Me More*, Text: B. G. De Sylva und Ira Gershwin)
Three-Quarter Time (aus *Pardon My English*, Text: Ira Gershwin)
Throttle Throttlebottom (aus *Let 'Em Eat Cake*, Text: Ira Gershwin)
Throw Her In High! (aus *George White's Scandals of 1923*, Text: B. G. De Sylva und
    E. Ray Goetz)
Till I Meet Someone Like You (aus *Primrose*, Text: Desmond Carter)
Tip-Toes (aus *Tip-Toes*, Text: Ira Gershwin)
Tomale (aus *The Perfect Fool*, Text: B. G. De Sylva)
Tra-la-la (aus *For Goodness Sake*, Text: Ira Gershwin)
Treat Me Rough (aus *Girl Crazy*, Text: Ira Gershwin)
Trumpeter Blow Your Golden Horn (aus *Of Thee I Sing*, Text: Ira Gershwin)
Tum and Tiss Me (aus *George White's Scandals of 1920*, Text: Arthur Jackson)
Tune In to Station J-O-Y (aus *George White's Scandals of 1924*, Text: B. G. De Sylva)
Tweedledee for President (aus *Let 'Em Eat Cake*, Text: Ira Gershwin)
Typical Self-Made American (aus *Strike Up the Band* – 1. Fassung, Text: Ira Gershwin)

Ukulele Lorelei (aus *Tell Me More*, Text: B. G. De Sylva und Ira Gershwin)
Under a One-Man Top (aus *Sweet Little Devil*, Text: B. G. De Sylva)
The Union League (aus *Let 'Em Eat Cake*, Text: Ira Gershwin)

Union Square (aus *Let 'Em Eat Cake*, Text: Ira Gershwin)
Unofficial March of General Holmes (aus *Strike Up the Band* – 2. Fassung, Text:
  Ira Gershwin)
The Unofficial Spokesman (aus *Strike Up the Band* – 1. Fassung, Text: Ira Gershwin)
The Unofficial Spokesman (aus *Strike Up the Band* – 2. Fassung, Text: Ira Gershwin)
Up and at 'Em (aus *Let 'Em Eat Cake*, Text: Ira Gershwin)

Virginia (aus *Sweet Little Devil*, Text: B. G. De Sylva)
Vodka (aus *Song of the Flame*, Text: Otto Harbach und Oscar Hammerstein II)

Wait a Bit Susie (aus *Primrose*, Text: Ira Gershwin und Desmond Carter)
Waiting for the Sun to Come Out (aus *The Sweetheart Shop*, Text: Irving Caesar)
Waiting for the Train (aus *Tip-Toes*, Text: Ira Gershwin)
Walking Home with Angeline (aus *Our Nell*, Text: Brian Hooker)
The War That Ended War (aus *Strike Up the Band* – 1. Fassung, Text: Ira Gershwin)
We Go to Church on Sunday (aus *Our Nell*, Text: Brian Hooker)
We're All A-Worry, All Agog (aus *Funny Face*, Text: Ira Gershwin)
We're Here Because (aus *Lady, Be Good!*, Text: Ira Gershwin)
We're Pals (aus *Dere Mabel*, Text: Irving Caesar)
What Are We Here For? (aus *Treasure Girl*, Text: Ira Gershwin)
What More Can a General Do? (aus *Let 'Em Eat Cake*, Text: Ira Gershwin)
What Sort of a Wedding is This? (aus *Pardon My English*, Text: Ira Gershwin)
When Debbies Go By (aus *Tell Me More*, Text: B. G. De Sylva und Ira Gershwin)
When Do We Dance? (aus *Tip-Toes*, Text: Ira Gershwin)
When It's Cactus Time in Arizona (aus *Girl Crazy*, Text: Ira Gershwin)
When the Armies Disband (Text: Irving Caesar)
When Toby Is Out of Town (aus *Primrose*, Text: Desmond Carter)
When You Live in a Furnished Flat (aus *La, La, Lucille*, Text: Arthur Jackson und
  B. G. De Sylva)
When You're Single (aus *Funny Face*, Text: Ira Gershwin)
When You Want 'Em You Can't Get 'Em (Text: Murray Roth)
Where East Meets West (aus *George White's Scandals of 1921*, Text: Arthur Jackson)
Where Is She? (aus *George White's Scandals of 1923*, Text: B. G. De Sylva)
Where Is the Man of My Dreams? (aus *George White's Scandals of 1922*, Text: E. Ray
  Goetz und Ira Gershwin)
Where You Go, I Go (aus *Pardon My English*, Text: Ira Gershwin)
Where's the Boy? Here's the Girl! (aus *Treasure Girl*, Text: Ira Gershwin)
Who Cares? (aus *Of Thee I Sing*, Text: Ira Gershwin)
Who Is the Lucky Girl To Be? (aus *Of Thee I Sing*, Text: Ira Gershwin)
Who's the Greatest? (aus *Let 'Em Eat Cake*, Text: Ira Gershwin)
Why Do I Love You? (aus *Tell Me More*, Text: B. G. De Sylva und Ira Gershwin)
Why Speak of Money? (aus *Let 'Em Eat Cake*, Text: Ira Gershwin)
Wintergreen for President (aus *Let 'Em Eat Cake*, Text: Ira Gershwin)
Wintergreen for President (aus *Of Thee I Sing*, Text: Ira Gershwin)
The Woman's Touch (aus *Oh, Kay!*, Text: Ira Gershwin)
Women's Work Is Never Done (aus *Song of the Flame*, Text: Otto Harbach und Oscar
  Hammerstein II)
The World is Mine (aus *Funny Face*, Text: Ira Gershwin)

Yankee Doodle Blues (aus *Spice of 1922*, Text: Irving Caesar und B. G. De Sylva)
Yankee Doodle Rhythm (aus *Strike Up the Band* – 1. Fassung, Text: Ira Gershwin)

Register

262

Register der Werke Gershwins